新潮文庫

十字軍物語

第一巻　神がそれを望んでおられる

塩野七生著

新潮社版

11045

十字軍物語　第一巻＊目次

第三章　アンティオキアへの長き道のり　111

第四章　アンティオキアの攻防　163

第七章　十字軍国家の成立　383

十字軍物語　第一巻　神がそれを望んでおられる

読者に――文庫版まえがき

二〇一〇年から始めて一年半で書き上げた『十字軍物語』全三巻の単行本では、「まえがき」なるものは書いていません。その別冊という感じで刊行済みの『絵で見る十字軍物語』で、十字軍全史を一望のもとに眺めることはできると思っていたからでした。

なにしろ、十二世紀と十三世紀の二百年の間に展開した十字軍運動は、攻めて来られたイスラム側はもとよりのこと、攻めた側のキリスト教世界にとっては文字どおりの重大事件であったこと。高校の世界史の教科書ですらも一応の解説は載っているくらいですから、日本人も相当な程度には理解していると思ったからです。でもそれは、楽観的すぎた私の想定でした。

今からならば半世紀近くも昔になる一九七四年に岩波新書から、上智大教授であった橋口倫介著の『十字軍』が刊行されています。教授にはそれ以前にもいくつかの十字軍関連の研究書の翻訳があったから、それらを基《もと》にして日本の読者向けに書いてくれとの出版社からの要望に答えた結果でしょう。あの頃の岩波新書には入門書という感じがあって、それゆえに立派な存在理由もあったのでした。

ところがこの一冊の刊行以後、日本人による十字軍関連の著作の刊行は途絶《とだ》えてしまいます。出版されてもそれは、外国人の著作の翻訳ばかり。九〇年代に入ってようやく日本人の著作が刊行され始めるのですが、それも次に並べるように、一部にのみ照明をあてたという感じの著作ばかりでした。

『洗礼か死か――ルター・十字軍・ユダヤ人』(一九九三年、羽田功・慶応大教授、専門はユダヤ人問題)

『十字軍と黒死病――資本主義黎明史』(一九九三年、矢島鈞次・青山学院大教授、専門は経済学)

『イスラームの「英雄」サラディン――十字軍と戦った男』(一九九六年、佐藤次高・東大教授、専門は中世史)

『北の十字軍――「ヨーロッパ」の北方拡大』(一九九七年、山内進・一橋大教授、専門は中世史)

『十字軍の思想』(二〇〇三年、山内進・一橋大教授)

『十字軍という聖戦——キリスト教世界の解放のための戦い』（二〇〇八年、八塚春児・京都教育大教授、専門は中世史）
『異端者の群れ——カタリ派とアルビジョア十字軍』（二〇〇八年、渡邊昌美・高知大教授、専門は中世史）

以上が、私が『十字軍物語』を書くことになる二〇一〇年までに刊行された、日本人による十字軍関連の著作です。一見すればわかるように、これらの著作で取りあげられたテーマは個々別々で、中世のヨーロッパとオリエントの正面対決という意味での十字軍の歴史とは言えません。その意味の十字軍史ならば、また一般の読者向けに書かれた学者の著作ということならば、いまだに橋口先生の岩波新書しかないのです。新書なので、神は細部に宿るの「細部」までは書きこめないという制限はある。それでも十字軍の全史を取りあげた著作は、この一冊だけだったのです。

なぜ日本では、十字軍の歴史はこうも冷遇されてきたのでしょう。西洋中世史が専門の学者たちに問いただしたわけではないので私の想像にすぎませんが、それは、橋口著の岩波新書の中にすでに漂っていた、戦争というものへのアレルギーにあったのではないか。第二次世界大戦の敗北体験からくる、嫌悪《けんお》感というか、ふれたくない想《おも》いにあったのではないかと想像しています。

また、この時期に起った一事件も影響していたかもしれない。それは、ローマ法王がヨハネス・パウルス二世であった時期、一千年も昔の十字軍を侵略戦争であったとイスラム側に謝罪したことでした。これでヨーロッパ人は、「十字軍」という言葉さえも口にしなくなる。これ以来「十字軍」とは、イスラムの過激派が欧米を非難するときに口にする言葉になってしまった。なにしろ十字軍史を書く人の大半は欧米人で、その彼らはキリスト教徒でもあるからです。それで、欧米の学者たちのためらいが、日本の学者たちにも波及したのかもしれません。

しかし、戦争とは、そのほとんどが侵略戦争です。当初は自国防衛が目的であっても、それに勝った後は軍を退《ひ》いたのではなく進攻したのだから、進攻して来られた側から見ればまぎれもない侵略戦争です。アレクサンダー大王によるペルシア征服もユリウス・カエサルによるガリア制覇も同じこと。

ただし、この二人の行った戦争が侵略の一語で片づけられないのは、彼らは勝者であったにかかわらず、勝った後は敗者をも同化することによって、新たな国際秩序の確立までやりとげたからなのです。アレクサンダーはヘレニズム世界を創設し、カエサルは「パクス・ロマーナ」（ローマ下での平和）の基盤を作りあげた。

それに戦争を書くのを避けていては、歴史は書けません。歴史とは、良くも悪くも戦争の歴史なのですから。しかも、西洋史上での十字軍は、これがあったからこそ古い時代が終わり、新しい時代が始まることになるほどに、重要な歴史上の事件なのです。

またこの時代は、日本史でも激動の時代で、院政時代が終わり、平家、源氏、北条と変わってきて、最後のほうではモンゴルの来襲にまで及ぶ。このように社会が大変動した時代を、戦争ばかりしていたという理由でふれないで済むものでしょうか。日本史ではくわしく取りあげているのだから、西洋史だって同じで、なぜいけないのでしょうか。

そして、あの時代の日本でも多くの魅力ある男たちが生き、死んでいきましたが、地球の反対側でも同様であったのです。この『十字軍物語』全三巻（同・文庫全四巻）でも、それを書きたかったのです。離れた場所に立って批判しながら見るのではなく、その現場に読者を連れて行くことによって。なぜなら学者ではない私の歴史を書く立場は、まず感性から入って理性につなげていく考えに立っているのですから。教訓を得ようとして歴史を読むのでは、絶対に教訓は得られないとも思っているのです。

ただし、次の二つのことは常に頭に置きながら読んでくださるよう。

第一は、二百年つづいた十字軍時代で勝ったのはイスラム側であり敗れたのはキリスト教側なのに、なぜその後からは両者の立場は逆転したのか。なぜ最終的な勝者はキリスト教側になったのか。これは、現代のイスラム側の識者の一人が投げた疑問でもありました。

第二は次の一事です。

十三世紀当時にはイスラムとキリスト教の間で解決できたいわゆる「パレスティーナ問題」が、なぜ七百年が過ぎた現代のイスラムとユダヤの間では解決できないのか。

昔の歴史を読むことは、現代を考えることでもあるのです。

では、タイム・トンネルをくぐって中世の十字軍の世界にどうぞ。

二〇一八年・秋、ローマにて

塩野七生

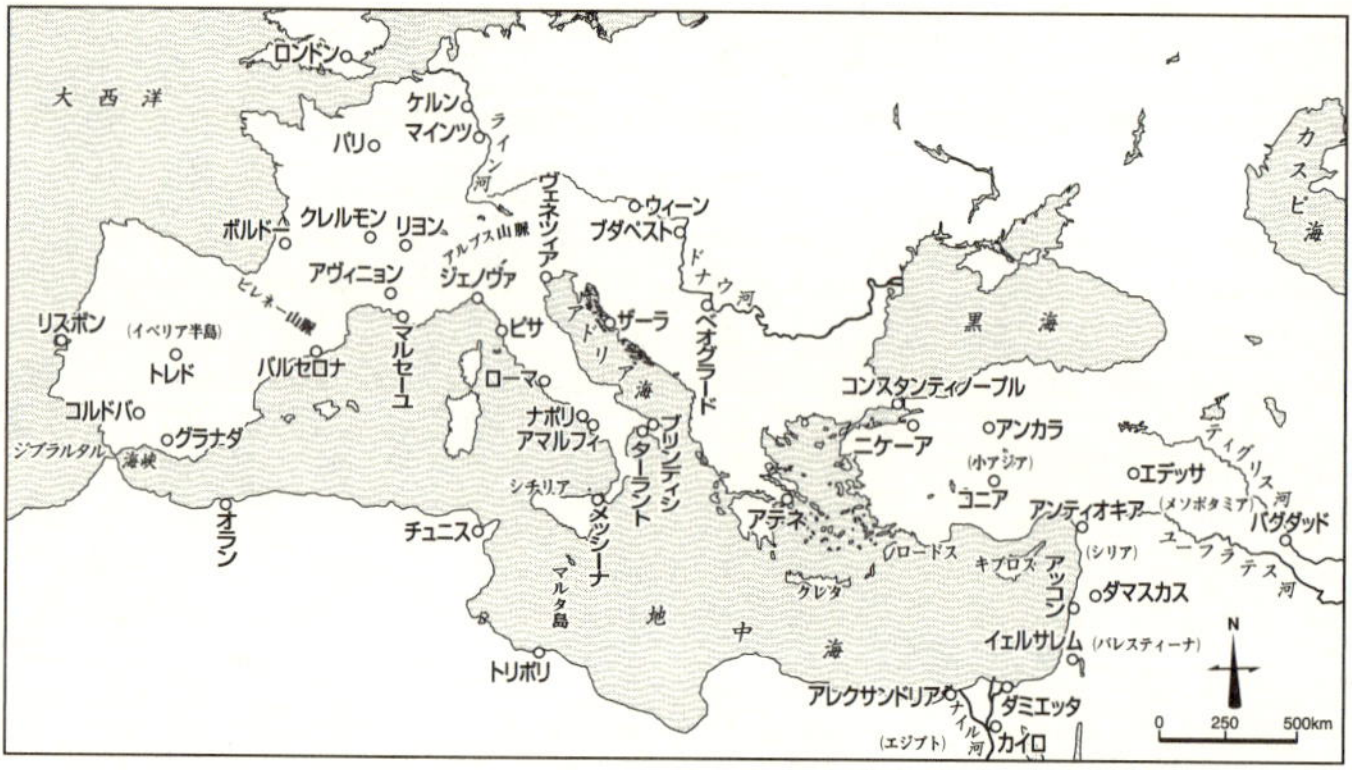

聖地巡礼途上で難事に遭遇したキリスト教徒に、助けの手を差しのべるイスラム教徒

イスラム教徒にとっての聖典であるコーランでは、生涯に少なくとも一度のメッカへの巡礼を、信徒にとっての重要な義務としている。ゆえに、もともとからしてイスラム教徒は、キリスト教徒のイェルサレム巡礼に理解ある態度で接していたのだった。

しかし、キリスト教もイスラム教も、自分たちの信ずる神以外の神は認めないとする一線は、絶対に譲らない一神教同士である。ひとたびこの一線が強調されすぎると……。

十字軍とは、一神教徒同士でなければ起りえなかった、宗教を旗印にかかげた戦争なのであった。

ギュスターヴ・ドレ画

第一章　「神がそれを望んでおられる」

戦争とは、諸々の難題を一挙に解決しようとしたときに、人間の頭の中に浮び上がってくる考え《アイデア》である。

と、ビザンチン帝国の皇帝からの救援の要請をもって西欧を訪れた特使を引見した後に、法王ウルバン二世も考えたのかもしれない。

歴史上では東ローマ帝国とも呼ばれるビザンチン帝国は、古代のローマ帝国の東半分を支配下に置いていたキリスト教を国是とする大国だったが、七世紀の前半にアラビア半島から発したイスラム教の勢力にまたたく間に侵略され、シリア、パレスティーナ、エジプト、北アフリカと、帝国の中でもとくに豊かとされた地方を失っていた。そのうえ、十一世紀末のこの時期には、首都コンスタンティノープルからは小舟でも

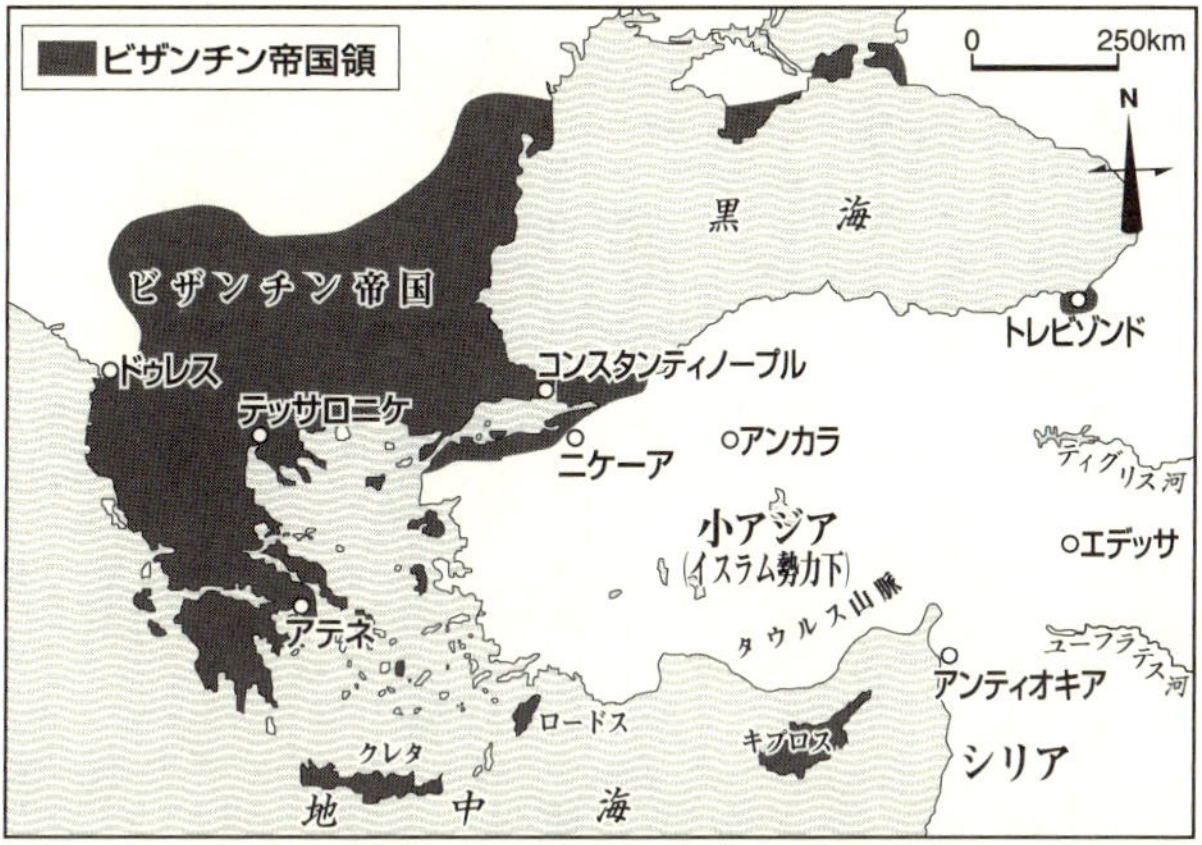

第一次十字軍直前のビザンチン帝国

渡れるという距離にある、小アジアの西岸部にまで肉薄されていたのである。

キリスト教徒同士でありながら摩擦の絶えなかったギリシア正教会とカトリック教会だが、首都から三日の距離にまでイスラム勢力に迫られたとなっては、教理の解釈のちがいなど議論し合っている余裕はない。ギリシア正教会の長でもあるビザンチン帝国の皇帝は、カトリック教会の長のローマ法王に、辞を低くして援軍の派遣を乞《こ》うたのであった。

ほんとうは、このときが初めてではなかったのだ。これまでにも幾度か、ビザンチンは西欧に助けを求めていたのである。だが、それはいつも、返ってこない山びこで終わっていた。しかし、十一世紀末のこの時期、ローマ法王の座に就いていたのは、カトリック教会の改革派をもって任じていた、クリュニー修道院出身のウルバン二世であった。

シャンパーニュ地方の貴族の家に生れたこのフランス人は、ランスで育ちクリュニー修道院で学ぶ。早くから上層部に目をかけられるタイプの若者であったようで、修道院長がローマに行くときに同行を命ぜられた。そのローマで、法王グレゴリウス七世と知り合った。法王もことのほかこの利発な若い僧が気に入り、グレゴリウス自身もクリュニー修道院出身でもあったからだが、若い僧のキャリアはもはやフランスではなく、イタリアで積まれることになる。

三十六歳でローマ近くのオスティアの司教に任命され、その後もしばしば、法王の代理として皇帝や王や有力諸侯との交渉を担当している。法王に選出されたのは、西暦一〇八八年。四十六歳の年であった。その七年後、この法王ウルバン二世によって、十字軍遠征が提唱されることになるのである。

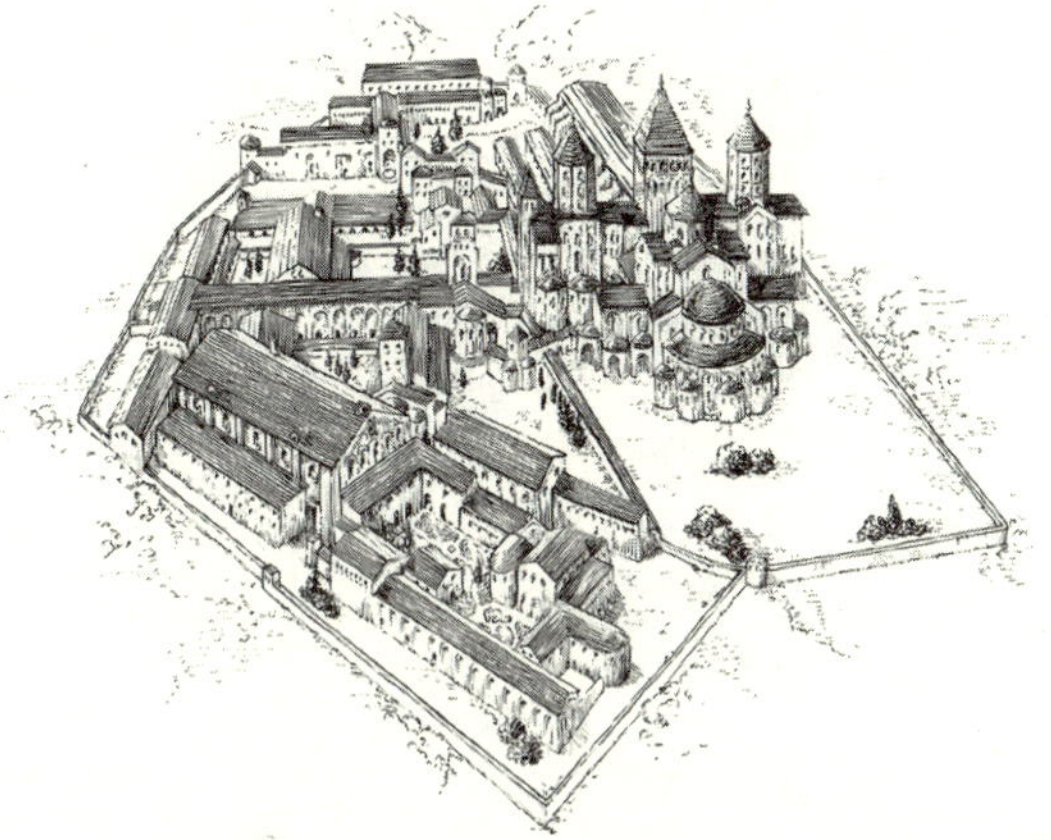

壮大な規模だった、クリュニー修道院(11〜12世紀)

とはいえ、改革と戦争はどこでどうつながるのか。

ウルバン二世は、クリュニー修道院で学び、法王グレゴリウス七世に重用された。彼自身も改革派を任じ、当時はその派のチャンピオン視されていたグレゴリウス七世への賛同の意を隠していない。ならば、改革とは彼らにとって、何を改革することであったのか。

貧しさにあえぐキリスト教徒にも救いを与えたいという考えは、この一世紀後に現われる聖フランチェスコを待たねばならない。

それよりは百年も前のカトリック教会の上層部の頭にあった「改革」とは、人間世界の諸悪の解決はそれを神から託された聖職者階級がリードしてこそ達成される、という信念に立っていたのだった。この立場に立てば、その道を突き進もうとしているローマ法王の前に立ちふさがる者は、たとえ皇帝や王であってもキリスト教世界の敵であり、神の地上での代理人である法王には、破門によって厳しく罰する権利と義務がある、となる。平たく言えば、宗教面にかぎらずキリスト教世界のすべての事柄は、ローマ法王が頂点に立つカトリック教会が指導し、世俗の君主たちは忠実にそれを遂行していればよい、ということだ。

後世の歴史家の言葉を借りれば「人間社会の修道院化」となるが、これに反撥《はんぱつ》したのが神聖ローマ帝国皇帝のハインリッヒであった。

「カノッサの屈辱」

西暦一〇七七年、日本の高校の西洋史の教科書にさえも載っている、ヨーロッパ中の善男善女を驚愕《きょうがく》させた「カノッサの屈辱」が起る。皇帝の行った人事に法王が反対したのが発端だが、法王の反対を無視した皇帝を、法王はただちに破門に処したのだった。

破門の威力は、破門された者と従来どおりの関係をつづければ、その者も破門され、キリスト教徒の敵と見なされる、という点にある。中世の人々は、信心深かった。当然、家臣も兵士たちも、破門された主人から離れる。つまり破門とは、社会からの「村八分」、つまり全面的な追放を意味したのである。

若く気も強かったハインリッヒも、しばらくは耐えたが、ついに降伏した。ドイツから秘《ひそ》かにイタリア入りした皇帝は、法王が滞在中のカノッサの城の前に立った。罪を悔いあらため許しを乞う者の粗末な衣服を着け、足も裸足で、降りしきる雪の中に立ちつくしたのである。

カノッサの城は、中部イタリアに広大な領地をもち、改革派のシンパとしても知られていたマチルダ伯爵《はくしやく》夫人の居城だった。その城の中の広間は、大きく切られた暖炉で火が勢いよく燃えあがっていて暖かい。その中で、得意絶頂を満喫する五十七歳の法王。一方、城内にいる人々が窓から見降ろす雪の中に、一人立ちつくす二十七歳の皇帝。

こうして「カノッサの屈辱」は、法王の権威と権力を西欧中のキリスト教徒にわからせた一大事件になったのである。破門は解かれはしたが、法王の大勝利で終わったのだから。

　しかし、この後のことは歴史の教科書には載っていないのだが、その後の八年間は、ハインリッヒがグレゴリウスを追いに追いつめる八年になるのである。若く気の強い男に対しては、衆人の前で屈辱を与え恥をかかせるのは利口なやり方ではないのだが、気は強くても政治的人間ではなかったのが、法王グレゴリウスであった。

　グレゴリウス七世は後にローマ教会から聖人に列せられるが、死んだのは、座所のあるローマではなく逃げていた先のサレルノである。

「わたしは正義を愛し、不正義を憎んだ。だから、追放の身で死ぬのだ」という言葉を残してだから、憤死と言ってもよい。とはいえ、グレゴリウスの言う「正義」とはあくまでも、すべての上に立つのはローマ教会でありローマ法王である、ということにあったのだが。

　このグレゴリウスの後を継いだのは温厚な性格のヴィクトル三世だったが、皇帝との関係も改善されないままに二年後に死ぬ。その後に法王に選出されたのが、ウルバン二世である。西暦一〇八八年の春、かつての若き修道僧も四十六歳になっていた。

カトリック教徒全員の導き手であるとされているのがローマ法王だが、中世の法王となると現代のような、日曜ごとに聖《サン》ピエトロ広場に集まる信徒たちに向って、平和と正しき生活を説くだけの穏やかな存在ではなかった。

中世とは、良く評せば群雄割拠、実際を言えば腕力がモノを言う無秩序な世界だったが、神の地上での代理人とされているローマ法王にも、穏やかな日常が保証されていたわけではない。

グレゴリウスが死んだのは南イタリアにある小都市のサレルノだったが、ウルバンが法王に選出されたのも、その近くの町のテラチーナである。死ぬのも法王になるのも、この時期の法王たちは、ローマの外でするしかなかったのだ。皇帝ハインリッヒはいまだ三十八歳。カノッサで受けた屈辱を忘れなかった皇帝は、軍事力で法王を追いつめると同時に、教会の内部を分裂させることで対立法王を選出させ、ローマ法王のもつ権威を足許《あしもと》から崩す策に出ていたのである。

しかし、考えではグレゴリウス七世を継ぐと言ってはばからなかったウルバン二世だが、その進め方となるとより巧妙だった。雪の中に立たせて勝つよりも、敵が容易には手を出せない状態にすることで勝とうとしたのである。それは、敵は持っていても自分は持っていないものを、自分のほうも持つことであった。

と言っても、宗教界の長である法王には軍事力を持つことは許されていない。ゆえに他の誰かの軍事力を利用することになる。その「誰か」は、ハインリッヒに追いつめられるたびにグレゴリウスを救い出したこともあった、南伊のノルマン王朝になる。ちなみに、グレゴリウスが死んだサレルノも、ウルバンが法王に選出されたテラチーナも、南イタリアとシチリアを支配するようになっていたノルマン人の領土内にあった。

法王に即位したウルバン二世は、二百年ぶりにシチリアをイスラムの支配下からとりもどした功労者でもある、ノルマン王朝との関係をより強めていった。司教たちを集めて開かれる公会議も、ハインリッヒが支援する対立法王によってローマでは開けなくなっていたので、ノルマンの支配下の町で開くようになる。

また、法王に就任した日から八ヵ月後にようやくローマの土を踏むことができたのだが、それもノルマンの兵士たちに守られてであった。ただしこのときも、テヴェレ河に浮ぶ中の島に短期間滞在しただけで、聖ピエトロ大聖堂にも、法王の公邸であるラテラノ宮殿にも、近づくことさえもできなかった。これらカトリック教会の最重要施設のすべてが、対立法王クレメンスと皇帝派の支配下にあったからだ。

キリスト教を公認したコンスタンティヌス大帝が贈って以後八百年近くもの歳月、ローマ法王の住まいでありつづけたラテラノ宮にさえも、足を踏み入れることができない法王。これが、フランスの地で十字軍を提唱する前の、ウルバン二世の実際の状態であった。つまり、法王が直面していた難題の第一は、神聖ローマ帝国皇帝のもつ強大な力から、どうやってローマ法王の権威を守りきるか、にあったのである。

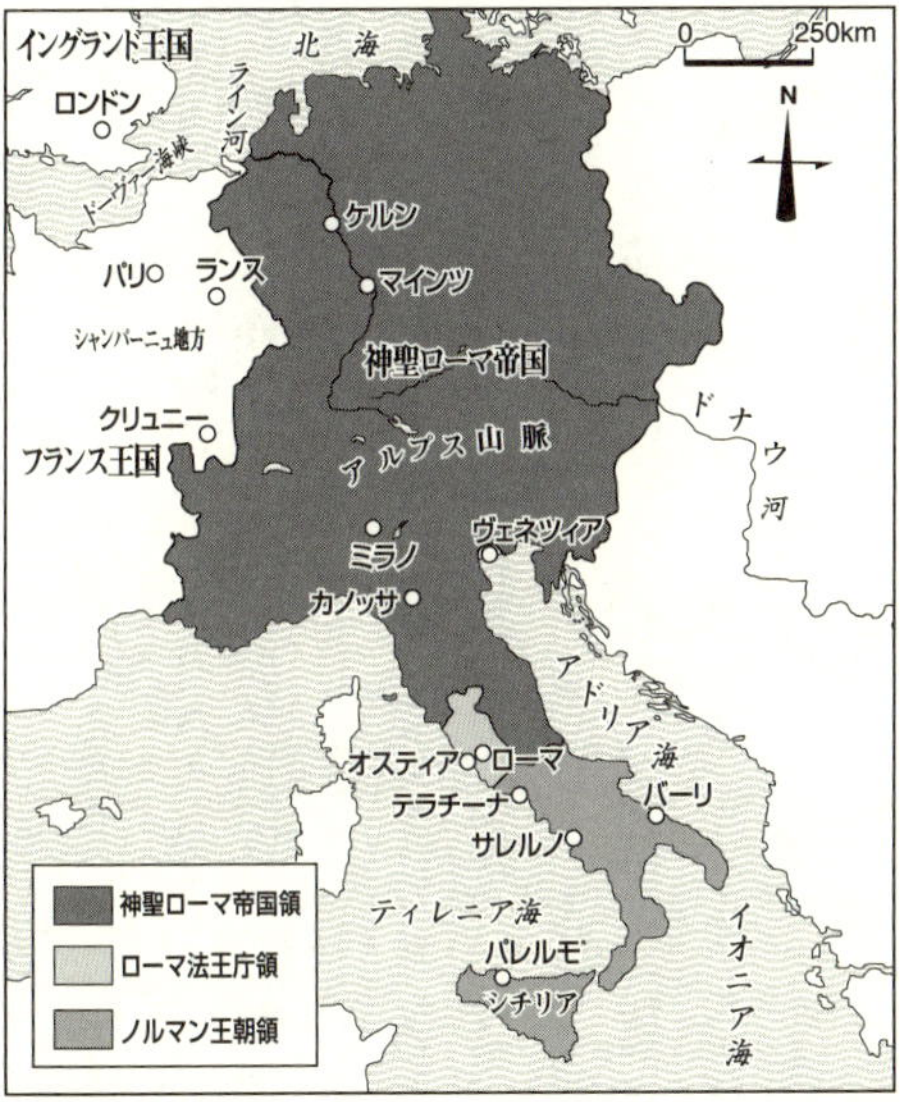

神聖ローマ帝国、法王庁およびノルマン王朝の各領地（11世紀末）

しかし、この混迷の真っただ中に生きながら、皇帝や王や諸侯の誰よりも広範な情報に通じていたのは、ローマ法王であったと言うしかない。信徒が住む地ならばどこにもいた司祭。その彼らを統率する立場にある司教。君主たちの身近には必ず控えていた告解僧。そして、ローマ法王とは、各地方担当の司教を通さずに、直接に結びついていた修道院。これらの修道院は、その地方の生産基地でもあり経済基地でもあった。

たとえローマに住むことがかなわずに各地を転々と移動するしかなくても、これらの情報源からはあらゆる種類の情報が法王には集まってきていたのである。情報の運び手は商人と僧侶《そうりょ》、としてもよいのが、中世であったのだ。しかもこの二者は、意外にも緊密な関係にあった。しばしば立場は入れ代わったが、売り手と買い手ではあったのだから。このような事情もあって、広い視野に立っての策略を立てるのに、他の誰よりもローマ法王が有利な地位にいたのである。また、世俗の君主たちに比べれば、「学」のある者が多かった。

ウルバン二世は、法王に就任した年からフランスで十字軍遠征を提唱するまでの七年間、ほとんどと言ってよいほどにローマに足を踏み入れていない。神聖ローマ帝国皇帝のハインリッヒは三十八歳から四十五歳の時期にあり、あいも変わらず法王への敵対姿勢を崩していなかったからである。だが、その間イタリア各地を転々としながらも、情報には不足しない状態で、この頭脳明晰《めいせき》なキリスト教世界改革論者は考えたのではないか。当時の君主たちが自分たちの領土にのみ関心を集中していた中で、今で言えばグローバルな視野に立って考えられたのは、ローマ法王であったのだから。

そして、この時期のヨーロッパでは、その後に影響を与える大事件が次々と起っていた。

ノルマン人による、イングランド征服――一〇六六年。

これが、ヨーロッパ北西全域における地殻の大変動を起すことになる。

しかもつづいて、そのノルマン人の別の部族による、南イタリアとシチリアの解放――一〇七二年。

キリスト教の本山としてもよいローマから一週間足らずの距離にまで迫っていたイスラム勢力の拡大に待ったをかけたという点だけでも、南伊とシチリアからイスラム勢を一掃したという、この一事のもたらした歴史的な影響は大きかった。

これをヨーロッパでは、征服ではなく「解放」と呼ぶのも、もともとはキリスト教国であったのがイスラムに征服されていたのがキリスト教下にもどった、という意味をもつ。グレゴリウス、ウルバンと法王たちがいずれも南伊に打ち立てられたばかりのノルマン王朝を頼ったのも、単にすぐ近くの軍事力をもつ君主という理由だけではない。南イタリアとシチリアに限ったとしても、異教イスラムを打倒したこの男たちの功績を認めたからでもあったのだ。

そして、「カノッサの屈辱」——一〇七七年。

この、法王と皇帝の権力の及ぶ範囲をどこでどう線を引くかという問題は、いまだ解決のきざしさえも見えていなかった。しかし法王ウルバンは、この直後から始まった皇帝ハインリッヒの反撃の歳月にプラス、法王でありながらローマにも住めない歳月の、合計すれば十五年間もの〝住所不定生活〟を送ってきたのだ。また、カノッサで成された強硬策の結果がどうなったかも、彼自身で体験してきたのである。研究者たちによれば、グレゴリウスよりはよほど政治家であった、とされるウルバンだ。相手のもつ力（軍事力）に対するに別の君主の軍事力をもってするのではなく、相手が持とうにも持てない力《パワー》、つまり法王のみが持つ力《パワー》の駆使による相手の弱体化、を考えたのではないか。いかに軍事力は持っていようと、皇帝には、神がそれを望んでおられる、とは絶対に言えないからであった。

トレドの解放――一〇八五年。

イベリア半島も、イスラム勢力が急速に拡大した八世紀に早くもイスラムの支配下に入っていたのだが、それも二百年の間に少しずつ再征服《レコンキスタ》が進み、十一世紀末には中部スペインまで、キリスト教勢力が盛り返していたのである。中世のキリスト教徒にとっては、このスペイン戦線も、対イスラムということでは、立派に聖戦であったのだ。なにしろ、イェルサレムとローマに次いで巡礼に行く人の多い、サンチャゴ・デ・コンポステーラの聖地を守る戦いでもあったのだから。十字軍の二百年の歴史の中で、オリエントにまで遠征したスペイン人はほとんどいない。聖戦ならば自分たちの庭先で進行中で、それ以外の地で行われる聖戦に参加する余裕がなかったからである。

このイベリア半島での対イスラム戦の近況は、ローマ法王にとって喜ばしい知らせであることは疑いなかった。だが、このスペインに、法王の提唱で兵士たちを送り出すことは考えなかったにちがいない。イベリア半島で展開中の「再征服《レコンキスタ》」で胸が熱くなるのは、スペイン人とピレネー山脈のすぐ北に住むフランス人の一部に留まっていた。ヨーロッパに住むキリスト教徒全員の胸が熱くなる何か、を見つける必要があったのである。

聖戦への呼びかけ

一〇九四年の秋、法王は中部イタリアのピサにいた。そこから法王の一行は、フィレンツェを通って北イタリアのピアチェンツァに向う。ピアチェンツァで、グレゴリウス七世派、つまりキリスト教世界の改革に賛同する派の司教たちを集めて公会議を開くことになっていたのである。

公会議（synodus）とは、近代国家の国会に似ている。カトリック教会にとっての重要事項を決議する機関だが、法王グレゴリウスがかかげた宣言によれば、教会は信仰上の問題にかぎらず信徒の生活全般に関与し責任をもたねばならない、とあるので、公会議には諸々の問題が持ちこまれる。夫の不倫を訴える王妃も来れば、イスラム勢力に迫られて救援を乞うビザンチン帝国皇帝からの特使も、ピアチェンツァで法王を待っていた一人だった。

どうやら法王は、このピアチェンツァに、冬の間中滞在していたようである。春を待ってアルプスを越え、フランスに入った。ローヌ河沿いに北上し、まずはクリュニー修道院に向う。生れたのはシャンパーニュ地方の田園、少年期を過ごしたのは古都のランス、学びの場もクリュニー修道院であったウルバンだ。皇帝の軍を避けての移動生活をつづけなければならなかったイタリアとはちがって、フランスではやはり居心地が良かったのか、あの広いフランスを、自由に旅してまわっている。とはいえそれもすべて、その年の十一月にクレルモンで開くと決めていた公会議の、事前の準備のためではあったのだが。

西暦一〇九五年十一月、クレルモンの地で開催された公会議の主要舞台は、屋内ではなく屋外にあった。ウルバン二世は、主教会《カテドラル》の前の広場を埋める群衆に向って、直接に訴えるやり方をとったからである。

このときの演説の正確な内容は遺《のこ》っていない。だが、年代記作者の書き遺した記録を参照するに、法王の「アピール」は前半と後半に分れて成されたようである。五十三歳になっていたかつてのクリュニー修道院の修道僧は、彼にとっては生涯の勝負の場になるこのクレルモンで、聴く者の全員に向って力強く語りかける。

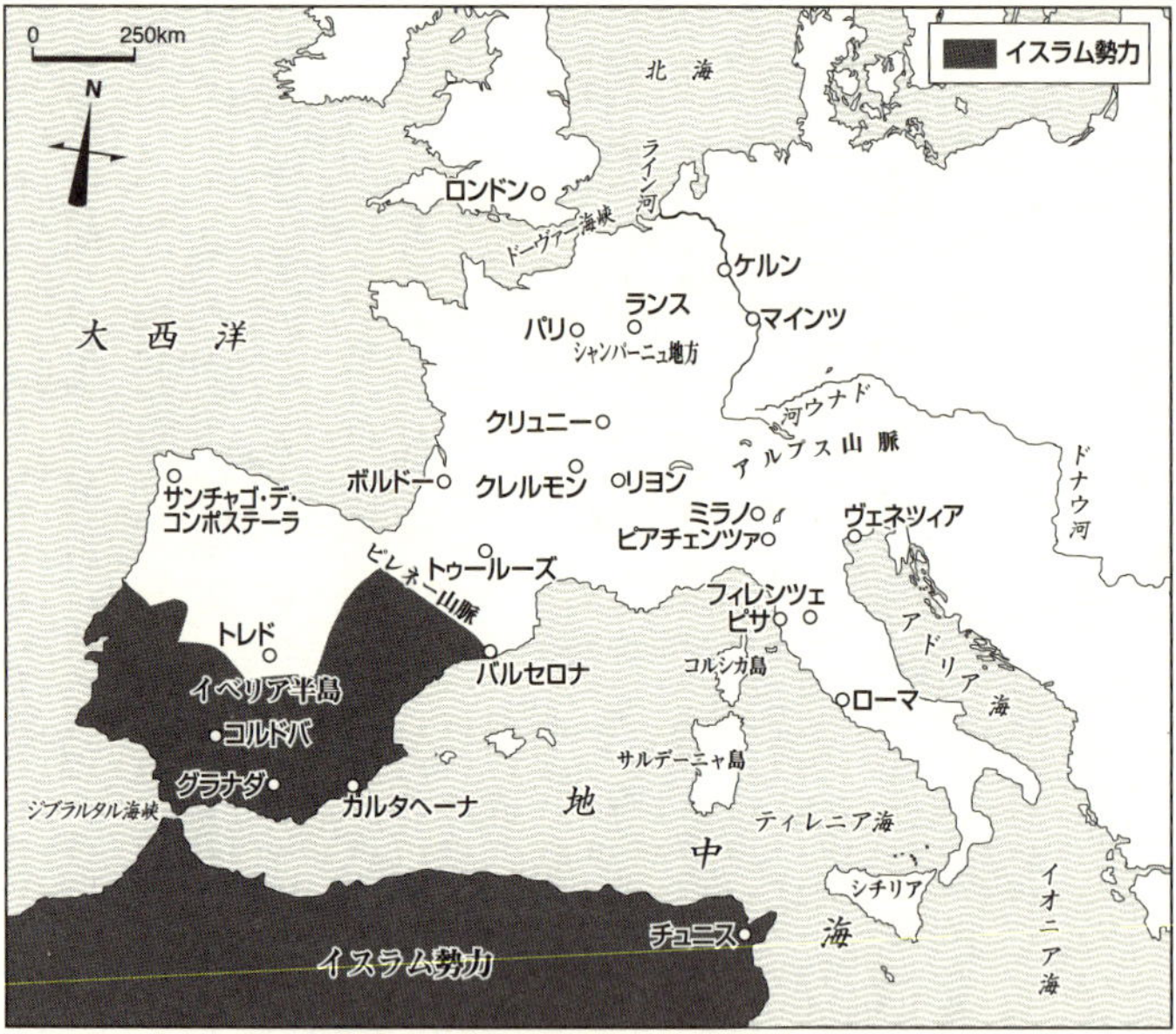

キリスト教世界とイスラム世界（11世紀）

まず、前半では、現在のキリスト教世界をおおっている倫理の堕落を嘆く。神の教えに反する利己的な行為が横行している現状を糾弾し、このまま放置しておいては神の怒りが下されると叱責《しっせき》する。そして、そのような事態に陥らないためにと、「神の休戦」を提唱した。キリスト教徒同士なのだから、領土保全であろうと領土拡大であろうと、戦争はやめにすべきだと説いたのである。

演説の前半ではキリスト教徒を非難したローマ法王だが、後半ではそれが異教徒に向う。キリスト教徒の間で「休戦」が実現したとしても、キリスト者にはまだ重要な仕事が残されている、とつづけるのだ。そしてそれは、東方に住み、絶えずお前たちの助けを求めている「兄弟」の許《もと》に駆けつけて、この信仰上の同胞に助けの手をさしのべることである、と。こう言った法王は、なぜならば、の言葉の後を次のようにつづけた。

イスラム教徒は地中海にまで勢力を拡大し、お前たちの兄弟を攻撃し、殺し、拉致《らち》しては奴隷《どれい》にし、教会を破壊し、破壊しなかったところでもモスクに変えている。彼らの暴行を、これ以上許すべきではない。今こそ彼らに対し、起《た》ち上るときが来たのだ。そして、一段と声を張りあげてつづけた。

なぜならこのことは、わたしが命じているのではない。主イエスが命じているのである。かの地へ向い、異教徒と闘い、たとえそこで命を終えたとしても、お前たちは罪を完全に許された者になる。わたしはそれを、神から授与されている権限をもって、はっきりとここで約束する。

昨日まで盗賊であった者はキリストの戦士に変わり、兄弟や縁者と争っていた者は、異教徒に対しての正当な闘いの場でその怒りと恨みを晴らすときが来たのだ。これまではわずかのカネで傭《やと》われ、つまらない仕事で日々を過ごしていた者も、これからは神の望む事業に参加することによって永遠の報酬を得ることになるだろう。

出発は、先に延ばしてはならない。各自は、ひとまずは帰宅する。そして、冬が過ぎて春になるや、主の導くままに東方に向って進軍を始めるのだ。神が望まれる、聖なる責務の遂行のために。

聴いていた人々は、一人残らず感動した。群衆の間からは自然に、「神がそれを望んでおられる」(Deus lo vult) の声がわきあがり、その大歓声の中で、聖戦に志願する最初の一人が、演説を終えたばかりの法王の前に進み出た。そして法王の前にひざまずき、遠征参加への誓いを行ったのである。

その人はル・ピュイの司教のアデマールだったが、この公会議の事前の準備中に、法王が会ったうちの一人であったのだ。また、クレルモンでの公会議には出席していなかったにかかわらず、ただちに聖戦への参加を伝えてきたのはトゥールーズ伯のサン・ジルである。スペインでの対イスラム戦のベテランでもあるこの男も、法王ウルバンが公会議の事前の準備中に会っていた一人であった。

とはいえ、西暦一〇九五年のクレルモンにおいての公会議で、オリエントへの遠征は正式に決定されたのである。だが、この段階ではまだ、決まったのは次の三つだけであった。

キリスト教徒同士は、「神の休戦」にただちに入ること。

聖なる戦いに参加する者たちは全員、胸部か背中に、赤い布で作った十字のしるしをぬいつけること。

東方への出発は、翌・一〇九六年の聖母マリアの昇天祭の日（八月十五日）とすること。

参加する人々は全員、衣服の上に赤い十字のしるしをぬいつけると決まったことだが、十字は、十字架の意味ゆえにキリスト教徒であることを示し、それが赤色であるのは、そのキリストのためには血を流す覚悟であることを表わしている。「十字軍」

の名称は、ここから始まった。

これまでの聖地巡礼者は上部が十字の形をした杖《つえ》をたずさえていたのだが、今度は、同じ巡礼でも武器をたずさえた巡礼というわけだ。

一神教の「巡礼」には、贖罪《しょくざい》、つまり日々の生活の中で犯してしまった罪の数々を、巡礼に出向くことで一挙にあがなう、平たく言えば「帳消し」にする、という意味がある。だからこそ信徒にとっては重要このうえない責務になるのだが、キリスト教徒はこの想《おも》いでイェルサレムへ向い、イスラム教徒はメッカを目指すのだ。

ゆえに中世のキリスト教徒にとっては、十字軍遠征も巡礼行なのである。ただしこれからは、武力行使を伴う巡礼行になるのであった。


クレルモンで開かれた公会議の段階では、「イェルサレムの解放」については、法王の口から出た言葉としては記録されていない。法王ウルバンの考えが、他の何よりも先に、ヨーロッパの世俗君主間で行われていた戦争を止めさせる、「神の休戦」の成立にあったからだろう。

しかし、戦争は、止《や》めよと唱えるだけで止《や》んだ事実はないのが人類の歴史である。その人間世界で君主間の休戦を実現したければ、今は西方の中でぶつかり合っているパワーなりエネルギーなりを、別の方角に向けるしかない。それが東方になったのは、東方に向うならば同じ休戦でも、「神の」とつけることが可能になるからだった。つまり、「イェルサレムの解放」という、当時のキリスト教徒にすればこれ以上のものはない、「大義」であり「名分」をもてたからである。

クレルモンでの法王ウルバンの演説を、高位の聖職者特有の婉曲《えんきょく》でもったいぶった言いまわしをすべてとり除き、エッセンスのみを取り出せば次のようになる。

これまではヨーロッパの中でキリスト教徒の間でやってきたことを、これからはオリエントへ行って、キリストの戦士としてイスラム教徒相手にやれ、である。これが本音ならば、イェルサレムの解放も、法王がわざわざ口にしなければならないことではなかったにちがいない。現代からは想像もできないくらいに、中世では、聖職者と信者はわかり合える仲にあった。

それにしても、「聖地奪還」に「聖都解放」というスローガンは、スローガンとしても上出来であったと言うしかない。

まず、西欧全域のキリスト教徒の胸を熱くしただけでなく、たとえ熱くならない人がいても、その人とて反対はしにくい。そのうえ、成功しようものなら、言い出した当の人であるローマ法王の権威は飛躍的に上がるのだ。

ウルバン二世は、大勝負に打って出たのである。先任者のグレゴリウス七世は、雪の中に皇帝を三日三晩立たせておくことでローマ法王の権威を誇示したが、この強硬策のその後を自ら体験したウルバン二世は、ローマ法王の権威を、ローマ法王こそがすべての世俗君主の上に立ち指導できる力を持つということを、何十万という人間を東方に送り出し、武力でイェルサレムを奪還することで示そうとしたのであった。

十字軍誕生

しかし、ウルバン二世でなくても誰であっても、十一世紀のこの時期、イスラム側の蛮行を十字軍の遠征の理由にすることはむずかしかった。

メッカへの巡礼を重要視してきたのがイスラム教である。キリスト教徒のイェルサレム巡礼にも、総体的には理解をもって対してきた。

だが、ときには蛮行も行っている。一〇〇八から九年にかけてエジプトのカリフであったアル・ハキムが、イェルサレムの聖墳墓教会を破壊した事件だが、それとてクレルモンの年からは、九十年も昔に起ったことである。

その後まもなく、イェルサレムをふくめたパレスティーナ一帯はセルジューク・トルコの支配下に入るが、イスラム教徒としては新参ゆえにより猛々《たけだけ》しいトルコ人だけに、ときにはヨーロッパからの巡礼の一団を襲ったりしたことはあったが、それでも強奪の域を越えるものではなかった。要するに、イスラム教下の中近東では、西欧のキリスト教世界に悲憤の声を巻き起させるほどの、巡礼たちの大量虐殺《ぎゃくさつ》などは起ってはいなかったのである。

もちろん、法も秩序も無いに等しい中世の時代、聖地への巡礼とは、ヨーロッパから中近東までの長旅の敢行を意味する。強盗に襲われたりする危険は多かったであろうし、長旅の途中で崖《がけ》から落ちたり河に溺《おぼ》れたり、病いに倒れたりする者も多かったにちがいない。イタリアの商人たちの寄附によってイェルサレムに建てられた巡礼者用の医療施設は、イスラム側も認め、イスラム支配下にあっても営まれつづけたのである。

また、クレルモンでのウルバン二世の演説にもあった、東方に住み絶えず助けを求めている兄弟たちを、同じキリスト教徒としては助けに向うべき、という箇所だが、ここで言う「東方」とは、イスラム勢に征服されない前はビザンチン帝国領であったところで、ギリシア正教徒が多く住んでいた地方である。イスラム支配下に入ってイスラムに改宗した者は多かったが、全員がイスラム教徒に一変したわけではない。いまだに相当な数で、ということは異教徒憎しで殺したくらいでは追いつかない数で、キリスト教徒が住みユダヤ教徒も住んでいたのが、十一世紀当時の中近東であったのだ。

この東方の支配者になったイスラムの為政者たちが、これら異教徒の存続を認めることにしたからである。ただし、数々の制約が課された二級の市民として。そのうえ、「ジズヤ」と呼ばれる、一種の〝異教徒税〟を払う義務も課されていた。

イスラム世界で異教徒のみに課されていた諸々の制約と「ジズヤ」の詳細については、『ローマ亡《な》き後の地中海世界』の上巻ですでに書いてあるので、その巻の百五十三ページ前後を参照されるようお願いする（同・文庫第一巻、二百三十五ページ前後）。ここで再び詳しく述べていては、本筋から離れすぎてしまうのだ。

とはいえ、この「ジズヤ」さえ払えばイスラム教以外の宗教への信仰を認める、というのが、イスラム教徒が自画自讃する、「イスラムの寛容」の実態であった。オリエントに住むキリスト教徒とイスラム教徒の間に、対等な立場に立っての共生関係が成り立っていたわけではまったくない。

教会の鐘を鳴らすことは禁じられ、馬で行くことも禁止され、イスラム教徒が歩いてくれば道の端に立って通り過ぎるのを待たねばならない。これでは、たとえ見てくれは「共生」でも、対等とはほど遠かったのである。

「ジズヤ」と呼ばれた人頭税も、イスラム側の言い分ならば、支配者であるイスラム教徒が異教徒を保護するうえでの代償、であったが、真の意味は、存続を認める代わりに払う税、であったのだ。

しかし、異教徒の存在を耐えることとさえもしなかったのが、同じ時代の西方のカトリック世界である。そしてこの時代、東方に住むギリシア正教のキリスト教徒たちは、二級市民の地位に甘んじつづけ「ジズヤ」を払いつづけるにしても、すでに三百年以上もの歳月、イスラム世界で生きつづけるキリスト教徒、であるのに慣れてきた人々であったのだ。

この人々から西方に住むローマ法王に、自分たちをこの現状から解放してくれと求めてきたという史実は、今に至るまで一つも見出《みいだ》されていない。法王に援軍派遣を要請してきたのは、かつてはビザンチン帝国領であった中近東をもう一度取りもどしたいと欲した、ビザンチン帝国の皇帝であったのだった。

それにしても法王ウルバン二世は、アジテーターとしてもなかなかの巧者だったが、オーガナイザーとしても一級の才能を示すことになる。いっときの感激や興奮は、すぐに消えることを知っていたのだろう。この後の十日を費やして討議し公会議で決定したのは、次の諸項であった。

一、十字軍に参加する者には、完全免罪が与えられる。

人間は生れたときから原罪をもつ身であるとはカトリックの教理の基本だが、その原罪に日々の生活で犯す小さな罪まで加わると、特別に悪いことはしていなくても死後の天国行きが不安になってくる。そう思う善男善女が大半であったのが、中世であった。それを、参加さえすれば天国行きは確実だと言われたのだから、この人々が救われたと喜んだのも当然であったのだ。

また、完全免罪とは、殺人などの凶悪な罪を犯した者にも「免罪」を与えるということでもある。つまり、十字軍に参加さえすれば、これまでの悪行もすべて帳消しにするというのだから、アウトローたちまでが競って十字軍に参戦することになったのである。

二、病気中とかのやむをえない理由によって参加が無理な者は、他の人々の参加に要する費用、衣服や武器を買い求めるための費用を献金すること。

このことの決定は、貧民たちにも十字軍参加への道を開くことになった。

三、発《た》つ者が後に残していく資産、動産・不動産の別なく資産の帰国までの保全は、ローマ法王が保証人になり、その者が属す教区の司祭が実際の監視の責任を負う。

つまり、後のことは心配なく、安心して発ちなさい、ということだ。

四、十字軍参加に要する費用捻出《ねんしゅつ》のために資産を売る必要のある場合、またはその資産を担保《たんぽ》にして借金をする場合は、それが正当な値で成されることを法王が保証し、実際の監視は司教や司祭が責任を持つ。

五、十字軍に参加したい者はまず、その者が属す教区の司祭に申し出、その許可を得た後で十字架に誓い、その後初めて出発することができる。

これは、烏合《うごう》の衆を十字軍から排除するための条件だったが、実際はほとんど機能しなかったのは、後に述べる「貧民十字軍」が実証している。

六、十字架に誓った後でも出発せず、または出発はしても途中から早々にもどってきたりした者は、ただちに破門に処される。

これらを見ても、法王ウルバンは当初、相当な程度に組織された軍事力を東方に送るつもりでいたように思える。いかに異教徒打倒の想いは強くても戦力にならない人々では、役に立たないと思っていたのにちがいない。しかし、いかに緻密《ちみつ》に考え抜かれた案であっても、計算ちがいはどこかで起るのだった。

隠者ピエール

このフランス人の修道僧は、粗末な僧衣に身を包み、ろばに乗って村々をまわる巡回説教僧の一人だったが、その率直さに感銘を受けた人は多かったのである。聖地でのイスラム教徒の横暴を嘆き、今すぐ聖地を奪還し、イエス・キリストが生れ、育ち、死んだ地を異教徒の手から奪還しようと呼びかけるピエールの熱弁は、後に残す資産も持たず、その他諸々の準備など整える余裕もない貧しい人々の胸を強く打ったのだ。司祭の許可も得ていない男も女も子供までが、隠者ピエールの後に従うようになる。中世の下層民にとっては、日常生活そのものがすでに苛酷《かこく》だった。十字軍参加は、その厳しい日々からの解放でもあった。こうして、「貧者たちの十字軍」が、形を成しつつあったのだった。

とはいえ、法王ウルバンの考えた十字軍と隠者ピエールの十字軍はまったく別物かと言われれば、答えは「否《いな》」とするしかない。

両者とも、自分たちの手でイェルサレムを主イエスの聖都にもどしたい、という想いでは共通していたのである。

この人々に、イスラム教徒はキリスト教徒の聖地巡礼を、禁止したことはなく妨害したこともほとんどなく、イェルサレムを訪れ、聖墳墓教会を始めとするキリスト教徒にとっての聖なる史跡に参拝するのも、少しばかりのカネを払えばできるのだ、と言ったとしても、そう言うこと自体が、信仰を持たないがゆえにそれを持つ者の想いを理解できない人の理屈にすぎないのではないか、という気さえする。

例をあげよう。ローマの聖《サン》ピエトロ大聖堂の中に入るには、入場料は要求されない。あの内部にはミケランジェロ作の「ピエタ」を始めとする人類の最高芸術が数多く置かれているが、聖《サン》ピエトロ大聖堂自体はあくまでも祈りの場であり、それをすることによって神に近づく場なのである。

一方、すぐ近くにあるヴァティカン美術館では入場料を払う。あの内部にはどれほど宗教色の濃い作品があふれていようと、美術館であって教会ではないからだ。

この慣習は、他のどの教会でも同じように行われている。カラヴァッジョの傑作を観《み》るためだけに「フランス王聖ルイ教会」に入っても、絵があるのが教会の中なのだから、入場料を払えとは誰からも言われない。

これが、祈りの場と芸術鑑賞の場のちがいである。その証拠に、教会の前には物乞いはいても、美術館の前にはいないではないか。教会の前にいる物乞いには、存在理由がちゃんとある。それは、神に祈った後で恵まれない人に幾分かの寄附をするという善行を積ませるためなのだ。美術館を見た後で感激しても、それには善行を積むことまでは求めないというのだから、これはこれで論理的だと、信者ではない私でも思っている。

また、美術館に入るのに、服装に注意を払う必要はない。袖《そで》なしでも胸の広く開いた服でもかまわない。だが、それが教会となると、どこからか僧が歩み寄ってきて、スカーフとかで隠していただけますか、と言われる。教会内ではヴェールで頭を隠す習慣が長くつづいたのだから、むき出しの肩や胸は隠して下さい、と言われるのも当然なのである。ここにも、信仰の場と芸術鑑賞の場のちがいが表われているのだ。

この慣習は二十一世紀の今でも踏襲されているのだから、今からは一千年昔の中世の人々には、より当然に思われたことではなかったか。自分たちが信仰を捧《ささ》げる人の足跡をたどるという、言ってみれば祈りでありイエスに近づくために行く場であるのに、なぜ入場料を、しかも異教徒に払わねばならないのか、と。

この想いでは、法王も君主も一般の庶民も変わりはなかったであろう。この彼らにとって、「聖地奪還」に「イェルサレム解放」というスローガンは、耳にするやいなや肌に馴《な》じみ、ヨーロッパからオリエントに向う途上でますます強くなっていったのではないだろうか。主イエスが望まれたことをしに行くのだという、確たる信念とともに。

「貧民十字軍」

最初に東方に向ってヨーロッパを発ったのは、隠者ピエール率いる貧民たちで成る十字軍であった。残していく資産の処置を考える必要もなく、さしたる軍備もする必要はないのだから、誰よりも先に発てたのである。法王ウルバンが指定した、翌・一〇九六年の八月十五日の出発日など守る気もなく、九六年の春も待たないで動き始めていたという。

フランスの北部からも、ライン河に近いドイツの西部からも、支流が本流にそそぎこむように集まってきた参加者の総数は、誰にもわかっていない。引率者のピエール自身もわかっていなかったし、わかろうとも思っていなかったろう。研究者たちも、五万から十万としか言っていない。その多くは農民や都市の下層に属す人々で、盗っ人などの犯罪者も加わっていた。男だけでなく、女も子供もいる集団だ。そのほとんどは武器らしい武器も持たず、軍装に身を固めているのはごく少数で、その者たちも、当時は放浪騎士と呼ばれていた、日本で言うならば「浪人」であった。

家族を残し畑を捨て、遠いオリエントへ向けて発つ人々

当然、規律などは存在せず、行軍も、ろばで行く隠者ピエールの後に、ある者は荷車に乗り、多くの者は徒歩で従《つ》いて行くだけなのである。もちろん、兵站《ロジスティクス》の概念などは、薬にしたくも無かったが、ヨーロッパ内ではそれでも、途中に住む人々の情《なさ》けに頼ることができたのである。

だが、それが望めないとなれば、迷うことなく強奪した。ユダヤ教徒のコミュニティに対しては、異教徒ということで当然の如《ごと》く強奪にもより力が入り、そこが神聖ローマ帝国領内でもあったので、皇帝ハインリッヒから強硬な抗議を受けることになる。軍隊を差し向けられては逃げるしかなかったが、それでも一千人近くのユダヤ人が犠牲になった。そして、ドイツを後にハンガリー王の領内に入った後も、同じキリスト教徒でありながら暴行を重ねながらの行軍という様相は変わらなかったのである。

しかし、この「貧民十字軍」にも、絶対の強みがあった。それは、人的犠牲にはまったく無関心、という点である。強奪行で何人殺されようと、食もなく途中で倒れたまま息絶える者が続出しようと、隠者ピエールも気にしなかったし、共に歩む十字軍仲間の間でも気にかける人はいなかった。

同じ規模の軍勢でも、人的犠牲には敏感でないほうが強くなる。ヨーロッパを発った時点では十万であったのがアジアに入るときには五万になっていたとしても、それを気に病む者も、またその惨状を問題視する者もいなかったのである。

「貧民十字軍」は、それでもこの状態で、ビザンチン帝国の首都コンスタンティノープルにはたどり着いた。一〇九六年の八月一日であったというから、法王ウルバンが定めたヨーロッパからの出発日の二週間も前に、道程の半ばは踏破したことになった。

諸侯たち

法王ウルバンのクレルモンでの「アピール」は、ほんとうは軍事力をもつ君主たちに向けられていたのである。それゆえに誰がアピールに応じてくるかは大変に重要だったが、それが皇帝や王ではなくて地位ならばその下になる諸侯で落ちついたのには、次に述べる事情があったのだった。

西欧のキリスト教世界をあげての遠征と公言した以上、まず第一にあげらるべき人は、キリスト教世界を守るということにその存立理由があった、神聖ローマ帝国の皇帝にならざるをえない。しかもこの当時、皇帝の座にあったハインリッヒ四世は、十字軍出陣予定の一〇九六年には四十六歳で、充分に総司令官を務められる年齢にあった。

だが、この人とローマ教会は、「カノッサ」このかた険悪な関係でつづいている。また、ウルバンの深意には、十字軍を成功させることで法王の権威を強化し、それによって皇帝の権力を弱体化するという想いがあった。

このハインリッヒには、法王は呼びかけることさえもしていない。

皇帝を除外するとなれば、次にあがるべき人はフランスの王になる。フランス王フィリップも四十四歳だから、地位でも年齢でも総司令官には適任だったはずだが、この人には私生活の面で問題があった。

不倫をしただけでなく、その相手を王妃にしようとし、そのために現王妃と離婚しようとし、それを怒った法王から破門されていたのである。クリュニー修道院のかかげる改革は、教会内部に留まらず、キリストの教えにのっとった俗界の倫理の改善も目指していた。その派に属すウルバン二世には、この面で問題のあるフランス王を放置することはできなかったので、破門に処したのだった。

しかし、フィリップは、法王の権威に逆らって破門になったのではない。法王の反対する離婚に、首を縦にふらなかっただけである。それで破門のほうも微温的で、ゆえに家臣たちも動揺せず、ハインリッヒのように雪の降る中に立ちつくして破門を解いてもらうまでもなかったのだ。とは言ってもやはり、十字軍という、神が望んでおられる聖なる事業をまかせることはできない。だが、破門はされても法王とは険悪な関係にはないフランス王は、自分はダメでも弟は行かせます、と申し出たのである。

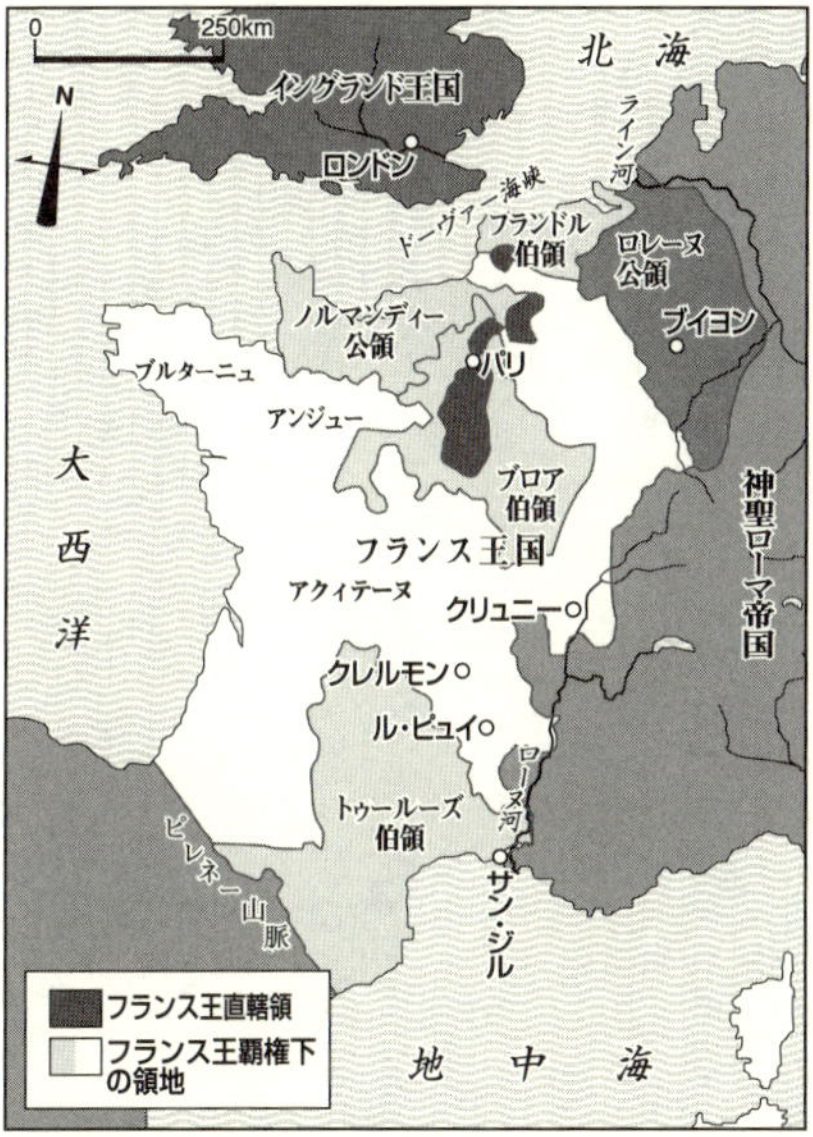

フランス王直轄領と第一次十字軍に参加した諸侯の領国

　おかげで、一〇九六年には三十九歳になるヴェルマンドワ伯ユーグが、十字軍に参加することになった。第一次の十字軍が「諸侯たちの十字軍」と呼ばれるようになるのも、ドイツの皇帝とフランスの王を除外するしかなかったからである。

ただし、諸侯ならば小粒の君主の集まりか、と思うと、この時代は完全にちがうのである。中央集権は十字軍の後の時代になって確立されてくるシステムであって、十一世紀の諸侯たちは皇帝や王に対し、地位は下でも実力では劣る存在ではまったくなかった。

公爵《こうしゃく》や伯爵とは呼ばれていても、これらの諸侯が領土を持っていたのは、皇帝や王から与えられたからではない。彼らのほうがすでに領土を持っていて、その状況下で、まああの男ならば今のところは不都合はないだろう、とした人物に、皇帝なり王なりへの忠誠を一応は誓うのである。

「まあ」とか「一応は」とか書いたのは、不都合となれば簡単に反旗をひるがえすからだった。皇帝ハインリッヒが雪の中に立ちつくしてまでも法王に破門の解除を願ったのは、法王による破門の処置が諸侯たちの離反の理由になりかねなかったからである。

この時代、トゥールーズ伯でもロレーヌ公でも、フランスの王に、直轄《ちょっかつ》領土の広さでも、ということは税を取れる人の数でも、またそれを使って維持できる軍事力でも、劣る存在ではなかったのである。ゆえに法王ウルバン二世が、これら諸侯に十字軍参加を呼びかけたのは、現状への正しい認識をもとにしての判断であった、と言えると思う。そして諸侯たちも、皇帝や王の不参加などは問題にせず、自主的に堂々と応じてきたのである。なにしろ彼らのほとんどは、立派に一国一城の主《あるじ》であったのだから。

軍隊とは、指揮系統が統一されてこそその力を発揮できる組織である。統一されずにてんでんばらばらだと、各人の持つ力は有機的に活用されず、ゆえにエネルギーは浪費され、目的を達成できた場合でも、それに要した時間はより多くかかってしまうことになる。それで、戦争に訴えると決めた場合には指揮系統の一元化が最重要事になるのだが、法王ウルバン二世も、このことの重要性は理解していたようであった。

普通ならば参加者の誰よりも地位が上のフランス王の代理という理由で、王弟のユーグが総大将を務めることになったとしても当然だった。三十九歳という年齢も、不足はなかった。

だがこの人は、まず何よりも、大規模な自前の軍事力を持っていなかった。兄のフランス王は、代わりにお前が行けと言っただけで、自下の軍の半ばでも割いて与えてくれたわけではない。

それにこの人の態度は常に尊大で、勇気はあるのだが冷静さに欠ける。洞察力をもつ人ならば一見しただけで、この男を総大将にしようものなら遠征は失敗する、と判断しただろう。幸いにも、ユーグ伯には野心もなかった。


十字軍への参加を伝えてきた諸侯の中で、ユーグ伯ほどではなくても大規模でかつ強力な軍勢は持っていないという点ならば、共通していたのは次の三人である。

ノルマンディー公ロベール、ブロア伯エティエンヌ、フランドル伯ロベールの三人だ。

ノルマンディー公のロベールだが、この人はイギリスを征服してノルマン王朝を創設した、歴史上では「征服王ウィリアム」の名で知られた人の長男に生れていたのだが、父親に反撥して反乱を起したりしたので、父の死後のイギリスの王位をフイにした男でもある。王位は彼よりは格段に悪賢い弟のウィリアム二世の手に渡ってしまったが、イギリスを征《せ》める前にはノルマン民族の本拠地であったフランス北西部のノルマンディー地方は、まだ彼の領土として残っていた。

ヴェルマンドワ伯家
（黄と青の格子）

ノルマンディー公家
（赤地に黄色の獅子）

ブロア伯家
（青地に銀と黄色の斜め帯）

フランドル伯家
（黄色地に黒の獅子）

だが、政治的に賢明でなかっただけでなく経済的にも賢明でなかったのか、何ごとにも先立つカネが充分でない。それで、ノルマンディー公領を抵当にして弟から借金をし、遠征の費用を用立てたのである。

この一事が後に彼の立場の悪化につながってしまうのだが、彼自身は、法王ウルバンの呼びかけに心からの賛同で応じた一人であった。つまり、十字軍によるイェルサレムの解放に一筋の疑いももたなかった、諸侯の一人であったのだ。出発時の年齢は四十二歳、何年かかるかわからないオリエントへの遠征に出発するには、充分に適した年齢にあった。

しかし、ブロア伯エティエンヌとなると、事情はだいぶちがってくる。参加した諸侯の中では最も裕福と言われたくらいだから、遠征費用を心配する必要はなかった。だがこの人は、中世の諸侯の中では珍しいタイプで、当時では日常茶飯事だった領土をめぐっての戦いには興味を示さず、学問を好み、穏やかで平和な生活を愛していたのである。

ただし、裕福な領主であったことで、妻には征服王ウィリアムの娘を迎えていた。偉大な父親を意識する度合は、なぜか息子よりも娘のほうに強い。それで、法王ウルバン提唱の十字軍遠征が伝えられるや、伯夫人は夫に、兄のノルマンディー公も行くと言っているのだからあなたも行きなさい、ということになったのである。とは言ってもイェルサレムへも向わない前に戦線を脱落して帰国することになるのだが、このときも伯夫人から、まだ誓約は果していないではないですかと、言われてみれば正しいことを言われてもう一度オリエントに送り出されるのだから、中世とは意外にも女が強かった時代なのであった。

このブロア伯が率いていく軍勢だが、広大な土地をもつ裕福な領主でもあり、正確な数は不明だが、一応の兵力、つまり数百から一千程度の兵力は従えて行ったようである。

もう一人のフランドル伯ロベールだが、この人は、もの心ついた頃から周辺の領主たちとの小ぜり合いに慣れており、いまだ在世中の父も豊かで、遠征費用も率いていく兵士も、強大とは言えなくても精鋭をそろえることができた。法王ウルバンの本音であった、ヨーロッパでキリスト教徒同士でやっていることをオリエントに行ってイスラム教徒相手にやれ、の典型であったのだ。騎兵五百を率いての出陣であったという。年齢は、いまだ三十一歳と、三人のうちでは最も若い。

この、ブロア伯を除く二人には共通していたことがまだ三つあった。

第一は、十字軍の目的であるイェルサレムの解放を心から信じていたこと。

第二は、それゆえに戦場でも勇敢に闘ったこと。

そして第三は、目的を果した後はヨーロッパに帰ったこと、つまり、オリエントの地での領土獲得には野心はなかったこと、である。とくにロベール率いるフランドル人たちは、闘い方もあざやかだったが、退《ひ》きぎわもあざやかだった。そしてこの三者は、出発も行軍も、なぜかかたまって行動することになる。独自にオリエントまでの遠路を踏破するには、三人ともが一人一人では、それに耐えうる兵力を持っていなかったからではないかと思う。

トゥールーズ伯レーモン・ド・サン・ジル

おそらく法王ウルバンが、クレルモンでの公会議当初からすでに十字軍の総大将にと考えていたのは、トゥールーズ伯サン・ジルであったにちがいない。

年齢は五十代の半ばに達していて当時ならば老人だが、参戦する諸侯の中ではただ一人、イスラム教徒との戦闘を経験していた。スペインでの「レコンキスタ」(再征服)に参戦するのは、フランス南部に広大な領土を持つサン・ジルにとっては当然なことでもあったのだから。

クレルモンで十字軍遠征を提唱する以前に、法王ウルバンはすでにサン・ジルに会っている。また、クレルモンの公会議に来ていなかったにかかわらず、十字軍への参加を誰よりも先に宣言したのはサン・ジルだった。
　このトゥールーズ伯サン・ジルに、法王は、法王代理の格で十字軍に参加すると決まったル・ピュイの司教アデマールを、なにやらぴたりという感じでつけている。サン・ジルのほうも、法王代理は常にかたわらにあり、年齢も諸侯中では最年長ということで、自分こそが総大将だと思っていたにちがいない。十字軍遠征に賛同する想いでも一点の曇《くも》りもなく、妻と次男も同道するという気の入れようであった。周辺の小領主たちも召集した結果、従える軍勢も五万に迫ると言われたほどである。

トゥールーズ伯家
（青地に黄の百合）

　ところがこの人には、人望がなかった。同僚になる諸侯たちに人望がなかったのは、つまらないことに意地を張りすぎるからである。また、従いていく兵士たちからも人望はなかったが、それは彼の、感情に駆られた末に無用な戦闘でも全力を投入してしまうところにあった。おかげで出発した当初は相当な軍勢であったのに、敵と闘うたびに多量の兵を失うことになる。それでも兵士が従いて行ったのは、大金持であったので給料の払いならばよかったからだろう。

トゥールーズ伯サン・ジルのこの面に注目せずに総大将に目したのであったら、法王ウルバン二世は、国際政治では達人でも、戦争はわかっていなかったとするしかない。だが、どうやらこの誤りには最後まで気づかなかったようで、トゥールーズ伯は自分が総大将と思いこんで発ったのである。だがこのことが、パレスティーナに着いて以後のサン・ジルの迷走の原因になる。十字軍の意味を信じ、戦闘の場でも相当な働きをする人であったのだから、十字軍全体からみれば残念なことではあった。

ロレーヌ公ゴドフロア・ド・ブイヨン

法王ウルバンからは総大将と見られてはいなかったにかかわらず、ごく自然に総大将と目されていくのが、ロレーヌ公のゴドフロア・ド・ブイヨンである。現代ならばベルギーに相当する低ロレーヌ地方の領主で、年齢も、サン・ジルよりは十八歳若い三十六歳。ロレーヌ地方は十四世紀以降はフランス王の覇権下に入ることからこの人の名もフランス語で発音されるようになるが、十一世紀末のこの時代はまだ、神聖ローマ帝国に属す、封建諸侯の一人だった。それゆえに、ロレーヌ公ゴドフロアは、フランス人というよりもドイツ人なのである。

もしかしたら、というよりもほぼ確実に、法王ウルバンは、この人物の十字軍参加までは予定していなかったのではないかと思う。

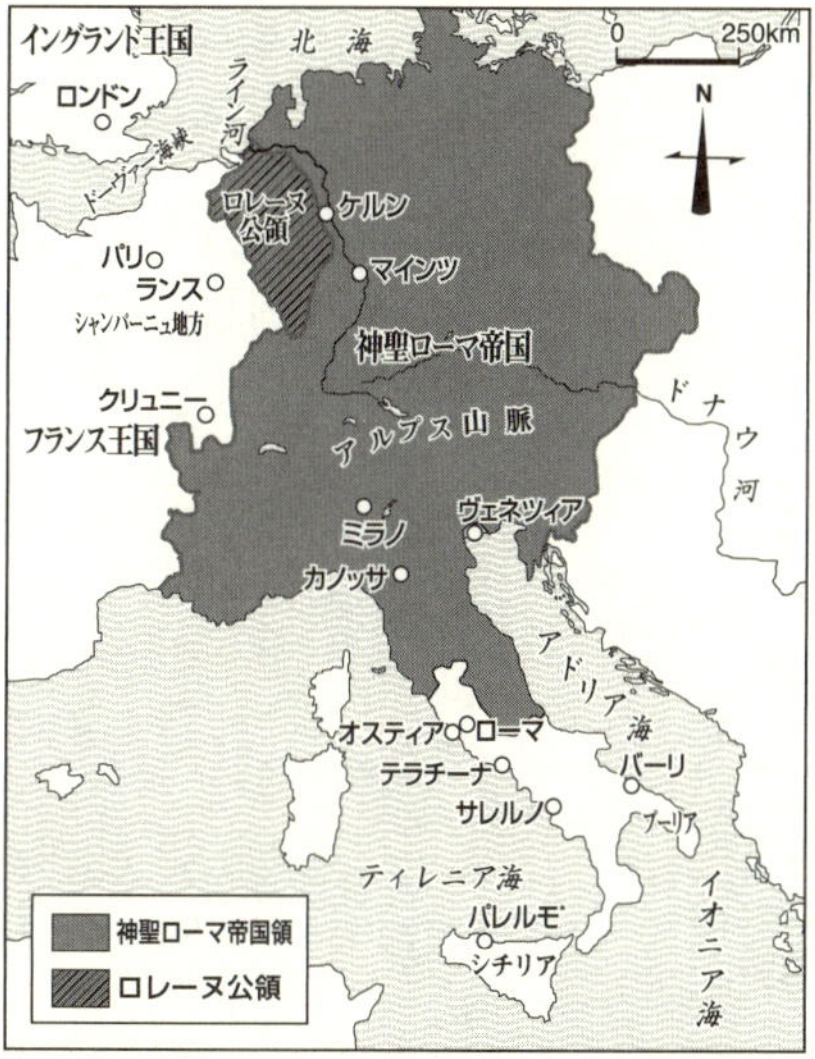

神聖ローマ帝国におけるロレーヌ公領

なぜなら、神聖ローマ帝国内の一領国の主であるロレーヌ公は、神聖ローマ帝国皇帝にとっては臣下の一人であり、皇帝ハインリッヒ四世の側にあって、ローマ法王に敵対する一人であったからである。ゴドフロア自身、ハインリッヒが法王グレゴリウスをローマに追いつめた際には、それに参加していた。それなのになぜ、グレゴリウスの後継者であること明らかなウルバンの提唱した十字軍に参加すると決めたのか。

研究者の中には、諸侯の中でこのゴドフロアだけは、なぜ十字軍に参加したのかわからない、と書いている人もいる。だが私は、だからこそ参加を決めたのだ、と思うのだ。


三十代も半ばに達する年頃ともなれば、あの時代では人生の半ばである。つまり、これまでの人生で自分は何をしてきたかを、振り返って考える年頃でもあるということだ。

ロレーヌ公ゴドフロアのこれまでの半生は、グレゴリウスへの復讐《ふくしゅう》の念に駆られたあげくに法王を追いつめることとしか頭になかった皇帝に従って、グレゴリウスをカステル・サンタンジェロに閉じこめ、法王になったウルバンにもローマの土を踏ませないことに費やされてきたのだった。

もしもこの半生を振り返ったゴドフロアが、これ以後はまったくちがう人生を歩みたいと思ったとしたら？　そしてその想いが、クレルモンでのウルバンの言葉で火が点《つ》けられたとしたら？

ロレーヌ公ゴドフロアは、後代に描かれた絵でも、実際の年齢とはまったくちがう老成した顔で表現されている。それは彼が、仲間割れすることが多かった諸侯の中にいながらそれに加わらない人格者であったから、とする学者もいる。だが私には、自らの人生の目的をはっきりと決めた人の、静かな落ちつきに見えるのである。

とはいえ実際は、ロレーヌ公ゴドフロアがなぜ皇帝から離れ、法王側に寝返ることでもある十字軍に参加する気になったのかは、彼自身が書き遺していないこともあってまったくわからない。しかし、決めた以上はロレーヌ公は、必要な準備に万全を期した。それは、もしも法王が目にしたら見直したにちがいない、規模も軍備も完璧《かんぺき》なものになる。やはり完璧主義のドイツ人であるためか、と思ってしまうほどに。


十字軍遠征に要するすべての費用は各自が自ら負担する、とクレルモンの公会議で決められていたので、諸侯は、それぞれのやり方で工面するしかなかったのだが、広大な領土を持つロレーヌ公ゴドフロアでも、そのような多額のカネをすぐにも用立てられる状態にはない。何万にもなる兵士たちの、しかも数年にわたる費用なのだ。

だが、そのことよりも先に、一国の主であるからには避けては通れない問題を解決するのが優先した。残していく低ロレーヌ公国の統治を、高ロレーヌ地方の領主である兄に託したのである。ゴドフロアには子がいず、ユースタスとボードワンという名の弟二人も十字軍に同行することになっていた。

これに次ぐ問題は遠征に要する費用づくりだが、まず、必要不可欠ではないと判断した土地はすべて売り払った。また、私物の中でも高い値で売れそうな品々も洗いざらい売り払う。これでもまだ足りなかったので、領民たちに寄附を募ったのである。これが予想以上に集まったというのだから、ロレーヌ公ゴドフロアは、当時では珍しい善政で聞こえた領主であったのかもしれない。

兄に同行して十字軍に参加することになった弟二人だが、ゴドフロア自身が二男なので、彼ら二人は三男と四男になる。三男のユースタスは小領の領主ではあったようなので、自分の領土はまったく持っていない領主一家の一員、つまり「部屋住み」ではなかったようだが、四男のボードワンとなると完全に「部屋住み」だった。

男子が多く、その全員に領土を分けてはいられない場合、そのうちの一人には聖職への道が用意される。ボードワンに用意されたのも、この種の就職口であったのだが、それ聖職キャリアは早くも絶たれる。これを嫌った若者が自分からとび出したのか、それとも何か問題を起して追い出されたのかはわからない。いずれにしてもボードワンの聖職キャリアは始めたとたんに挫折《ざせつ》し、三十代に入ったばかりの若者は、部屋住みの身でいながら結婚までしていたのである。

この末弟の他に、ゴドフロアは、もう一人のボードワンも十字軍に同行させていた。こちらのほうのボードワンは彼らとはいとこの関係にあり、領主のいとこでは、こちらのボードワンも「部屋住み」であった可能性は大きい。とはいえ、ゴドフロアとこの二人のボードワンのロレーヌ公一族が、第一次十字軍では実に重要な働きをすることになるのである。

ロレーヌ公家
（黄地に赤の斜め帯と鷲）

これではまるで、第一次十字軍とは複数の一族郎党が行った遠征ではないか、と思われたとしたらそのほうが正しい。

ノルマンディー公とかブロア伯、トゥールーズ伯とかロレーヌ公とか言われると、彼らは公爵や侯爵や伯爵である以上、優雅で華やかで貴族的な人々であったのだろうと思ってしまうが、そのような人々は中世も後期になって現われる中央集権時代の産物である宮廷貴族であって、長い中世の前期と後期の境い目になる十字軍時代ではまったくちがうのである。

あの時代の公爵、侯爵、伯爵、男爵とは、自らの力で獲得し自らの力で保持する領国の主《あるじ》であり、それに欠くことを許されない軍事力として、血のつながりのある一族郎党を率いるボスであった。

歴史上では「貴族」と書かれるが、その実態は「豪族」であり「部族」であり、スコットランドならば「クラン」であったのだ。その証拠に、彼らの全員が、いわくありげな紋章を持ち、行軍ではそれを染めぬいた旗を先行させ、戦場ではこの色とりどりの旗の下で奮闘することになる。

法王ウルバンが、十字軍戦士は誰でも胸か背に赤い十字をぬいつけよと定めたのも、色とりどりを放置していては十字軍としても統一がとれず、かと言ってそれらを全廃するのは非現実的となれば、せめては赤い十字で統一感を持たせたいという想いもあったのである。群雄割拠の時代、これらの「雄」を一つの目的に向けて送り出すのは、西欧のキリスト教徒たちの最高ボスでもあるローマ法王にとっても、簡単なことではなかったのであった。

　しかし、公爵とか伯爵とか呼ばれていたとはいえ実態は「クランのボス」であったからこそ、十字軍遠征という冒険に乗り出すとボスが決めた以上は一族郎党はそれに従うのである。そしてこれが、当時の男たちにとっては当り前の生き方なのであった。


　それで、あらゆる面で第一次十字軍に参加する諸侯の典型になるロレーヌ公とその一族郎党が率いていく軍勢の規模だが、騎兵一万と歩兵は三万にのぼったという。ただしこの数は相当に大げさな数で、研究者たちは、よくてこの半分、と言っている。それでもなお、諸侯たちのボスとしてもよい、フランスの王並みの軍事力になる。

　しかも、騎兵歩兵ともに全員が、小さな鉄製の輪を網状につらねた「鎖かたびら」で全身をおおい、しかもその上に鈍《にぶ》く光る鋼鉄製の甲冑《かっちゅう》をまとうという重装備。これでは戦闘で、この二万に接近して来られるだけでも、敵は圧倒されたろう。しかも、軍規も厳守され、ロレーヌ公の命令一下、一丸となって突撃する戦士の集団であったのだった。

プーリア公ボエモンド・ディ・アルタヴィッラ

第一次十字軍には、このロレーヌ公ゴドフロアの他にもう一人、親王の意味でもある「プリンチペ」と呼ばれていてもその実態は、イタリア語ではボスを意味する「カーポ」と呼んだほうが似合う男がいた。その人の名は、プーリア公ボエモンドという。

この時代はノルマン民族が大活躍した時代でもあるが、一部は北に進んでイギリスを征服してノルマン王朝を樹立し、別の一部は地中海に進出して、南イタリアからビザンチン帝国勢を放逐し、イスラム下にあったシチリアまでも制覇して、地中海の中央にもノルマン王朝を打ち立てた、アルタヴィッラ家に属す男たちである。しかも、南イタリアからはアドリア海を横断するだけで達せるギリシアに上陸し、ビザンチン帝国の心臓部にまで迫る勢いであったのだ。プーリア公ボエモンドもそれまでの数年は、ビザンチン帝国の軍と闘ってきたのである。

ビザンチンの軍と闘ってきた前歴のあるボエモンドが、ビザンチン帝国の皇帝の要請で始まった十字軍に、四十七歳にもなってなぜ参加すると決めたのか。

この問いへの答えは、実に簡単である。自分だけの領国が、しかも広大で豊かな領国が、欲しかったという一事につきる。

シチリアの王位には、父グィスカルドに愛されていた弟のルッジェロが収まっていた。ならばと全力を投入したギリシアへの侵略も、ビザンチン帝国の要請を受けたヴェネツィアの海軍にはばまれて、頓挫《とんざ》してしまっている。地上では強いノルマン人も、海軍は持っていなかったのだ。その海軍を獲得しようとイタリアの海洋国家の一つアマルフィを攻めている最中に、クレルモンでのウルバンの十字軍提唱を知ったのだった。

一も二もなくただちに参加を伝え十字架に宣誓したプーリア公ボエモンドだったが、他の参加諸侯の誰よりも、イェルサレムの解放というスローガンにも、少しも胸が熱くならなかった男ではなかったか、と思う。

それでも、四十七歳の年までのほとんどを戦場で過ごしてきた男だ。遠征には何が重要かは知りつくしていた。

南イタリア全域に総動員をかけた結果、騎兵一万に歩兵二万を集めるのに成功する。

ただしこの場合も研究者たちによれば、計三万は大げさな数字でよくてこの半分、とされているから、実際の数は一万五千以下、というところであったろう。

だが、戦闘となれば最前線で兵士たちを指揮して闘う部隊長クラスには、南イタリアやシチリアに散っていたノルマンの一族郎党から、とくに若く有能な男たちを引き抜いている。いずれも「貴族」となっているが実際は小領主で、それゆえに戦闘に慣れ、戦闘のないときは馬上槍《やり》試合などしては、腕をみがくことを日常にしてきた男たちであった。

この「貴族」たちの数ならば、サン・ジルやゴドフロアの軍勢よりも、ボエモンド軍のほうがずっと多い。

このことは、サン・ジル軍の量、ゴドフロア軍の装備に対して、ボエモンドの軍は精鋭ぞろい、が特色ではなかったかと思わせる。

そして、この機会にボエモンドに引き抜かれた精鋭のナンバーワンが、ボエモンドの甥《おい》でもあり、この時期には二十代に入ったばかりというタンクレディだった。

このプーリア公ボエモンドだが、記録がないところから風貌《ふうぼう》容姿がはっきりしない諸侯の中で、彼だけはわかっている。それは女が書き残してくれたからだが、ボエモンドという男は、なぜか女にモテる男だった。しかも、キリスト教徒の女にモテるだけでなく、敵方になるイスラム教徒の女にもモテたのだという。

ビザンチン帝国の首都コンスタンティノープルで出会うことになる皇女アンナの眼に映った四十七歳のボエモンドは、次のような男だった。

背は、総じて高いヨーロッパからの諸侯に混じっていても頭一つ高く、金髪で、痩《や》せ型ではあっても頑健な身体《からだ》つき。青い眼で射るように人を見、堂々とした立居振舞は自尊心の強さを示し、激しい性格であっても冷静で悪賢く、それでいながら何とも言えない愛敬《あいきょう》が漂う。

女とは、安定が第一の結婚相手でもないかぎりは、社会の定見に捕われず、信頼も置けず、ひどい奴《やつ》とわかっていても憎めない男に魅《ひ》かれるものなのである。リスクを冒《おか》すことがわかっていながら冒険に乗り出していく男に、魅力を感じてしまうのだ。この種の男は、ただ単に「男」であって、女にとっては、

アルタヴィッラ家
(青地に白と赤の格子斜め帯)

年齢も宗教のちがいも越えた存在になる。聖都イェルサレムの解放というスローガンに胸を熱くしないことに至っては、女には関係のないことなのであった。

このボエモンドをふくめた諸侯が、第一次十字軍の主人公たちになるのである。だが、この中でも主要メンバーを選ぶとすれば、次の三組の六人になるだろう。
トゥールーズ伯サン・ジルと法王代理の司教アデマール。
ロレーヌ公ゴドフロアと、その弟のボードワン。
そして、プーリア公ボエモンドと、甥のタンクレディ。

このメンバーはいずれも、強力な軍勢を率いていたからだが、戦場では軍事力の大小が発言力の大小になる。だが、それだけが彼らを、主要メンバーにしたわけではない。別の何か、が、彼らにはあった。

これら諸侯たちの率いていく軍勢の総計だが、年代記作者のあげる数字を信ずれば、十万を優に越える大軍勢になる。これが事実ならば、最盛期のローマ帝国の皇帝だったトライアヌスがオリエントへの遠征に率いて行った規模に匹敵《ひってき》することになるが、現代の研究者たちの言のほうを信じて、実数はこの半ばの五万、といったところであったろう。それでも大軍勢である。

だが、この十字軍では、最高司令官は最初から最後まで存在せず、いや決める必要を訴えた人さえもいず、それゆえに指揮系統の一元化はついに成らなかったから、五万の全軍が有機的に活用されることはまれにしか起らなかった。

オリエントへも、各人各様に別々の道を通って向う。出発の時期も各人各様。それでも集結地は決めていたようで、それがビザンチン帝国の首都コンスタンティノープルであった。

第二章　まずはコンスタンティノープルへ

「貧民十字軍」の運命

法王の定めた翌・一〇九六年の八月十五日という出発日を守るどころか、それより断じて早い時期に出発していた隠者ピエールの十字軍だが、七月の終わりには早くもコンスタンティノープルに接近中と告げられて、ビザンチン帝国の皇帝アレクシオスは愕然《がくぜん》となる。到着が早かったから驚いたのではない。接近中という十字軍の実態を知らされて、愕然となったのだ。

援軍派遣を法王に要請した当時の皇帝の頭にあったのは、プロの兵士たちの派遣であった。古代のローマ帝国とはちがって強力な常備軍の伝統がないビザンチン帝国は、傭兵《ようへい》を使うのに慣れている。この時期の首都を守る兵士の中には、ノルマンに征服されたイギリスから逃れてきたサクソン人が多かった。ただし、カネを出して傭《やと》うからには、即戦力でなければ意味がない。皇帝アレクシオスは、法王ウルバンの提唱に応じて起《た》った諸侯の話を伝えられて以後はとくに、カネで傭う即戦力の到着を待っていたのである。

それが、真先に姿を現わしたのは、武器らしい武器はもたず、身にまとうのも軍装どころかぼろぼろの衣服の大集団。それも、ヨーロッパからハンガリーを横切りバルカンを南下してくる半年の間に消耗し、まるで乞食の群れにしか見えない。ヨーロッパを後にしたときの半分以下に減っていたと言われているが、それでも万を数える群衆である。その、男だけでなく女も子供も加わった数万の人々が、食と衣と、夏とて眠れれば充分としても、住までも要求してきたのである。

皇帝にしてみれば、隠者ピエール率いる十字軍は、無用であるだけでなく、問題を起すこと確実な存在だった。貧しい群衆に押しかけられて、首都の近郊の住民たちからも不満が巻き起っていた。皇帝は、この貧民十字軍のうち一人といえども首都に入ることを禁じ、いや軍を送って厳しく阻止し、ピエールだけを宮殿に招いたのである。これほどの数の人間を扇動するのに成功した、当の人を見てみたいという好奇心もあった。

皇帝アレクシオスは、その年四十九歳。その皇帝も、北部フランスの生れという、四十代も後半に入った粗末な身なりの隠者と会っただけでわかったにちがいない。ピエールが求める、早く聖地パレスティーナに向いたいという希望を、かなえることにしたのだ。皇帝からはピエール率いる十字軍に対して、食と衣が与えられた。そして、ボスフォロス海峡を渡って小アジアに上陸するに必要な、船まで提供したのである。

やっかい払い、の一語につきるが、隠者ピエールの十字軍がいつ頃ボスフォロス海峡を渡り、小アジアの土を踏んだのかはわかっていない。だが、数だけでも数万になる。また、海峡の幅は狭くても波は高く、冬が近づけば近づくほど、渡るのは困難になる。おそらく、このやっかい者払いは、夏のうちから始まり、秋にはすでに終わっていたのではないか。この十字軍とその後から続々と到着し始める諸侯の十字軍との接触は、コンスタンティノープルでは成されていないからである。

こうして、ビザンチン帝国の皇帝は、ギリシア正教とカトリックという宗旨のちがいはあろうと同じキリスト教徒であるピエールとその彼に従《つ》いてきた人々を、イスラムの兵士たちが待ち受ける小アジアに放り出したのであった。ビザンチン帝国領のバルカン地方で彼らが行った、強奪や狼藉《ろうぜき》が弁護の余地もない蛮行であったことは事実である。また、これほどの数の貧民に首都の近辺に居坐《いすわ》られては、社会問題になったろう。小アジアに送り出した後の結果は、誰にでも予想できたのである。にもかかわらず、このやっかい者払いは、ビザンチン帝国の住民であるギリシア人からも支持されたのだ。

この時代、ギリシア人は、ラテン人と呼んでいたヨーロッパ人を、文明の遅れた民と軽蔑《けいべつ》していた。だが、ラテン人のほうも、十字軍の遠征で彼らとの接触が重なるにつれて、ギリシア人を嫌悪《けんお》するようになる。その始まりが、隠者ピエールの十字軍へのギリシア側の対応であった。なにしろ、形だけは親切に送り出された貧民十字軍を待っていたのは、バルカン地方のときのような怖《おそ》れおののくキリスト教徒ではなく、イスラム世界の中でも勇猛で知られた、セルジューク・トルコの兵士たちであったのだから。

隠者ピエール率いるこの十字軍は、小アジアの地で霧散する。迎え撃ってきたトルコ軍との対戦で、イスラム側の記録によれば二万もの人々が殺されたという。この他にも、水と食の欠乏で死んだり、疲れ果てて動けなくなっているところを近くの住民に殺されたりして、夏にボスフォロス海峡を渡ったときには五万はいたと言われているのが、その年の秋には早くも、このうちの半数以上が「殉教者」になったということだ。十字軍の目的を達することなく途中で死んでも、法王ウルバンは、「殉教者」としての天国行きは保証していたからであった。

この苦難の末に、どれだけの数の人が残っていたのかはわかっていない。だが、トルコ軍との戦闘時にはコンスタンティノープルに行っていたので助かった隠者ピエールとそれ以外の生き残り組は、翌・一〇九七年の春から小アジア入りを始める諸侯の十字軍に吸収されるか、勝手に東方へ向った人々も、トルコ兵に襲われたり道端で動けなくなったりして、死体を散乱させていく。隠者ピエールの熱狂的な扇動で起《た》ち上り、水も食も神が用意してくれると信じて故郷を後《あと》に東方に向った「貧民十字軍」だったが、こうして、小アジアに足を踏み入れたとたんに、聖地に近づくこともできずに消滅したのであった。

諸侯、次々と到着

この「貧民十字軍」が小アジアに去った同じ年の秋から冬にかけて、ビザンチン帝国の首都コンスタンティノープルには、「諸侯たちの十字軍」が到着し始める。

到着した一番手がフランスの王弟ユーグであったのは、率いる軍勢が小規模だったので、ビザンチンの皇帝も対処が容易であったのだ。

法王ウルバンの決めた出発日に忠実に、八月十五日に北西フランスを出発したヴェルマンドワ伯ユーグとその一行は、南下してクレルモンに向い、その後は南東に折れてアルプスを越えた。イタリア半島に入ってからはジェノヴァ、ピサ、ローマと古代のアウレリア街道を、そしてローマからはこれまた古代のアッピア街道を通ってバーリに達し、ここから船でアドリア海を横断して対岸の海港ドゥレスに上陸したときは、すでに秋も深くなっていた。

このドゥレスで、ビザンチンの守備隊が待ち受けていたのである。そして、われわれが警護して首都までお伴《とも》しますから、と言われてそれに従い、古代のエニャティア街道を通ってそのままコンスタンティノープルに着いたのだった。

ビザンチンの守備隊がわざわざ先導役を買って出たのは、皇帝からの命令を受けたからであり、その命令に隠された本音は、ビザンチン領内で強奪等の暴力行為をしようにもできない状態で首都に連れてくるよう、にあったのだ。「貧民十字軍」は、ビザンチン帝国領のバルカン地方でもギリシアでも、住民たちに消しがたい悪感情を残していたのだった。

王弟ユーグはコンスタンティノープルに着いて以後、皇帝の客人としての待遇を受けたが、実態はていのよい人質だった。率いてきた兵士たちとも、離れ離れにさせられていたようである。


このユーグに次いでコンスタンティノープル入りすることになるのは、ロレーヌ公ゴドフロアが率いる軍勢になるが、この人々も、八月の末には北ヨーロッパを発っていたのである。この軍もロレーヌ地方を発ってからはマインツ、ストラスブールとライン河に沿って南下し、その後は道を東に転じ、ドナウ河沿いにレーゲンスブルク、ウィーンと通った後でハンガリー王の領土に入った。

ハンガリーでは王も領民も、半年前にこの地の通過中に数々の暴力行為を起した「貧民十字軍」を忘れていなかった。とはいえ今度は、重装備に身を固めた二万の軍勢である。武力で対抗しては敗北は必至であったので、ハンガリー王はゴドフロアが要求してきた、食糧の提供に応ずることにしたのである。

だが、食糧は提供したにかかわらず軍事力を振りまわされることを怖れたので、ロレーヌ軍のすべてがハンガリーの領土を立ち去るまでの間、人質を引き渡すよう求めたのだった。

無用なめんどうは避けたかったゴドフロアは、末弟のボードワンに、お前が行け、と命じた。人質になどはなりたくなかったボードワンだったが、兄は弟の抗弁には耳も貸さない。ボードワンが再び兄の許《もと》にもどれたのは、ロレーヌ軍の最後の一兵までがハンガリーの地を離れ、バルカン地方に入ったという事実が確認された後であった。

ビザンチン帝国領であったバルカン地方の各都市は、いずれも皇帝が任命した総督に統治されている。彼らの許には、ヨーロッパからの軍勢には要求するものを与えよという、皇帝からの指令が届いた。代官も住民も、隠者ピエールの十字軍の通過でこうむった甚大《じんだい》な被害を忘れていなかった。ヨーロッパからの兵士と聴いただけで、逃げ出すほどであったのだ。しかも、接近しつつある軍勢は、頭から足の先まで武装している。皇帝からの指令がなくても食糧は差し出したろうが、ゴドフロアもそれ以上は求めず、大軍の行軍には起りがちな暴行沙汰《ざた》も起きなかった。このように途中で失った兵士がいなかったので出発した当初の兵力は、その数を維持したままでコンスタンティノープルに到着できたのである。一〇九六年も十二月二十三日になっていた。

だが、一〇九六年中に集結地コンスタンティノープルに着いたのは、手勢が小規模であったユーグを除けば、このロレーヌ公の軍だけになるのである。

他の諸侯は、出発が遅れたり、発ちはしたものの途中の街での滞在が長くなったり、でなければビザンチンの守備隊と衝突したりして時を空費しているうちに、陸上でも海上でも旅には不適な冬に入っていた。コンスタンティノープル入りは、翌年の春を待つしかなかったのである。

ノルマンディー公とその義弟のブロア伯、そしてフランドル伯の三人組は、秋に北西ヨーロッパを発ってフランスを南下したまではよいが、イタリアに入ってからは、行軍というよりも修道院の視察や各地の観光を愉《たの》しむ旅になる。南伊の海港バーリには着いたのだが、そこで冬に入ってしまい、冬の海路は危険ということで、気候も温暖な南イタリアで冬を越すことにしたのである。これに、一日も早くパレスティーナに向うべきだと思っているフランドル伯は気を悪くする。それで彼一人だけは、船を調達し五百の自兵だけを連れて先に発って行った。残った二人がコンスタンティノープルに着くのは、翌・一〇九七年の五月に入ってからになる。

十月になってようやく自領のある南仏から出発したトゥールーズ伯サン・ジルと司教アデマールだが、フランスの南を一路東に向いイタリアに入ったときはすでに完全に冬に入っていた。それで、イタリア半島を南下してアドリア海の西岸にあるバーリから船でギリシアに向うよりも、北イタリアを横切ってアドリア海の東岸に出、アドリア海の東岸沿いに南下しながらドゥレスに達する道を選んだのである。大きく迂回《うかい》することになるが、すべては陸上を行く道程で、船に頼る必要はなかったからだった。

だが、兵士の数は多い。食料だけでも多く必要な軍勢を、陸路でも事故なしに行軍を遂行するのは、誰にとってもむずかしい。しかも季節は冬。

そのうえ、五十五歳になってもトゥールーズ伯サン・ジルは、自分自身の感情をコントロールすることが得意でない男でもあった。ドゥレスまで近づいたところで、事故が起ってしまったのだ。サン・ジルの兵士とビザンチンの守備兵は互いに武器を手にして激突し、司教アデマールまでが傷を負うほどの状態になってしまった。

これ以後は、ビザンチンの兵士との間で緊張した関係をつづけながら、それでも翌・一〇九七年の四月にはコンスタンティノープル入りは果すのである。しかし、三万はいたと言われる軍勢も、行軍途中の衝突によって相当な数が失われてしまっていたらしい。

南イタリアから発つのだから、諸侯の中では誰よりも踏破しなければならない距離は短かったはずだが、プーリア公ボエモンドとその甥《おい》のタンクレディが率いる南イタリアのノルマン勢がコンスタンティノープルに着いたのも、一〇九七年の四月に入っ

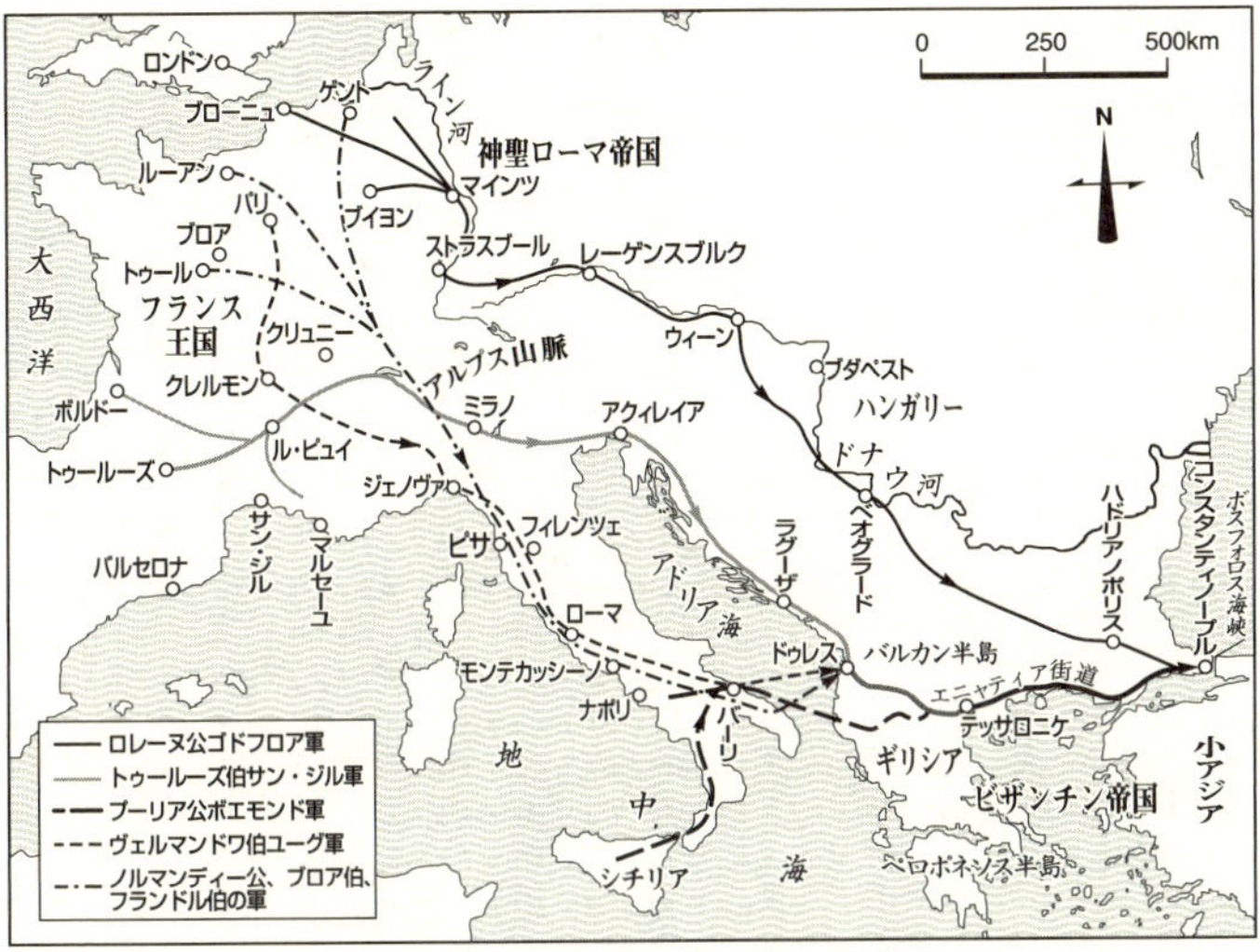

諸侯のコンスタンティノープルへの進路

てからであった。

近いからという理由で、出発自体が遅れたこともある。だが、ついこの間までビザンチン帝国と闘っていたボエモンドは、ギリシアを充分に知っていた。ビザンチンの守備隊が守るドゥレスは避け、そこからは南に下ったギリシアの西岸部に上陸したのである。しかもそこからギリシアを横断することで達せるコンスタンティノープルまでの道程を、略奪をつづけながら踏破したのだ。と言って、殺人までは犯さなかったようである。軍事演習と、口では言っていたのだから。

それでいながらボエモンドは、サン・ジルの軍勢がコンスタンティノープル近くにまで迫っていると知るや、自軍の指揮はタンクレディにまかせ、少数の騎兵を従えただけでコンスタンティノープル入りを果す。トゥールーズ伯サン・ジルに先を越されるのを、嫌ったからであった。それにしても、ビザンチンの皇帝の領土内で散々蛮行を働いていながら堂々と皇帝の前に現われたのだから、厚顔無恥もよいところだが、こういう行為をぬけぬけとやってしまうのが、プーリア公ボエモンドでもあった。もちろん、トゥールーズ伯サン・ジルには気分の良い話ではない。この二人はこれ以降も、ことあるごとに衝突する仲になるのである。

一〇九五年の十一月にクレルモンで、法王ウルバン二世が打ちあげた十字軍構想は、こうして、一〇九七年の春には、中継地のコンスタンティノープルに全軍が集結したことで、聖地奪還・聖都解放という大目的の達成への道を、確実に歩み始められるはずであった。ところがここで、諸侯の誰もが予想していなかった事態が起ったのである。それは、真先に到着していたロレーヌ公ゴドフロアが三ヵ月もの滞在中も頭を縦に振ろうとしなかった問題だが、それが、春に入ってコンスタンティノープルに到着し始めていた諸侯の前にも、突きつけられたのであった。

皇帝アレクシオスの企《たくら》み

この時期のビザンチン帝国の皇帝は、四十九歳になっていたアレクシオス・コムネノスである。この人が、法王ウルバンに援軍派遣を要請した人だった。この皇帝は、皇帝とはいっても長年にわたって帝国の高官であったりしたという、由緒《ゆいしょ》ある家系の出ではない。この人の属すコムネノス一門がクーデターを起してビザンチン帝国の皇位を手にしてから、いまだ半世紀しか過ぎていなかった。ただしアレクシオス自身は、十五年も皇位にある。そしてこの十五年は、ボスフォロス海峡の対岸にまで進出してきた、イスラム勢への防衛に追われる歳月であったのだ。

皇帝アレクシオスは、バルカン地方やギリシア各地の総督たちからの報告で、接近しつつある諸侯の軍勢が、隠者ピエールの十字軍とはまったくちがう、本格的な戦士集団であることを知ったにちがいない。そして、いち早く到着して皇帝宮殿の客になっているフランスの王弟ユーグからは、これら諸侯の十字軍の目的が、他の何よりも聖地パレスティーナの奪還と聖都イェルサレムの解放にあることを、告げられていたはずである。

また、ユーグは、これらの諸侯は一国一城の主《あるじ》であって、傭兵になって遠いオリエントにまで出稼ぎに来る必要のない男たちであることも、皇帝に話したのではないかと思われる。なぜなら、皇帝アレクシオスは、諸侯の中で一〇九六年中にコンスタンティノープル入りした唯一《ゆいいつ》の人である、ロレーヌ公ゴドフロアの到着以前にすでに、事態は彼が期待していたものとはちがう形になりつつあるのに気づいていたからである。ノルマン人に征服されたイギリスから逃げてきたサクソン人を傭兵にするのとは、まったくちがう問題であるということに。

しかし、皇帝アレクシオスは、作戦を変えなかった。到着する諸侯の全員に対しても、サクソン兵を傭うのと同じやり方で臨むことにしたのだ。つまり、ビザンチン帝国皇帝への忠誠を誓わせることにしたのである。

諸侯が行おうとしている、オリエントの地での軍事行動に対しては賛同する。オリエントに自分たちと同じキリスト教徒の強力な国ができること自体も賛同するが、それはイスラム世界とビザンチン帝国の間のクッションになるからでもある。

ゆえにそれへの支援は約束するが、その代わりに諸侯たちは、ビザンチン帝国皇帝に絶対の忠誠を誓わねばならない、としたのである。

こうなれば諸侯の身分は、皇帝の臣下ということになる。となれば後は自動的に、諸侯たちが彼らの軍事力で征服した地のすべての最高領有権も皇帝に帰す、となるのだった。


ビザンチンの皇帝にしてみれば、小アジアはつい最近まで、シリアやパレスティーナでもかつてはビザンチン帝国の領土、という想《おも》いであったのかもしれない。だが、「かつては」と言っても、小アジアはともかく、シリアやパレスティーナ地方ともなれば四百年も昔の話になる。

要するに皇帝アレクシオスは、ヨーロッパから来た軍勢を使って、イスラム教徒に奪われていた旧領土を取りもどそうと考えたのであった。日本人ならば、他人のふんどしで相撲《すもう》を取るやり方、と言ったろう。

この時点で皇帝が持っていた、最も有効なカードは「船」であった。大軍がボスフォロス海峡を渡るには、大量の船が必要だ。それをこの時点で、しかもすぐ近くに持っているのは、ビザンチン帝国だけであった。だからこそ、皇帝への忠誠を諸侯に誓わせるのは、彼らの軍がボスフォロス海峡を渡る前、つまり、彼らがまだコンスタンティノープルにいる間にさせることが、絶対に必要だったのである。

諸侯に宣誓書への署名を求めるのは、到着する順に行うと決める。全員がそろった場で求めるのではなく、各個撃破を狙《ねら》ったのであった。

フランスの王弟ユーグに署名させるのは、簡単に済んだ。人が良く、物事の裏を考えない性質《たち》のヴェルマンドワ伯ユーグは、皇帝の差し出す誓約書に署名しただけでなく、コンスタンティノープルに到着したばかりの、ロレーヌ公への説得役まで買って出たのである。

ロレーヌ公ゴドフロアの軍勢は、皇帝の指示に従って、コンスタンティノープルとは金角湾をへだてて向い合うペラの地に宿営していた。ユーグ伯は、皇帝用の舟でそこに出向き、ロレーヌ公に誓約書を見せ、彼もまた署名するよう推《すす》めたのである。

ゴドフロアは、皇帝とことをかまえるのは避けたかった。それで、自分は西方の皇帝であるハインリッヒ四世に忠誠を誓った身である以上、東方の皇帝に同じことを誓うわけにはいかないと、穏やかに逃げたのである。

だが、これに対してアレクシオスは、宿営地にいるロレーヌ軍への食糧の供給をストップする、という手に出る。兵糧《ひょうろう》攻めにしようとしたのだ。それに対してロレーヌ公は、ただちに弟のボードワンに命じて首都近郊の村々を襲撃させた。これには皇帝も、食糧の供給を再開せざるをえなかったのである。

その後も皇帝はロレーヌ公への働きかけをあきらめなかったのだが、ゴドフロアは態度を変えない。それでまたも食糧供給ストップに切り換えたのだが、それに対してゴドフロアは、全軍を率いて金角湾の奥をまわり、コンスタンティノープルの城壁前に布陣することで応じたのだった。

皇宮は、城壁に接近してある。ただちに皇帝側も、弓を手にした傭兵から成る守備隊を城壁の上に一列に並べ、断固防衛の意志は示した。だが、実際に軍事衝突をする気は、皇帝にもロレーヌ公にもない。先に軍を退《ひ》いたのは、ゴドフロアではあったが、食糧供給のほうも再開したのである。

それでいながら、説得に訪れるユーグ伯が皇帝に持ち帰る回答には、少しの変化もなかった。あるときなどは、フランスの王弟である身を思い起されよ、と一喝《いっかつ》されて追い返されたこともあった。


しかし、春が近づく頃になると、ロレーヌ公ゴドフロアの気持もゆらぎ始めていた。トゥールーズ伯サン・ジルの軍勢に加え、プーリア公ボエモンドの軍勢の接近も告げられていた。春になれば解禁になるボスフォロス海峡の渡河も、大軍が一度に渡れるわけではない。多くの船に分乗して、渡らせる必要があった。また、後続の軍勢が到着した後では、誰の軍が最初に渡るかで、一悶着《ひともんちゃく》が起きるのも眼に見えていたのである。

そこにもたらされたのが、皇帝アレクシオスからの、誓約書への署名の前でも兵士たちのボスフォロス海峡渡河は開始してよく、そのための船も提供する用意がある、という申し出である。ゴドフロアの執拗《しつよう》な抵抗には、アレクシオスも辟易《へきえき》していたのだろう。だがこれが、春の訪れとともに聖地への行軍を再開したい想いでいっぱいだった、ロレーヌ公の気持を変えた。もしかしたらドイツ人的にまじめな性格のゴドフロアも、これまでの三ヵ月におよぶアレクシオスとのやり取りで、オリエント化しているビザンチン人の考え方を学んだのかもしれない。忠誠の誓約とは、それをした者が忠誠でいたいと思う間だけ、有効であるものだということを。

ロレーヌ公ゴドフロアとその軍がコンスタンティノープル入りしたのは一〇九六年の十二月二十三日であった。そのロレーヌ公が誓約書に署名したのは、翌・一〇九七年の四月二日になってからである。間に冬という、海上を行くには不都合な季節をはさんでいるとはいえ、署名をめぐっての駆け引きは三ヵ月にも及んだのである。それでもこれで、ようやくロレーヌ軍もボスフォロス海峡を渡れることになった。

渡河が開始されたのは、四月四日。ゴドフロアの署名から、二日しか経《た》っていなかった。それでも渡河は順調に進み、乗船地点からは五十キロ東にある、ビザンチン帝国の最前線基地で、小アジアでの初の一夜を迎えたのである。

皇帝アレクシオスが対決した次の相手は、プーリア公のボエモンドであった。

ボエモンドは、例の人を射る視線で皇帝を直視しながら、アレクシオスの説明を最後まで黙って聴いた。そして、聴き終わった後も、皇帝が予想していたような、即座の拒否はしなかった。その代わり、皇帝の顔から視線を離さずに言ったのだ。

オリエント戦線担当のビザンチン帝国軍の最高司令官、に任命してくれるのであれば署名しよう、と。

これには皇帝も、黙ってしまった。このノルマン系のイタリア人の軍事上の能力については、つい最近までのビザンチン軍との闘いで、アレクシオスには充分すぎるほどにわかっている。この男に、帝国の軍事力をまかせようものなら、その彼が真っ先にやるのは、アレクシオスを皇帝の座から追い落とすことだろう、と思ったのである。

黙りこんでしまった皇帝に対し、口の端に微笑を浮べながらボエモンドは、卓上に置かれた誓約書を手許に引き寄せ、さっさとそれに署名した。誓約など少しも信じていない男にそれを求めた皇帝アレクシオスのほうが、愚か者に見えた一幕であった。

しかし、ボエモンドの片腕として日々名を高めていたタンクレディは、曲がったことは嫌いという生来の気質からも、誓約書への署名は断固拒否する。伯父のボエモンドから、いいからしておけ、とでも言われたのか、二十二歳のこの若者がしぶしぶながら署名することになるのは、小アジアに渡って以後になるのである。
それでもこれで、ボエモンドの軍勢もボスフォロス海峡を渡り、先に宿営地入りしていたゴドフロアの軍に合流した。こちらの軍の海峡越えは、四月二十六日に実施されたという。

皇帝の次の相手は、この直後にコンスタンティノープルに到着した、トゥールーズ伯サン・ジルになる。同行する司教アデマールは、聖職者であるためにこの種の忠誠には無関係だが、世俗の君主であるサン・ジルは、大軍を率いていることもあって、皇帝にはぜひとも落とさねばならない大物であった。

他国の軍事力を使って自国の安全保障を行おうとしているのが皇帝アレクシオスであることは、ビザンチン人が田舎者と軽蔑していたラテン人でもあるサン・ジルにもわかったのである。皇宮に招じられて誓約書への署名を求められたトゥールーズ伯は、彼よりは五歳は年下の、豪勢な皇帝衣はまとっていても貧相な身体《からだ》つきのアレクシオスに対して、何であれ一言は言わずにはいられなかったようであった。

「わたしはこのオリエントに、神が望まれることを成し遂げるためにやって来た。ゆえに、このわたしが従う義務を負うのは神に対してであり、その神の地上での代理人であるローマ法王に対してだけである」そしてつづけた。

「であるからには、もしもビザンチン帝国の皇帝位にあるあなた自らが、ビザンチン軍とわれわれから成る全キリスト教軍を率いるのならば、このわたしもあなたの指揮に従うであろうし、あなたの求める誓約書への署名も喜んでするであろう」

これは相当に、意地の悪い言葉である。傭兵頼みのビザンチン帝国には軍事力と呼べるもの自体がなかったし、もしもあったのならば西欧に援軍派遣の要請などする必要はなかったのである。また、自前の軍事力のない人が、他者の上に立って、総司令官を務められるわけもなかった。

皇帝アレクシオスが、サン・ジルのこの言葉をどのような想いで聴いたのかは知らないが、皇帝はそれには何も答えず、誓約書への署名を要求しつづけるだけだった。

サン・ジルのほうにも、弱味はあった。まず第一に、先行しているゴドフロアとボエモンドの軍勢に、これ以上の遅れは取りたくなかった。それには、一日も早くボス

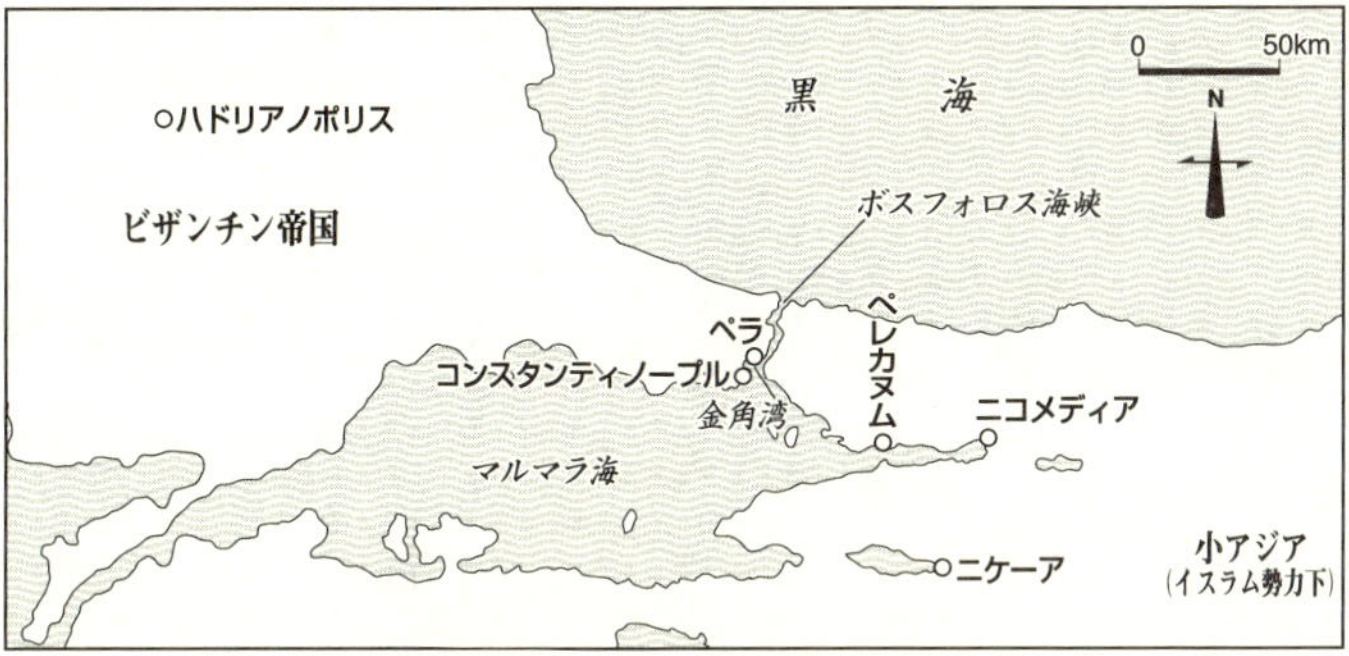

コンスタンティノープルとその周辺

フォロス海峡を渡る必要があったのだ。

第二は、胸中に燃え始めていたゴドフロアとボエモンドへの対抗心から、皇帝アレクシオスとの仲を良くしておくことが自分にとっては有利になるとも考えたのである。それでサン・ジルは、妥協することにしたのだ。補正条項を加えることを条件に、誓約書に署名することにしたのである。

その補正条項とは、直訳すれば次のようになる。

「ビザンチン帝国皇帝の生命と名誉を尊重し、それが犯されることのないよう監視し、その状態がつづくよう努力する」

これでは、十字軍が征服する地方の領有権を始めとして、何をどうすれば皇帝の名誉を尊重し、または反対に犯すことになるのかがわからない。このような、言葉を連ねただけで内容のない、つまり内実は解釈しだい、という補正条項を言い出したサン・

ジルもサン・ジルだが、皇帝のほうも、これまでの駆け引きで疲れ果てていたのだろう。と言って、サン・ジル一人を例外にするわけにはいかなかった。

そしてサン・ジルのほうも、これ以上の時間の無駄はしたくなかった。小アジアからは、ロレーヌ公の軍が早くも動き始めたという報告も入っていた。トゥールーズ伯サン・ジルも、奇妙な補正条項つきにしても誓約書には署名したのである。ボエモンドの軍に遅れること二日で、サン・ジルの軍勢もボスフォロス海峡を渡ることができた。

こうしてついに、ゴドフロアとフランドル伯が率いる北ヨーロッパからの軍勢、ボエモンド率いる南イタリアからの軍勢、そしてサン・ジルが率いる南フランスからの軍勢の三つともが、初めてイスラム世界に足を踏み入れたことになる。

サン・ジルの軍勢も去ったコンスタンティノープルに、ようやく五月に入って到着したのが、ノルマンディー公とブロア伯の二人である。それぞれが一応の、ということは数百程度の兵力は従えていたにちがいないが、先行した諸侯の軍勢に比べれば小軍勢になる。先行の諸侯たちも署名したと告げられて、二人も誓約書に署名したのだった。

少ない戦力しか従えて来なかった者は、戦場であろうと外交の場であろうと立場は弱いのだ。皇帝も彼ら二人に対しては、駆け引きさえも試みていない。贈り物攻めにしただけである。ブロア伯が国に残してきた妻に、次のような手紙を書き送ったように。

「愛するアデーレ、あなたの父上（征服王ウィリアム）もわたしには数多くの贈り物をしてくれたけれど、ここの皇帝がわれわれ二人に贈ってくれた品々の豪華さに比べれば、問題にならないという想いになるのは白状しなければならない」

ギュスターヴ・ドレの絵にあるコンスタンティノープルの豪勢さに驚嘆する西欧からの騎士たちとは、この二人のことではないかと思ってしまう。なぜならこの二人は、誓約書に署名した後もなおビザンチン帝国の首都に滞在しつづけ、ボスフォロス海峡を渡って小アジア入りするのは、先行していた諸侯がニケーアの攻撃を始めたと知った後であったのだから。

皇帝アレクシオスは、上機嫌な日々を送っていた。

隠者ピエールの十字軍は、何も持っていない貧民たちであったので対処はむずかし

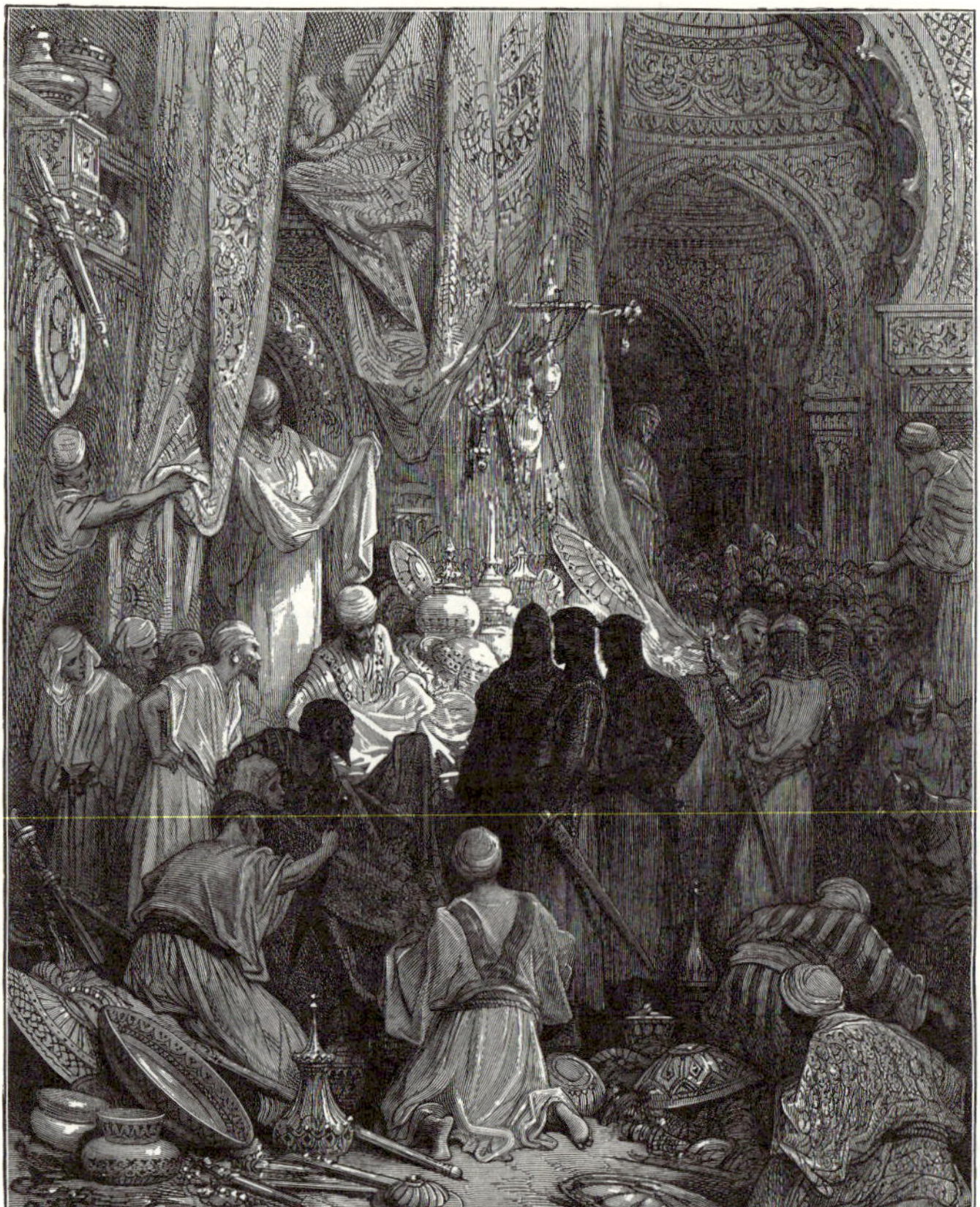

オリエントの豪奢に目を見張る十字軍戦士たち

かったが、それも早々にやっかい払いしたことで解決していた。

次いで到着した諸侯の十字軍も、反対の意味で対処のむずかしい集団ではあったのだ。もしも彼らがその気になろうものなら、ビザンチン帝国も吹きとびかねない軍事力の持主たちであったのだから。だがこの問題も、誓約書に署名させたことで乗りきれた。

と、この時点では、アレクシオスは思いこんでいたのである。西方の田舎者たちを、思うように操り飼い慣らすことができたと、思いこんでいたのだった。

第三章　アンティオキアへの長き道のり

「フランク人」

西暦一〇九七年の春に諸侯たちが足を踏み入れた当時の小アジアは、セルジューク・トルコの支配下にあった。とは言っても、一人の支配者の許《もと》で統一されていたのではない。セルジューク・トルコの中の二つの部族が、領土の拡大をめぐって争っていたのである。

大別すれば、小アジアの西側はニケーアに本拠を置くクルジュ・アルスランが支配し、東側は、コニアを本拠にするダニシメンドの支配下にあったと言えよう。ゆえにこの二人は、数年前から戦争状態にあったのだ。

アルスランは勇気には欠けないトルコ人だったが、まだ十六歳と若い。そのうえ、前年にピエール率いる十字軍相手に大勝していたので、ヨーロッパ人を軽く見ていた。諸侯の率いる軍の上陸を知らされても、あいかわらずダニシメンド相手の戦闘をつづけていたのだから。おかげで、諸侯たちがニケーアの城壁前に陣を布《し》いたときには、ニケーアは領主不在の状態にあったのである。

急を告げられたアルスランはダニシメンドに急ぎ休戦を求めて容《い》れられ、自軍の先頭に立って駆けつけたのだが、この若いトルコの武将が見たのは、自分の首都を包囲しているフランク人の大軍だった。


ちなみに、当時のイスラム教徒は、トルコ人でもアラブ人でもエジプト人でも、西欧人と見ればどの地方の出身者であろうと関係なく、「フランク人」と呼んでいた。一方、ビザンチン帝国の領民であるギリシア人に対しては、「ローマ人」と呼んでいたのである。ビザンチン帝国が公式には、ローマ帝国と称しつづけていたからだろう。

ただし、「フランク人」という呼び名は、大雑把なように見えるが、なかなかに的確な総称ではあったのだ。なにしろヨーロッパ人自らが、自分たちを「ヨーロッパ人」と称していなかった。「ヨーロッパ」という概念すら存在せず、ゆえに「ヨーロッパ人」そのものが存在していなかったからである。

それに、中世のヨーロッパは、近世以降のように、フランス、イギリス、ドイツ、イタリア、スペインと、明確には分れていなかった。それゆえに、フランス人、イギリス人、ドイツ人、イタリア人、スペイン人と、はっきりと分けることもできなかったのだ。

ロレーヌ公ゴドフロアには、ドイツの血もフランスの血も入っている。

トゥールーズ伯サン・ジルはフランス南部一帯の領主だからフランス人としてよいが、妻はスペインのアラゴン家から迎えている。同じフランスでも北東部のフランドル人の場合は、フランスの血よりもスカンディナヴィアの血のほうを強く受けていた。

そのうえ、この時期大活躍したノルマン人になると、区分けはさらにむずかしくなる。なにしろ彼らの現地順応力はすこぶる高く、「ノルマン・コンクェスト」によってイギリス人になった者以外でも、ヨーロッパ大陸に残った人ならばノルマンディー地方のフランス人であり、一方、南下して南イタリアとシチリアを支配下に置いたノルマン人はもはやイタリア人、となるのだ。おかげで二百年も過ぎないうちに、ノルマン民族そのものが、こういう言葉はないのかもしれないが、「発展的消滅」してしまうことになるのである。

ゆえにこの作品でも、イタリア化したという理由で、同じノルマン人でもイタリアを支配するようになった人々は、プーリア公ボエモンドにその甥《おい》のタンクレディと、イタリア語読みにしている。ドイツ人も、はっきりしていればドイツ語読みにした。また、英語読みにするしかないリチャード獅子《しし》心王も、イギリス人である前にフランス人であった男であり、その領土もフランスにまで広がっていたのである。

これが、当時のヨーロッパの実情であったのだ。だから、イスラム側がこの彼らをひとくくりにして「フランク人」と呼んだのも、そう呼ぶしかなかったからでもあった。要するに、「ヨーロッパ人」という呼び名が存在しなかった時代のヨーロッパ人が、「フランク人」であったのだ。

しかし、イスラム側が「ローマ人」と呼んでいたビザンチン帝国の領民であるギリシア人となると、事情は少々ちがってくる。同じイスラム教徒でも北アフリカに住んで、南欧一帯を荒らしまわっていた海賊たちも、『ローマ亡《な》き後の地中海世界』ですでに述べたように、地中海に面する南欧に住む人々を、「ルーミ」（ローマ人）と呼んでいたのである。この人々は、ギリシア人ではない。だが、南イタリアとシチリアは、長期にわたってビザンチン帝国の領土であったからだった。

中世のビザンチン帝国は古代のローマ帝国を継ぐ帝国であるとは、ビザンチン帝国自身も公式に表明していた。しかし、イスラム世界は、古代のローマ帝国が滅亡した後の七世紀になって勃興《ぼっこう》した世界である。ローマがローマであった時代のローマ人、は知らない人々なのだ。彼らが知っていたのは、キリスト教化されて以後のローマ人だった。だからこそ、ビザンチン帝国に住むギリシア正教徒も、南欧に住むカトリック教徒もひとくくりにして、「ルーミ」（ローマ人）と呼んだのである。もともとからして知らないのだから、呼ぶのにも抵抗はなかったにちがいない。

しかし、現代に住むわれわれは、一千年昔のイスラム教徒とはちがって、「ローマ」がローマであった時代のローマ人」つまり、キリスト教化されない以前のローマ人を知っている。ゆえに、一千年昔のイスラム教徒と同じにビザンチン帝国の領民を「ローマ人」と呼んだのでは、頭の中が混乱してしまう。それでここでは、「フランク人」はよいとしても、イスラム側から見た「ローマ人」のほうは、「ギリシア人」の呼び名で通すことにする。実際に、民族的にはギリシア人であったのだから。

また、「フランク人」のほうは、同時代のイスラム教徒をどう呼んでいたかという問題だが、「アラブ人」と呼んでいたのである。アラブ人でなくても、トルコ人であろうとクルド民族出身者であろうと、西欧からのキリスト教徒にとっては、その全員が「アラブ人」であったのだ。『コーラン』はアラブ語で書かれ、教養人はアラブ語を解するのは当然と思われていたから、イスラム教徒の代表という感じでこう呼んだのかもしれない。

いずれにしても東方も西方も、呼び方一つでさえも相当におおざっぱであったのが中世時代であり、十字軍の時代なのであった。

ニケーア攻略

ニケーアは、コンスタンティヌス大帝が最初の公会議を開催した地であり、古代のローマ時代から知られた古都であった。防衛体制も完備しており、六キロもの長さの城壁が、町全体を囲んでいる。

ただし住民は、ビザンチン領であった時代のままにギリシア人が多く、イスラム化してから三百年が過ぎていた中東のように、キリスト教徒を二級市民として遇するまではなっていない。馬に乗るのも禁じ、武器をたずさえるのも禁ずるのでは、禁じなければならない人の数が多すぎたのである。

この時代の小アジアのほとんどの都市は、支配者とその下の戦士階級だけはセルジューク・トルコ人が占めていたが、それ以外の住民の多くはギリシア人であることが多く、ニケーアもその一つであった。

このニケーアのトルコ人の領主アルスランが、諸侯たちの接近を告げられても、ビザンチンの皇帝がいつものようにフランクの傭兵《ようへい》たちを送って、旧領を取りもどしに来たと思いこんだのも無理はなかったのである。宗教がからんでいるとは、この時点では考えも及ばないことであったのだから。

しかし、この古都の領有には関心はなかった諸侯だが、ニケーアをそのままにして先に進むわけにはいかなかった。未知の地である小アジアを北西から南東に踏破しなければならない以上、背後は心配のない状態にしておく必要がある。ニケーアを、イスラムの側に残していくわけにはいかなかったのである。

このニケーア目指して、四月二十六日、まずは二つの軍勢が出発した。第一軍はゴドフロア率いるロレーヌ軍で、マルマラ海沿いに進み、ニコメディアの町の近くを通ってニケーアに向う。隠者ピエールもふくめた貧民十字軍の生存者たちと出会ったのは、この道筋を進んでいた途中だった。

これに少し遅れて出発したのは、ボエモンド率いる南イタリアからの軍勢である。ただしボエモンド自身は、ビザンチンの海軍との共闘体制をまとめるためにコンスタンティノープルに引き返していたので、行軍の指揮はタンクレディが取っていた。

両軍勢ともニケーアを囲む城壁の前に着いたのは、五月六日になってからである。着くやただちに、両軍ともが城壁前に陣取る。ゴドフロア軍は北側の城壁前に、タンクレディ率いるボエモンド軍は、東側の城壁前に。ボエモンド自身が自軍にもどってきたのは、一週間後の十三日になってからである。

それからさらに三日が過ぎた五月十六日、サン・ジル率いる南フランスからの軍が到着した。彼らは、南側の城壁前に陣を布《し》く。この陣営には、フランドル伯率いる五百騎も加わることになる。

六月三日になってようやく到着したノルマンディー公とブロア伯が、どの陣営に加わったのかはわかっていない。どこでもお好きなところにどうぞ、とでも言われたのかもしれない。

包囲では唯一《ゆいいつ》残った西側だが、この側の城壁は湖に面していることもあって防御は薄い。しかもこの湖はすぐ近くにまで迫っているマルマラ海と通じている。それで西側は、ビザンチン帝国軍が担当することになっていた。軍らしい軍はビザンチンでは海軍だけなので、少なくとも兵糧《ひょうろう》の供給は責任をもつ、というわけである。そのうえなぜか、皇帝アレクシオス自らもボスフォロス海峡を渡り、諸侯たちが出発して行った後の、前線基地ペレカヌムにまで来ていたのである。


諸侯の十字軍、と言っても、ヨーロッパからの遠路を兵士たちを率いてくるだけで精いっぱいで、重い攻城器までは持って来ていない。兵士の数では不足はなくても、眼前にそびえ立つ堅固な造りの城壁に向って自軍をぶつけるほどは、諸侯たちも愚かではなかった。まずはサン・ジルの到着を待ち、その彼が到着してからも四日の間は、領主不在にもかかわらずニケーア防衛の意志を明確にしたトルコの守備隊との間で、城壁をはさんでの睨《にら》み合いがつづいていたのである。

ここに、五月二十一日、戦闘中だったダニシメンドと休戦した足で駆けつけたアルスラン率いるトルコの一万騎が攻撃をかけてきた。ニケーア内に妊娠中の妻を残してきただけに、トルコ人の若い領主も必死だった。

トルコ軍は南から攻撃をかけてきたので、受けて立ったのはサン・ジルの軍である。背後から攻められるとは予想していなかったサン・ジル軍は、フランドル伯の健闘はあっても初めのうちは苦しい闘いを強いられた。だが、まもなくしてゴドフロアとその弟のボードワン、ボエモンドと甥のタンクレディが駆けつけたので、ヨーロッパからの諸侯とセルジューク・トルコの最初の戦闘は、「フランク人」の勝利に終わったのである。

ただし、激闘で終始したのが事実であったことは、両軍の犠牲者の数が証明していた。トルコ側は四千を越える死者を残して敗走したが、勝った諸侯側の戦死者も二千人に及んでいたのである。この激闘の戦場から、若いスルタンも、胸を突かれる想《おも》いで逃げ去った一人であった。

この直後、勝ったキリスト教側が戦死したトルコ兵二千の首を断ち切り、一千は二ケーアの城壁内に投げこみ、残りの一千は袋につめて皇帝アレクシオスの許に送りつけたとは、その後西欧で広まることになるエピソードである。

だが、この悲惨で残酷なエピソードについては、近現代の西欧の研究者でも、幾つかは城壁内に投げこんだ、とはあっても、その数も、またその半ばを皇帝に送りつけたことにも言及していない。

また、イスラム側の史料には、この惨事自体が記されていないのである。

私にはこれも、この種のケースでは起りがちな誇張に思われる。悲惨で残酷なエピソードは、意外にも勝者のほうが、喜びのあまりに誇張した数字を書き残すものなのだ。そして、敗者が書き残した場合でも、今度は悲劇を強調したいがために誇張して書く。


このような例は歴史を対象にする者が必ず直面する問題なのだが、これらの史料の間をかいくぐりながら可能なかぎり事実に迫ることができるには、次の二つの条件が必要になる。

第一に、両者ともに利害関係をもたない、第三者が書き残した史料が存在すること。

十字軍の歴史には、この第三者がいなかった。

第二は、正確を期すことが習慣なり伝統なりになっている民族の残した記録を、参考にできる場合。

私自身のこれまでの経験では、そのケースに値するのは二つの国家しかない。中世・ルネサンスのヴェネツィア共和国と古代のローマ帝国である。

前者は、商業の民ゆえに数字が正確でないと商売が成り立たなかったからであり、後者は、多宗教・多文化の民をまとめて運命共同体として機能させていくには、可能なかぎり正確な現状把握が欠かせなかったからである。古代のローマはすでに亡く、また、この時点での十字軍には、ヴェネツィア共和国は関与していなかった。

とはいえ、死んだトルコ兵の首の幾つかは、ニケーアの城壁内に投げこみはしたのだろう。市内を守るトルコ兵の士気を落とすのが狙《ねら》いであったにちがいない。実際、戦闘では敗れたスルタンは敗走し、しかも死んだ同僚たちの首を投げこまれ、防衛側の士気は急激に落ちていたのである。だが、これを活用したのは諸侯側ではなく、近くで情勢の展開を見守っていた皇帝アレクシオスのほうであった。

戦死者を埋葬し、負傷者の治療も終えた六月の十七日、諸侯の陣営ではどこでも、ニケーアへの総攻撃の準備は完了していた。翌日の日の出を合図に、北と東と南の三方から同時に攻撃をかけ、ニケーアをその日の日没までに陥《お》としてしまおうというのだ。

六月十八日の早朝がきた。すでに各軍とも、城壁の前に陣形を整え、指揮官の攻撃命令を待つばかりになっている。

ところがそのとき、声にならない叫びが起った。誰もが呆然《ぼうぜん》と見つめる中で、ニケーアの城壁でも最も高所に立つ塔の上に、するするとビザンチン帝国の旗がひるがえったのである。

ニケーアはもはや、ビザンチンの領土であるということをこのような形で示されて、諸侯たちは憤慨した。タンクレディに至っては、若いだけに怒り狂っていた。

皇帝アレクシオスはもともと、武力によるニケーアの奪還を望んではいなかった。ニケーアは、小アジアではコンスタンティノープルからは最も近距離にある、防衛の堅固な都市である。住民の大半もギリシア人で、ビザンチン帝国の民と同じギリシア正教を信仰していた。このニケーアを無傷で手中にできれば、セルジューク・トルコに奪われていた小アジアの旧領再復の前線基地になる、と考えたのだ。

それで皇帝は、ビザンチン側の担当区域になっていた西側から、密使を市内に潜入させた。トルコ人であろうとギリシア人であろうと、兵士も住民も身の安全は保証すると言って、ビザンチン帝国への降伏を推めたのである。

頼みにしていた友軍はフランク人に敗れ、それを率いていたスルタンはどこに逃れたかわからず、そのうえ投げこまれたトルコ兵の首を見て動転していたニケーアの住民は、皇帝の推めを受け入れたのであった。若いスルタンの妊娠中だった妻も、生れたばかりの赤子とともにコンスタンティノープルに送られ、そこで安全な生活を保証されることになった。

この皇帝に諸侯たちが憤慨したのは、いち早くニケーアを手中にした皇帝のやり方ではない。諸侯の誰にもニケーアの王に収まる気持はなかったし、彼らも早く東に向いたかったのだ。ただ、皇帝アレクシオスは、トルコ軍との戦闘が行われた五月二十一日から、いよいよ総攻撃開始と決まった六月十八日までの二十八日間、諸侯たちには何も知らせずに水面下でことを進めていたのである。しかも、その成果が明らかになった後も、つんぼ桟敷《さじき》に置かれたことに抗議した諸侯に対し、理《ことわり》を踏んで釈明するのではなく、コンスタンティノープルで署名した誓約書を突きつけただけであった。

あそこで署名されたことを実行したにすぎないのだ、として。そしてただちに、命は助けても追放はしたトルコ守備隊に代えて、ビザンチンの守備隊を送りこんで守りを固めたのである。

タンクレディのように怒りを露《あら》わにしなくても、諸侯たち全員の胸の中で、皇帝アレクシオスに対する不信の念が決定的になるのは、このニケーアからになるのである。

しかし、諸侯たちにはまだ、皇帝が必要だった。食糧の補給と、これからの小アジアの踏破には欠かせない、信用置ける道案内だ。食糧の補給はこれからは敵地とはっきりしている地方を行くのだから略奪という手段があるが、道案内役のほうは、小アジアの地勢を熟知しているギリシア人に頼るしかなかったのである。そして、それを供給できるのは皇帝しかいなかった。

六月二十六日、持てるだけの物資を持ち、ギリシア人の道案内も得た諸侯たちは、次々とニケーアを後にした。古《いにしえ》のローマ街道を通って、いよいよ小アジアの内陸深く踏みこむのである。

このフランクの軍を、セルジューク・トルコの大軍が待ちうけていた。敗北後に逃げた若いスルタンが、仇敵《きゅうてき》の仲であったダニシメンドに、フランク人は共通の敵だと説得し、軍勢を提供させるのに成功していたからである。

ドリレウムの戦闘

ニケーアからは東南に三十キロほど進んだところにある町に宿営した夜、諸侯たちは会議の末に、全軍を二つに分けて行軍をつづけることに決めた。

先行する第一軍は、プーリア公ボエモンドが率い、南イタリアからの彼の軍の他に、北部フランス人としてよいブロア伯とフランドル伯の兵士たちも加わる。

この後に少し遅れて後を追う第二軍は、ボエモンドの下には死んでもつかないと決めている、トゥールーズ伯サン・ジルの率いる南フランスからの軍勢。この第二軍には、サン・ジルよりも強力な軍勢を率いてきていながら、ライヴァル意識は超越しているロレーヌ公ゴドフロアの軍が加わる。また、フランスの王弟ユーグもこの軍に加わっていた。

これ以外に、第三軍とするには兵力はその十分の一程度でしかなかったが、その軍も同時期に行軍を開始している。その軍を率いるのは司教アデマール。道案内役も、皇帝の人選に頼らずに司教が自分で選んだカトリック教徒のギリシア人であったらしい。第一と第二の軍が谷間《あい》を縫って進む古代のローマ街道を行くのとは別に、この隊だけはアデマールの命ずるままに、古代の街道を見降ろす山の中の道を選んで進むのである。率いて行く軍勢が十分の一だから、山中を行くのも可能であったのだが。

アデマールという人は、ル・ピュイの司教という立派な聖職者であり、法王ウルバン二世によって、法王代理に任命されて十字軍に従軍する立場にある。本来ならば兵士たちの魂の救済が役割なはずだが、この従軍中になかなかの軍事的才能の持主でもあることも示す。つまり、兵士たちの肉体の救済までもやれる才能にも、恵まれていた聖職者であったのだった。


ボエモンド率いる第一軍がドリレウム（現トルコのエスキゼヒル）に着いたのは、六月の三十日だった。ここで夜を明かすつもりだったボエモンドは、野営用の天幕の設置を命ずる。野営の準備にはそれ相応の手間と時間が必要で、陽がまだあるうちに始めねばならなかった。

ここに、アルスランを先頭にしたセルジューク・トルコ軍が襲撃してきたのである。

ドリレウムが山と山の間に開かれた谷間の地なので、待ち伏せするには好適と判断したからだ。この待ち伏せにはダニシメンド自身は参加していなかったが、カッパドキアの大守《エミル》のハサンも参戦している。文字どおり、小アジアのセルジューク・トルコの全兵力を結集した大軍をもって、勝負に出てきたのであった。

不意を突かれたボエモンドだったが、ただちに迎え撃つ態勢を立てた。物資を積んできた荷馬車を並べた囲みの中に、戦闘には役立たない聖職者や病人を避難させる。そして、全軍を三分し、荷馬車の輪の外に出ての積極的な迎撃戦法に出たのである。第一隊はタンクレディ、第二隊はフランドル伯、最後の一隊はボエモンド自らが先頭に立った。

セルジューク・トルコの軍も、オリエントの伝統に忠実に、一度に多量に矢を射るやり方で戦闘を始める。これで敵兵が倒れ、左右前後で起る断末魔の悲鳴に敵がひるんだときを見計らって、騎兵を投入してくるのだ。ドリレウムでもトルコ側は、この戦法で攻めてきたのだった。

小アジアでの十字軍進路

多量の矢によってたちまち、軽武装の歩兵が次々と倒れた。重武装の騎士たちまでが、雨あられと降りそそぐ矢の中で、進むにも進めない状態になる。しかもトルコ軍は、山から下ってきて闘うので、攻めてくるのは上から、迎え撃つのは下からとなり、十字軍にとっては決定的に不利になる。そのうえトルコ軍は、倒されても倒されても、次々と新たな兵を投入してくるのだった。小アジア全域のセルジューク・トルコ兵を結集しただけに、ドリレウムでの彼らは、数からして断じて多かった。

混戦になり苦戦を強いられたボエモンド軍の中には、このまま死んだのでは天国に行かれないと、同行している司祭のところに来て告解をしたいと求める兵士も出る始末。だがそこに、友軍の急を知ったロレーヌ公ゴドフロアが、わずか五十騎を従えただけで駆けつけてきたのである。そして、その後まもなく、サン・ジル率いる第二軍も戦場に着いたのだった。

トルコ軍を率いていたアルスランは、敵は第一軍のそれだけと思いこんでいたので、第二軍がつづいて来ていることを、予想していなかったのである。だが、この第二軍の到着で、十字軍側は完全に立ち直る。陣容は、サン・ジルが決めた。

左翼は、ボエモンドとタンクレディの南イタリアからの軍勢に、北西部フランスからのノルマンディー公とブロア伯が加わる。

中央は、サン・ジルの南仏軍に、フランドル伯の五百騎。

右翼は、ゴドフロア率いるドイツ兵に、王弟ユーグ下のフランス兵も加わっていた。

こうなればもはや、軽武装の歩兵などは後方にしりぞけ、重装備の戦闘のプロたちだけでぶつかる陣容になる。いずれも、小さな鉄製の輪を編んで作った「鎖かたびら」の上に、さらに鋼鉄製の甲冑《かっちゅう》で武装している。武器は、大槍《おおやり》と長剣。この陣容で、トルコ軍に立ち向ったのであった。

この中世の甲冑集団に対しては、いかに多量の矢を浴びせようと、矢はことごとくはね返るばかりだった。重装備なだけに進んでくる速度ならば遅い。だが、一人一人の防御力となると絶大で、矢も槍も剣も、簡単には役に立たない。トルコ人はこのとき初めて、西欧の重武装の威力を知ったのである。

これまでは最強の武器とされてきた矢がはね返るだけであるのを見て、トルコ兵は動揺した。若いスルタンが必死に激励する声も聴こえなくなった彼らは、戦場から逃げ出し始めたのである。

だが、逃げ足になったトルコ兵の前に立ちふさがったのが、このときになって山道を捨てて降りてきた司教アデマール率いる隊だった。数では少なかったが、谷間にあるドリレウムから逃げ出す道をふさぐには充分であったのだ。

囲まれてしまったのは、今度はトルコ軍のほうである。それでも勇猛なトルコ兵の名に恥じず、ふみ留まって善戦したが、勝敗はすでに明らかだった。

落日も間近の戦場は、三千のトルコ騎兵と二万以上ものトルコ人の歩兵の屍《しかばね》で埋まっていた。

そして、逃げた敵を追ってトルコ軍の本営に入った諸侯たちが驚いたのは、主《あるじ》が逃

ロレーヌ公ゴドフロアを先頭に突撃する十字軍

げ去った後に手つかずで残されていた、貴金属を始めとする大量で豪華な品々だったのである。数多くのアラブ産の駿馬《しゅんめ》も、豪華な馬衣をつけたままでつながれていた。オリエントの有力者たちは、戦場へ向うときも全財産をたずさえて行くのが習慣であったのだ。

ドリレウムでの戦闘は、十字軍側の大勝に終った。小アジア全域のセルジューク・トルコの戦力を結集した軍に対して勝ったのだから、この小アジアではもはや、十字軍の進路の前に立ちふさがるイスラム教徒はいなくなったことになる。と、諸侯たちが思ったのも無理はない。なにしろ、キリスト教徒相手に二度も敗れたスルタン・アルスランが、再起するのはずっと後のことになるのだから。

しかし、勝った側のフランス兵の一人が、次のように言ったというトルコ人であった。

「なんという勇敢な兵士たちだったろう。もしも彼らがキリスト教徒だったならば、このうえない戦友になれたと思うと、まことに残念だ」

小アジアをあきらめる気などはないセルジューク・トルコ人は、ドリレウムの敗北以後は戦術を変えるのである。大軍を結集しての会戦方式ではなく、ゲリラ戦法に変えたのであった。
　小アジアも内陸部となると地勢は複雑をきわめ、それを熟知しているのは彼らである。また、ゲリラ戦法だと攻めてくる側の顔は見えないので、迎え撃つ側も不安になる。顔の見えない敵と闘うくらい、兵士を不安にすることもない。それに、会戦方式だと勝たなければ負けだが、ゲリラ戦法だと、負けなければ勝ちなのだ。そのうえ何よりも、「ホーム」で闘うイスラム側に対して、キリスト教側は「アウェー」で闘うことになるのであった。

　勇猛なトルコ兵が相手であっただけに、ドリレウムの戦闘では十字軍側の損失も大きかった。二万三千を失ったトルコ側に対し、十字軍側も四千近くの兵を失っていたのである。名の知られた貴族だけでも、四人は戦死していた。この損失を重視した諸侯は、これ以後は全軍がかたまって行軍すると決める。この段階では、逃げたアルスランもカッパドキアの大守ハサンも初めから参戦していないダニシメンドも、居所は不明でも生存はしていたからだ。この彼らがゲリラ戦法に切り換えたとまでは、十字軍側はまだ知らなかった。だが、いかにドリレウムでは敗北してもこれらセルジューク・トルコの実力者たちが、そのまま引き下るとは思えなかったのである。

実際、防衛の責任者としての面目をつぶされたアルスランを始めとして、トルコ人たちもそのままでは引き下がらなかったのだ。ゲリラ戦法だけでなく、焦土作戦にも出てきたのである。

畑という畑は焼かれ、家畜は姿もなく、井戸という井戸は埋められ、貯水槽には毒が投げこまれ、途中の村々には人影さえもなかった。そして、ビザンチンの皇帝は、食糧を補給するという約束をほとんど守らず、まれに守った場合でも、それを積んだ荷車は例外なく途中でトルコ兵に奪われ、フランク人の手には渡らなかったのである。

もともとからして兵站《ロジスティクス》の概念のまったくない、中世の武人たちである。何であろうと食べられるものは口に入れる状態になり、自分の馬まで食べてしまったために徒歩で行くしかなくなった騎士が増える始末。体力が衰えたこの兵士たちに、山陰や丘の上からトルコ兵の矢が降りそそぐのだった。

やっとの想いでイコニウム（現コニア）にたどり着いたときは、その年も八月の半ばになっていた。トルコ兵による焦土作戦とゲリラ戦法に苦しめられた一ヵ月半の後に、十字軍はやっと息がつけたのである。

小アジアの中央部にあるコニアは、十三年前まではビザンチン帝国領であった町なので、住民のほとんどはギリシア正教徒だ。この町を支配下に置いていたトルコ人も、十字軍接近を知っただけで逃げ去っていた。

現代でも飛行機の上から眺める小アジアは、荒れた山野にしか見えない。だが、実際にそこを旅してみると、実に豊かな地方であることがわかる。農産物は豊富で、牧畜業も盛ん。広大な平野には恵まれていないが、清らかな水量に恵まれた河川も多い。通商に好適な海に面した地域の豊かさは昔から知られていたが、農牧が主な産業の内陸部も、それなりに豊かであったのだ。古代から諸民族がこの小アジアの獲得に熱心であったのも、また、ビザンチン皇帝アレクシオスが再復に執着したのも、当然であったという思いになる。

古都コニアは、この小アジアの良いところがすべて集約されていると言ってよい、中程度の都市である。住民は友好的だし、その攻略には武力を使う必要もなかったしで、十字軍はここでしばらく休養することにしたのである。

だが、この安心できる町に滞在中に、思わぬ事故が起ってしまった。多分、安心しすぎたせいだろうが、トゥールーズ伯サン・ジルが病いに倒れ、ロレーヌ公ゴドフロアは傷を負ってしまったのである。

サン・ジルのほうは相当な重病で、もはやこれまでと思ったのか、司教アデマールから終油の秘蹟《ひせき》を受ける。これで天国へ行けると、これまでは何かと騒々しい言動の人だったサン・ジルも、病床の上で静かになった五十五歳に変わっていた。

三十七歳であったゴドフロアの傷は、郊外の森に狩に出向いたときに負ったのである。熊《くま》狩りができると聴いて行ったのだが、反対に熊のほうが襲ってきたのだ。どうやら熊は殺せたようだが、狩人のほうは太股《ふともも》に噛《か》みつかれた傷跡が深く、しかも一人で出向いていたらしく、従者たちが駆けつけたときには多量の出血で、気を失いかけていたのだった。

それでも中世の騎士は、肉体的にも頑健にできていたのだろう。サン・ジルの天国行きは延期になり、ゴドフロアのほうも、馬に乗るどころではない状態にしても、二人とも回復はしたのである。

諸侯の十字軍は、コニアを後にしてからは、道を東に取って行軍をつづけた。病後のサン・ジルは荷馬車の上に横たわり、体力が衰えていたゴドフロアも担架で運ばれての行軍になる。だが、二人のベテランのこの状態は、これまで頭を押さえつけられる想いでいた若将二人に、思うように行動する勇気を与えることになった。四十七歳のボエモンドは病いにも傷にも無縁だったが、この人はこれ以上はない利己主義者である。利己主義者は、自分に影響が及ばないかぎりは他人の行動に口を出さない。

タウルス山脈

小アジアの東南にあるティアナの町まで来たところで、諸侯たちは、アンティオキアに向うにはどの道を通って行くかを決めねばならなくなった。

ティアナの南には、小アジアとシリアを分けるタウルス山脈が横たわる。この山脈を越えていくのが最も近道だが、ギリシア人の道案内は別の道を推めた。山中には必ずトルコ兵が待ち伏せていると言い、それよりも道程は長くなるが、いったんカエサリア（現カイセリ）まで北上し、そこからはアルメニア人の領土内をまわって、北からアンティオキアに接近するのがより安全な道筋だと主張したのである。

これに、三十代に入ったばかりのボードワンと、これまた二十二歳でしかないタンクレディの二人が反対した。若将二人は、自分たちは山越えもトルコ兵も怖《おそ》れないと言い張った。そしてボードワンは、兄のゴドフロアに、ゴドフロア下の軍勢の一部を連れていくことを承知させる。タンクレディは、伯父のボエモンドの、勝手にしろという言葉を文字どおりに受けとって、こちらのほうも手勢ならば連れていく自由を獲得した。この二人が山越えに出発したのは九月十日である。と言っても二人一緒ではなく、別々にではあったのだが。

こうして、十字軍の主軍は、距離は長くなっても安全な道のほうを選び、行軍を再開したのである。カエサリアまでは、問題は起きなかった。ところがそこを過ぎ大きく迂回《うかい》してシリアに向い始めるという地まで来たところで、待ち受けていたトルコ軍に襲撃されたのである。

撃退は、できた。だが、カッパドキアの大守ハサン率いるトルコ軍に襲われるのは、これで二度目になる。病いが回復したサン・ジルも傷の治ったゴドフロアも、そしてボエモンドも、ビザンチン皇帝がつけてくれたこのギリシア人の案内役を、疑いの眼で見るようになったのだ。

皇帝アレクシオスが、十字軍が通り過ぎた小アジアの各町に、時も置かずにビザンチンの兵を送り、領有を既成事実化していることは、諸侯たちも知っていた。だが、彼らにとっての小アジアは、聖地への通り路にすぎない。だから諸侯の誰一人、彼らの通ってきた地方で皇帝が何をしようと、関心はなかったのだ。しかし、いよいよアンティオキアに近づくというこの時期に至って、行軍を妨害するような行為は許せなかったのである。

とはいえ、ギリシア人の道案内人が、わざと十字軍をトルコ兵の待ち受ける道に導いた、という証拠はなかった。それでも、不信の想いならば残る。騒々しい性格でも容易に人は信じる性質であったサン・ジルは別としても、諸侯の多くはもうほとんど、ビザンチンの皇帝を信用しなくなっていたのである。

これまでずっと、道案内人とだけ書いて名は明らかにしてこなかったが、諸侯の十字軍の小アジア踏破の先導役には、立派な名と地位がある。名は、タティキオスという、地位はギリシア軍の司令官の一人。つまり、皇帝直属の家臣なのだ。このタティキオスが皇帝アレクシオスの意を汲《く》んで行動するであろうことは、誰にも予想できたはずであったのに。

このようにトルコ軍の襲撃を撃退しながらではあったが、小アジアとシリアの境に住むアルメニア人の領土に入ってからは、その心配の必要は減った。ヨーロッパから来た十字軍はカトリック教徒であり、アルメニア人はまた別の宗派に属していたが、キリスト教徒ということならば同じ。これまでずっと、イスラムの海の中で孤立した想いでいたアルメニア人である。トルコの圧迫をはね返してくれた十字軍に、好意さえも感じていたのだった。

諸侯の十字軍は、このアルメニア領を通って、聖地パレスティーナへの最初の関門になる、アンティオキアに向う。一〇九七年も、秋の盛りに入っていた。

一方、ボードワンとタンクレディの若将二人は、主軍とはちがってトルコ兵に襲われることもなく、タウルス山脈を楽々と越え、海を眺めるキリキア地方に入っていた。

ボードワンは兄のゴドフロアから、五百の騎兵と二千の歩兵という一応の規模の兵力を貸し与えられていたが、タンクレディが従えていたのは、騎兵も歩兵も、この半ばにも満たない数であったらしい。

この程度の兵力でも、タンクレディは、キリキア地方第一の都市であるタルソスの占拠に成功したのである。十字軍来たると知ったトルコの守備隊がいち早く逃げてしまったから成功した占拠だが、兵は一人も失わないで済んだのは、タンクレディが、好機を無駄にしない武将でもあったからだった。もちろん、このときも時を無駄にしていない。街を囲む城壁の塔の上にはただちに、ブルーの地に赤と白の市松模様の帯が走る、ボエモンドとタンクレディの属すアルタヴィッラ家の紋章を染めた旗を、高々とかかげたのだった。

ところが、数日もしないで、ボードワンもこのタルソスに到着したのである。ボードワンは、十歳も年下の若僧のこの行為が気に入らない。市内に入ってタンクレディに会った彼は、初めのうちは、われわれが征服した町はビザンチンの皇帝の領有に帰すと明記した、諸侯の全員が署名した誓約書を思い出させるという、おだやかな方法で対したのである。だが、タンクレディは一笑に付す。やむなくボードワンがタンクレディに思い出させようとしたのは、自分の兵力とタンクレディの兵力の差であった。

これは、タンクレディを現実に引きもどすのに役立った。タルソスの町の主《あるじ》は、タンクレディからボードワンに代わったのである。塔の上にひるがえるのも、アルタヴィッラ家の旗は下げられ、ロレーヌ家のものに代わったのだ。もちろん、二人が仲直りをした後で、ではあったのだが。

チンピラ同士の言い争いにしか見えない一幕だったが、このチンピラ二人には、偶然に起ったことでもその重要性を見抜く能力はあったのだった。

この時期、川を少し溯《さかのぼ》ればタルソスに着くという海岸に、偶然にも一隻《せき》の海賊船が着岸していた。船長はフランス人で、デンマークやフランドル出身の船員の全員がキリスト教徒の船である。十字軍に参加するつもりと言うよりも、十字軍遠征を利用して一稼ぎしようと、北海から大西洋に抜け、ジブラルタル海峡を通って地中海を西から東まで航海してきた、命知らずの男たちであった。

この海賊船のことが、タルソスの主に収まっていたボードワンの耳に入る。ボードワンは、ただちに彼らをタルソスに招《よ》び寄せた。ところがこれまた偶然に、海賊船の船長がボードワンの属すロレーヌ家の領民であることが判明したのである。

遠いオリエントの地での思いがけない出会いに、海賊の頭目は感激してしまった。ボードワンのほうは感激はしなかったが、このめぐり合いを活用することは知っていた。

それでまず、この海賊の頭《かしら》を自分の副将に任命し、自分の二千五百の兵の中から三百人を与え、十字軍の名のもとでのタルソスの警護をまかせたのである。これに海賊たちは、またも感激した。神が望んでおられることを、彼らもするようになったのだから。ボードワンにしてみれば、アンティオキアに向って南下中の、十字軍の本隊にもどる必要があったからにすぎない。聖職キャリア断絶の原因であったらしい妻が、重い病いに倒れたとの知らせを受けていたからである。

十字軍の本隊にもどる必要は、タンクレディも感じていた。悪賢さではボードワンの敵ではなかったタンクレディだが、それだけに責任感は強かったのである。ただし、そのもどり方となると、いかにもタンクレディ的ではあったのだが。

一千強という兵のみを率いてよくぞ、と思うくらいに、キリキア地方の町という町を制覇して行ったのである。キリキア地方は、小アジアとシリアの境に位置する。それゆえに皇帝アレクシオスが、ビザンチン下に取りもどそうと考えていた地方であった。それを、十字軍下の領土として既成事実化してしまうことは、ビザンチン皇帝の手が及ばない地方にしてしまうことを意味する。皇帝が不快に思おうと、タンクレディにもボードワンにも知ったことではなかった。中でもとくに、皇帝への忠誠の誓約書に最後まで署名を拒否していたタンクレディにとっては、快感さえ伴う制覇行になったのだった。

しかし、この二人の若将による、タルソスを始めとするキリキア地方で行った勝手気ままな制覇行が、聖地奪還を目指す十字軍に、シリア・パレスティーナでのフリーハンドを与えることになるのである。ヨーロッパから来たカトリック教徒とビザンチン帝国のギリシア正教徒との間は、離れる一方になりつつあったのだった。

キリキア地方の海岸地帯の制覇を続行中のタンクレディを残して自分だけ本隊にもどってきたボードワンだが、妻の死に間に合うことはできなかった。だが、再び顔を合わせた諸侯たちを前にして、海賊の一件は告げたようである。

これは、諸侯たちの注意を引いた。遠い北ヨーロッパからの海路を消化できた海賊でも活用できるのだから、地中海では以前から通商しているキリスト教徒の海運力を放っておくことはないではないか、と。

西欧の海上輸送力を使えるようになれば、ビザンチン帝国の船に頼る必要はなくなる。こうして、第一次十字軍とピサ、ジェノヴァ、ヴェネツィアのイタリア海洋都市国家の、共闘体制が始まることになるのである。

エデッサ奪取

諸侯たちを前にして、ボードワンは、もう一つのことも話したにちがいない。友人になったアルメニア領主の弟を通して、モスールの領主に攻められているエデッサの領主トロスからの支援の要請を受けた、と。

そして、これは自分のキリキア地方での活躍を聴き知って求めてきたことだから、エデッサに向うことを自分に許してくれと願ったのである。もちろん、それに連れて行く兵力については、兄のゴドフロアに頼むしかなかったのだが。

ここで、あることだけは明らかにしておかねばならない。

それは、第一次十字軍当時のイスラム世界では、十字軍が宗教を旗印にした軍勢であるとは、誰一人考えていなかったという事実である。初めのうちは、例によってビザンチンの皇帝が傭《やと》い入れた、傭兵軍であると思っていた。小アジアでこの十字軍と闘ったイスラム教徒のセルジューク・トルコの領主たちも、ビザンチンの皇帝が旧領を再復したいがために傭ったと思いこんでいたので、今では彼らの領地になっている小アジアを防衛する想いで迎撃に起《た》ったのである。このトルコ人たちが勇敢に闘ったのも、キリスト教徒が相手だから闘ったのではなく、自分たちの領地を奪いに来た侵略者と思ったから、必死に闘ったのであった。

また、この十字軍が小アジアの地を北西から南東に行軍して行くのを知った後でも、中近東の地で新しく領土を獲得するつもりなのだろう、と信じて疑わなかったのである。

なにしろ、当時のオリエントのイスラムの領主たち自身が、自領拡大を目指して闘いばかりしていたのである。自分たちがそうだから、新しい侵略者も同じたぐいだと思っていたのだった。

アルメニア派のキリスト教徒であるエデッサの領主とイスラム教徒のモスールの領主は、領地をめぐって戦争中。そのエデッサの領主とキリスト教徒であるアルメニアの領主の仲が良好なのは、同じキリスト教徒同士だからではない。アルメニアにはエデッサを侵略する意図がなかったからにすぎない。その良好な仲のアルメニア人を通してエデッサの領主が、カトリック教徒のボードワンに対してモスールの領主を攻めに来てくれ、と要請してきたのも、領土をめぐる問題でしかなかった。だが、このこと自体が、当時の中近東の実情を如実《にょじつ》に映していたのである。

すべては、領土の問題であって、宗教の問題ではないのだ。イスラム側が、十字軍が神の旗の下にまとまった軍勢であり、十字軍遠征の目的が、イスラム勢を撃退し、その地に十字軍国家を打ち立てることにあるのを完全に知るのは、なんとこの時期より八十年も後のサラディンによってなのである。

それまでは、イスラム教徒の大半は、十字軍を、領土獲得を目的にした侵略軍と思いこんでいたのだった。ずいぶんと遠隔の地からやってきた、侵略者たちとは思っていたかもしれないが。それに、十字軍の中には、イェルサレムの解放よりも領土獲得のほうに関心が強かった人もいたから、イスラム側の思いこみも、百パーセントが誤解であったというわけでもなかった。

いずれにしても、十一世紀末のこの時代、誰に助けを求めても、宗教のちがいは介在していなかった。領土の拡張が、中近東の領主たちの頭を占めていたことであったのだ。しかし、応援の要請を受けたボードワンもそれを告げられた諸侯たちも、ある一つのことは連想していたかもしれない。

奪還成ったイェルサレムが、キリスト教の都市でありつづけるには、その北に位置するアンティオキアがキリスト教側にありつづけることが不可欠になる。そして、このアンティオキアをイスラム側の反撃から守るには、その北東部に位置するエデッサまでがキリスト教下になれば、戦略的には万全の体制になる。それに、これによる利点はすぐにも表われる。アンティオキアの攻撃に入った際の十字軍の背後を、安全にするということによって。

歴史を振り返って見ても、メソポタミア地方から西に攻めこむには、あの地方からは西に直行するだけに距離は短い、シリア砂漠を越えてくる道を使うことはなかった。砂漠は隊商ならば越えられても、大軍勢の遠征までは不可能だからである。

それで、中東から中近東に攻めこむ場合は、ユーフラテス河に沿って北上し、この大河の上流地域に位置する町々を西に向ってたどって行くのが、東から西への遠征路になるのが普通だった。もちろん、古代のローマ帝国のように西から東に攻めこんだ場合でも、方向がちがうだけで道筋は同じになる。現代ではトルコの東南になるエデッサの戦略上の価値は、まさしくこの点にあるのだった。

三十代前半でしかなかったボードワンに、このことがわかっていたかどうかは知らない。また、それを容認することになる諸侯たちも、この時点で、エデッサの戦略上の価値を理解していたのかどうかは知らない。第一次十字軍の記録を残したのはいずれも聖職者たちで、この種の人々は最も戦略的発想から遠い人である。人間には、自分が関心を持てない事柄については書かないという性向があるのだ。

とはいえ、ここまで述べたことが私の深読みにすぎないとしても、結果ならば、ここに述べたとおりになるのである。そして、本軍を離れてエデッサに向うボードワンを非難した諸侯は一人もいなかったし、そのためにアンティオキア攻撃に参加できなかったボードワンを、非難した諸侯は一人もいなかったのである。

それで、勇躍エデッサに向ったにちがいないボードワンだが、その彼が連れて行った兵士の正確な数はわかっていない。だが、タウルスの山越え当時に兄が分け与えてくれた軍勢を、上まわる数ではなかったようである。となると五百騎と二千の歩兵程度の兵力になるが、この、多すぎもしなければ少なすぎもしない兵力だからこそ、エデッサの領主トロスも、大喜びで迎えたのだった。

ただし、このエデッサの領主はボードワンを傭兵隊長にするつもりでいたので、まずはと金貨の入った袋を差し出した。これにボードワンは、カネには関心はないと答える。それに感激してしまった領主トロスは、ならば養子に迎えたいと言い出した。トロスはすでに老齢で、子供もいなかった。自分に代わってエデッサを守ってくれるならば、正式の養子に迎えたいと言ったのだ。この申し出を、ボードワンは受ける。

養子縁組の儀式は、エデッサの中央広場で堂々と挙行されたのだった。

ところが、それからまもなく、養父トロスが殺された。イスラム側の史料ではボードワンが殺させたとなっているが、実際は、恨みをいだいていた者が老領主を殺そうとしたのを、ボードワンは、気づいていながら助けに行かなかった、であるらしい。

いずれにしても、領主が死んだことによって、その養子であるボードワンは、エデッサの領主になったのである。ヨーロッパでは部屋住みの身であったこの男は、故郷を後にしてわずか一年で、中近東にあるエデッサの領主に収まったのであった。

もちろんボードワンも、これですべてが上手《うま》く行くとは思っていない。これまでは存在さえも知らなかったオリエントの地の領主になった彼だが、領民が何を望むかを悟るのは早かった。


当時の人々の願望は、それが東方であろうと西方であろうとまったく関係なく、身の安全を保証し税金を安くしてくれる人に支配されること、につきる。この二つを保証してくれるのであれば、支配者が誰であろうとかまわないのである。十字軍を単なる侵略者の集団と見ていたので、自分たちの支配者がカトリック教徒であってもかまわないのであった。

それでボードワンも、エデッサの町中でオリエントの豪奢《ごうしゃ》を満喫するのはそこそこにして、兵を率いて近くの町々への制覇行に専念したのである。戦闘では、なかなかの巧者である彼のことだ。その年も末になった頃には、トロス時代よりはずっと広い地域までの制覇を終えていた。当然、エデッサの領民たちからの人気も上がる。ボードワンは、領民から支持される領主にもなってしまったのである。

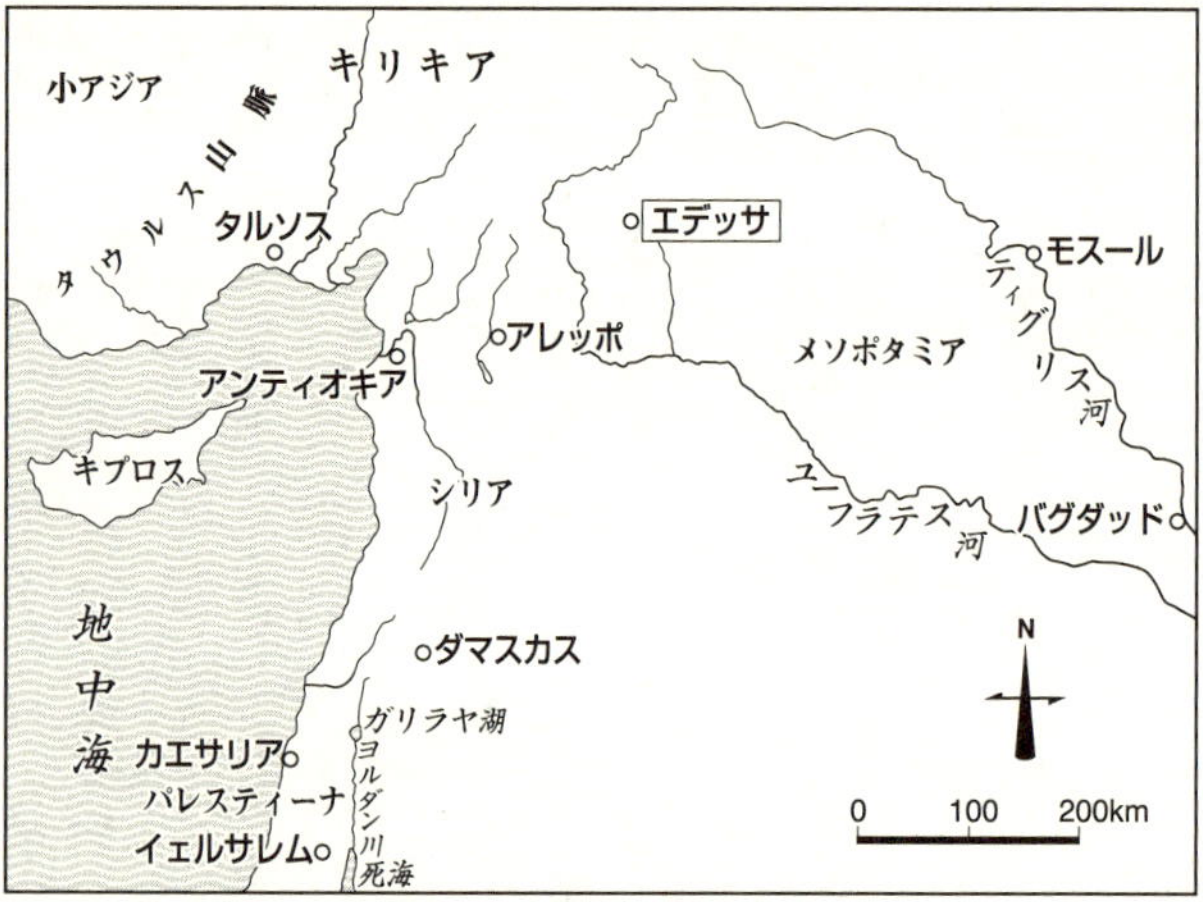

キリキア地方とエデッサ周辺

これ以降、このボードワンが統治するエデッサとその周辺一帯は「エデッサ伯領」と呼ばれ、シリア・パレスティーナの地に建設される十字軍国家の一国になる。

もちろん当面は、アンティオキアを攻略しようとしていた諸侯の軍の背後の安全を保証するのが最大の任務だが、その後も長く、メソポタミア地方からのイスラム勢の反撃の前に立ちはだかる、防壁の役割を果していくことになる。もしもこれが偶然の成果であったとしたら、幸福な成果と言うしかなかった。

だが、こうして、十字軍国家二百年の「命」を延ばす役割を果すことになる、キリキア地方とエデッサ一帯への十字軍の覇権確立は、諸侯から成る第一次十字軍中の、チンピラ二人によって成されたのである。

しかし、この二人が似ていたのは、二十代から三十代という若さと、それゆえの大胆不敵さと、生来の戦闘巧者であることまでであった。

二人とも、親からゆずられた領土を持たない、部屋住みの身分ではあった。だが、ボードワンは、自領の獲得を何よりも優先したが、タンクレディはそうではない。アンティオキア攻略戦にもイェルサレム攻略戦にも、ボードワンは参加しなかったが、タンクレディは、この重要極まりない攻防戦のいずれにも馳《は》せ参じ、最前線で奮闘することになる。

西暦一〇九七年の十月も半ばを過ぎる頃になると、十字軍の本隊が続々と、アンティオキアを遠望する地を埋め始めていた。ボスフォロス海峡を渡ってからでも、すでに半年が過ぎていた。通常の速度で行軍しても三ヵ月で踏破できると言われた小アジアを通過するのに、その倍の六ヵ月かかってしまったことになる。トルコ軍との正面きっての戦闘よりも、ゲリラ戦法に転じた後の彼らとの闘いによるほうが、十字軍側の受けた損失は大きかったのだ。そして、トルコ兵の執拗《しつよう》な攻撃をかわせた後も、大軍勢には難行軍になること必至のタウルスの山越えが待っていた。ボードワンとタンクレディが越えたのは山脈の西側からだったが、十字軍の本隊は、北側から越えたのである。どこから越えようと、このタウルス山脈を越えないかぎりはシリアに入れなかったのだから。

六ヵ月もの難行軍の後では疲労の極に達していたにちがいなく、ただちに攻撃に打って出られる状態にはなかった。だが、アンティオキアには北から近づいて来た十字軍では、誰もが陽光を浴びて悠然と横たわる大都市アンティオキアの威容から、眼が離せなかったにちがいない。ヨーロッパでさえも知られていたオリエントの大都市が、彼らの眼の前にあった。

法王ウルバンの雪辱

諸侯の率いる十字軍がアンティオキアを遠く望む地にまで到達したと同じ年の同じ時期、遠く離れたローマでも、時代を画《かく》することになる一事件が、こちらのほうは話題にもならない静けさのうちに進んでいたのである。

法王ウルバン二世が、ローマ法王の公式な住まいであるラテラノ宮入りを果していたのだ。

この法王のカトリック教会内でのキャリアは、一〇七八年にオスティアの司教に任命されたときから始まる。一〇七八年とは、「カノッサの屈辱」の名で知られた事件の翌年にあたる。法王グレゴリウス七世が皇帝ハインリッヒ四世を、カノッサの城外の降りつづく雪の下に三日三晩立たせたという事件だが、ローマ法王の地位と権威が神聖ローマ帝国皇帝の上に君臨するものであることを、西欧のキリスト教世界に誇示した事件でもあった。だが、その翌年から始まったハインリッヒによる反撃は執拗を極め、それによって追いに追われたグレゴリウスは、死ぬときでさえもラテラノ宮で死ねなかったのである。

その間の七年もの間、若かったウルバンも、逃げまわる法王と行動をともにしてきたのだ。しかも、彼自身が法王になってからもさらに九年間、ラテラノ宮には足を向けることさえもできないでいたのである。

一度だけ、ローマに入ったことはある。だがそれも、テヴェレ河の中の島（イゾラ・ティベリーナ）に数日間滞在しただけだった。そこからラテラノ宮までは、直線距離にしても二千メートルしか離れていなかったのだが。

最初にキリスト教を公認したローマ皇帝であったコンスタンティヌス大帝が建てて法王に贈ったことで、ラテラノ大聖堂に近接して建つラテラノ宮殿は、それ以降、カトリック教会の長であるローマ法王の公邸としてつづいてきた。法王が召集する公会議が、しばしばラテラノで開かれたのもそれゆえである。

「カノッサ」以来の二十年もの間、このラテラノ宮にローマ法王が足を踏み入れることさえもできなかったのは、皇帝ハインリッヒが擁立した対立法王とその派の高位聖職者たちが、ローマを支配下に置いていたからであった。

この状態が、二十年後にして一変したのだ。ローマで開けなかったがためにフランスのクレルモンで開いた公会議で、ウルバンが提唱した十字軍が実現しただけでなく、ウルバンの提唱に応《こた》えた諸侯たちの軍勢は、今や実際にオリエントに到達したのである。聖都イェルサレムは、いまだ解放されてはいない。だが、西欧がこぞって起《た》ったという感じのキリスト教徒の軍勢が、キリスト教徒にとっては聖地であるシリア・パレスティーナに到達したという事実だけでも、西欧のキリスト教世界に与えた衝撃は大きかったにちがいない。これもすべて、ウルバン二世の呼びかけから始まったことなのであった。

そしてこのことは、今なお神聖ローマ帝国皇帝でありつづけてはいても、ハインリッヒ四世の権威の凋落《ちょうらく》につながらざるをえなかった。反《アンチ》法王一筋で生きてきたこの男である。法王の権威を再認識する人が増えれば、それはそのまま皇帝の権威の凋落になる。すでに、皇帝に忠誠を誓っていた一人であったロレーヌ公ゴドフロアも、十字軍に参加してオリエントに行っている。そして、皇帝の後ろ盾を失った対立法王も、ローマにいられなくなって北イタリアに逃げていた。

法王ウルバン二世は、雪の中に立たせることでローマ法王の権威を誇示するのではなく、ヨーロッパ中のキリスト教徒をイスラム相手の戦争に送り出すことで、ローマ法王の権威の誇示に成功したのである。皇帝ハインリッヒ相手の権力抗争に、二十年後にして勝利したのであった。

ハインリッヒ四世はこの後も九年生きるが、四十代から五十代にかけてにしては、その晩年は淋《さび》しかった。ロレーヌ公以外にも、皇帝の部下であった領主や騎士たちで十字軍に参加した者は多く、また、誰からも相手にされなくなった皇帝に、長男につづいて次男も従わなくなる。死んだのは、こういう状態でいられなくなったドイツから、北イタリアに移った後だった。遺体も、カノッサではいったん解かれた破門が法王たちを追いつめていた頃に再び破門にされていたので、キリスト教徒としての埋葬も許されず、仮の埋葬のままで歳月が過ぎる。五年後に、ようやくときの法王が破門を解いてくれたので、皇帝にふさわしくカテドラルでの壮麗な葬式も行うことができたのである。

五年後とは、時効になったからではない。法王による破門処置は、神の意を受けた法王が与える罰なので、神の怒りには時効はありえないのである。

皇帝ハインリッヒ四世に対する破門が死の五年後にしても解けたのは、その以前にイェルサレムが「解放」され、西欧中がこの快挙への熱狂でわき立っており、この中ではローマ法王も、寛大な気持になっていたからである。

高校で学ぶ西洋史の教科書でも、ローマ法王の権威が最高頂に達するのは、インノケンティウス三世の時代であったと書いてある。だが、最高頂に達するのは十二世紀から十三世紀にかけてのその時期であっても、法王の権威の上昇が始まったのは、これより百年は前のウルバン二世からである。なぜなら、法王ウルバンの後につづく法王は、三人が三人とも、ウルバンと同じクリュニー修道院の出身者で占められている。キリスト教会の内部にも、十字軍遠征を打ち上げたウルバンに賛同する人々が増えていたという証拠ではなかろうか。

十字軍は、フランスの有力な修道院であったクリュニー修道院が火を点《つ》けることで始まった、言ってみれば、宗教が主導する〝世直し運動〟であった。それが見事な実を結べば結ぶほど、クリュニー修道院の方針が正しかったということになり、ローマ法王の座にも、その出身者が就くのが当然になっていく。そしてそれが、ローマ法王の権威と権力の増強につながっていくのだから、カトリック教会と十字軍とは、この後もますます、運命共同体の関係を強めていくことになるのである。

第四章　アンティオキアの攻防

アンティオキアは、二十一世紀の現代ではトルコ式にアンタキアと呼ばれ、シリアとの国境近くにあるトルコ国内のわびしい町の一つでしかない。だが古代のギリシア・ローマ時代には、エジプトのアレクサンドリアと並ぶオリエントの二大都市の一つであった。

アレクサンダー大王の死後、大王配下の将の一人のセレウコスが、自領になったシリアの首都として建設したのがアンティオキアである。このセレウコス王朝下で、アンティオキアは繁栄の坂を駆け登る。

そして、このヘレニズム時代が終わって支配者がローマに代わってからも、帝国東方の防衛の最高責任者が赴任する地は、常にアンティオキアであった。この時代、アレクサンドリアが経済の中心であったのに対し、アンティオキアは帝国の東半分の軍事と外交、そしてもちろん経済、の中心でありつづけたのである。

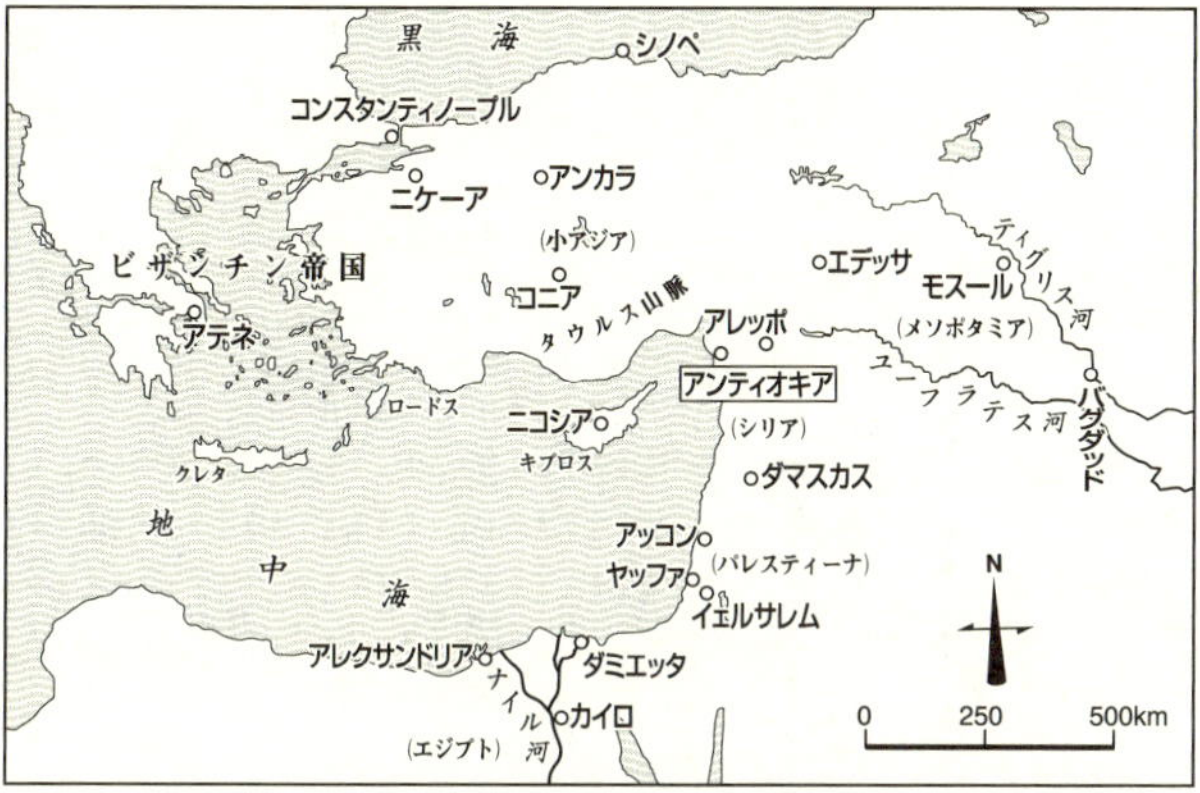

アンティオキアとオリエント周辺

ローマ帝国がキリスト教化し、コンスタンティノープルが建設されて後も、アンティオキアの重要性は少しも衰えなかった。外交と軍事の中心ではなくなったが、中東と地中海を結ぶ交易と、絹織物産業を始めとする手工業が盛んであったからである。ゆえにアンティオキアは長く、人を魅《ひ》きつける大都市でありつづけたのだった。この時代に作製された地図でも、地中海を囲む全ローマ世界で、ローマ、コンスタンティノープル、アレクサンドリアと並んで、アンティオキアも代表的な都市の一つとして、特別な記号つきで表現されている。

そして、イェルサレムでは布教が困難だった初期のキリスト教会が本格的な布教活動を始めたのも、それゆえに最初のキリスト教徒のコミュニティが構成されたのも、このアンティオキアであったのだ。地方よりも都市内で布教するほうが効率的と考えた初期教会の使徒たち、その中でもとくに聖ペテロが目をつけたのだから、当時のアンティオキアには各地からあらゆる階層の人々が集まり、それゆえに進取の気性も豊かであったことが想像できる。

イスラム教の勢力拡大を機に、このアンティオキアも衰退の坂を下り始める。イスラム勢力の拡大の主力が、西の地中海ではなく、東のメソポタミア地方に向ったからである。アンティオキアは、地中海世界の中心の一つではなく、イスラム世界の辺境の都市になっていった。これでは衰退も、止めようがなかったろう。古代には三十万あった人口が、中世も半ばの十字軍時代には、五万前後に減少していたという。

市の中央を直線で貫通していた二キロに及ぶ大通りの左右に並び立っていた、そしてこれが古代ではアンティオキアの豊かさの象徴でもあったのだが、その列柱回廊をささえていた大理石の円柱の多くは、地震で倒れたままに放置されていた。シリアは、地震多発地帯でもある。

また、かつてはアンティオキアを地中海への最適の玄関口にしていた外港に向うオロンテス河も、土砂がたまるままに放って置かれた結果、もはや船の往来もできなくなっていたのである。辺境の一都市になっては、港の重要性も薄れる一方であったからだろう。

それでもまだ、長い歳月にわたっての繁栄による蓄積はあった。

アンティオキア全体を囲む城壁は高々とそびえ立ち、全長は十二キロに及ぶ。ローマでも二十キロであった時代の十二キロだ。しかも、ビザンチン帝国最盛期の皇帝ユスティニアヌスによって徹底的な補強が成されていたので、城壁の強度ならば、そのような幸運に恵まれなかったローマより優れていただろう。

そのうえ、城壁の要所要所を固める塔だけでも、四百近くもあった。前面からの攻撃にだけ対せる平面城壁とちがって、塔ならば、前面のみでなく右に対しても左に対しても防御は可能になる。ゆえに、塔が多ければ防衛力も高まることになるので、城壁の要所を押さえる塔の数は、城壁全体の防衛力を計る尺度になるのだった。

かくも、アンティオキアの城壁は、守りが完璧《かんぺき》であったのだ。疲れきって到着した十字軍の兵士たちが、これでは陥落など不可能だと、絶望したのも無理はなかったのである。

だが、士気ならば高かった。このアンティオキアを陥《お》としさえすればその先に、イェルサレムが解放されるのを待っている、という想いであったのかもしれない。

そして、この想《おも》いならば、これら兵士を率いる諸侯たちも共有していたのである。

そして、この人々の何人かは、どうやれば不可能を可能にできるかに考えをめぐらせる、気概と能力ももち合わせていた。


周囲が堅固な城壁で守られている大都市の攻略は、大変な難事になる。家の中にいて迎え撃つ相手に対し、家の外に居つづけながら攻めることになるからだ。兵力も食糧も充分な場合であっても、酷暑の下、酷寒の中、雨、雪、風をモロに受けながら攻めるのだ。しかも常に、背後から現れるやもしれない敵の救援軍に注意を怠ることも許されない。

また、劣悪な環境では疫病《えきびょう》も発生しやすかった。敵との戦闘で死ぬ者よりも、食の欠乏や、衛生状態の悪さが原因の死者のほうが多いのが、攻める側の悩みでもあったのだ。そのうえ、攻めている間ずっと兵士たちをまとめあげ、彼らの士気が落ちないようにも努めなければならない。

だからこそ、歴史上でも名将として知られた人たちは、例外なく攻城戦を嫌っていたのである。何らかの策を用いて敵を城壁内から誘い出し、城壁の外での会戦に勝負を賭《か》けるほうを好んだのだ。

イッソスもガウガメラでも五倍以上の敵を相手にしながらも大勝できたアレクサンダー大王だが、城塞《じょうさい》都市ティロスを陥とすのには手こずっている。オルレアンを陥落させるのに苦労したユリウス・カエサルだが、その七倍の敵を相手に闘ったアレシアの会戦では、数日で勝負をつけていた。そして、ポエニ戦役の最後の幕を降ろすことになったカルタゴの攻防戦では、当時最強のローマ軍でも、陥落には三年も要したのである。

これが歴史の教訓である以上、オリエント最大の都市の一つとしての長い歴史をもつアンティオキアが、容易には陥とせないことは誰にでもわかることであった。と言って、このアンティオキアをイスラム側に残したままでイェルサレムに向うなどは誰一人考えなかった。理由は簡単で、そのような愚かな行為は許されなかったからにすぎない。

問題は、だから、アンティオキアの防衛の責任者が、城門から撃って出る積極的戦法をとるかどうかにかかっていたのである。

イスラム・シリアの領主たち

アンティオキアでは、総督のヤギ・シヤン（Yaghi-Siyan）が、すでに秋の初めにはキリスト教軍の接近を知っていた。アンティオキア防衛の責任者であるこの老齢のトルコ人は、徹底抗戦を決める。と言っても、城外に果敢に撃って出る、積極抗戦ではない。なぜなら、正確な兵力はわからないのだが、手持ちの兵力では充分でないと考えたからである。

それで救援軍の派遣を、ダマスカスの支配者であるドゥカーク（Duqaq）と、モスールの大守《エミル》のケルボガ（Kerbogha）に、息子を送って要請させたのであった。二人ともシヤンと同じく、セルジューク・トルコ民族の出身だ。ところが、同じトルコ人でありながら、アンティオキアに駆けつけてくるならば最も近い距離にある、アレッポの支配者のリドワン（Ridwan）には助けを求めていない。だが、この辺りの配慮が、当時のシリアの実情を映し出していたのである。

シリアも小アジアと同様に、十一世紀末のこの時代は、イスラム世界のうちでは新興民族であり、それゆえに軍事力では優れていたセルジューク・トルコ人の支配下にあった。ゆえに、アンティオキアもダマスカスもアレッポも、支配者はトルコ人であったのだ。

そのうえ、アレッポの領主リドワンとダマスカスの領主ドゥカークは、兄と弟の間柄にあり、アンティオキアの総督シヤンの娘はリドワンに嫁いでいた。

この関係が円満裡《り》につづいていたならば、イスラム側の年代記作者が嘆くように、十字軍のシリアへの侵略はああも容易には成功しなかったのである。シリア入りした後も、アンティオキア前に悠々と居坐《いすわ》ることもできなかったはずなのだ。

ところがそれが、出来てしまったのである。シリアの各領主の間が、円満どころではない状態にあったからであった。

アレッポのリドワンは、領主になったとたんに二人の弟を殺そうと謀《はか》る。一人は殺

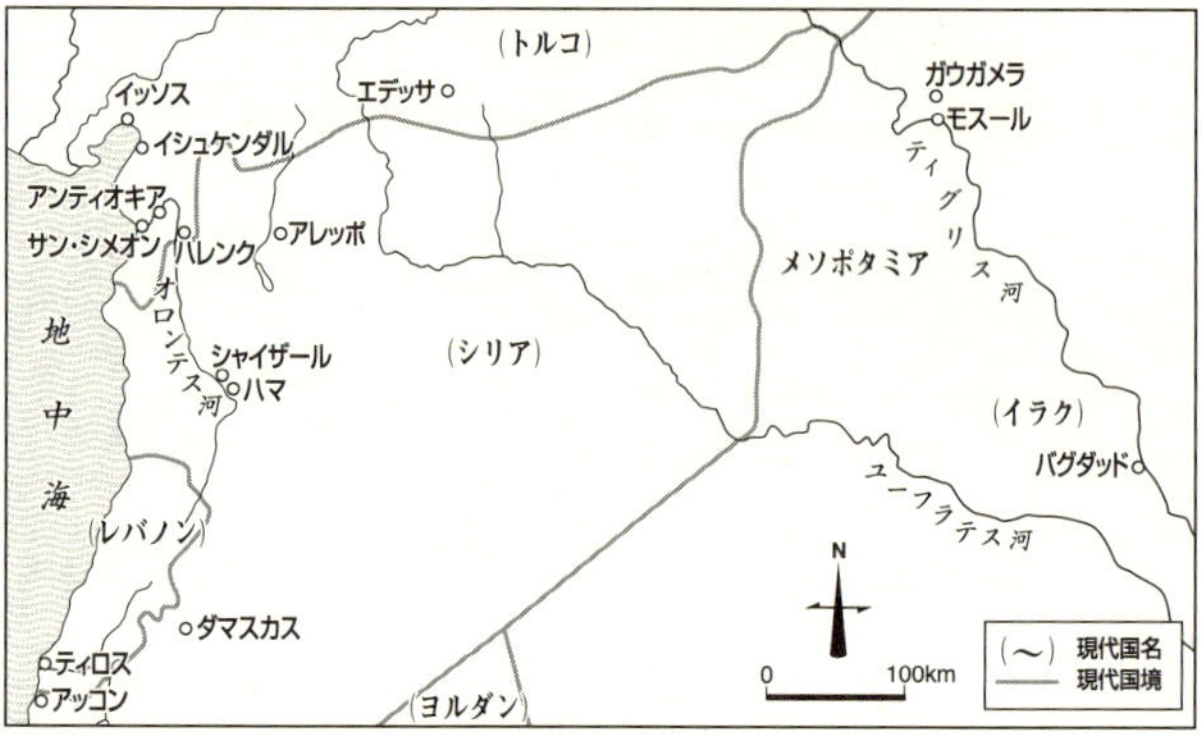

シリアとその周辺

されてしまったが、末の弟のドゥカークは逃げ、逃げた先のダマスカスで力を貯《たくわ》え、その地の領主にまで出世した。二人ともまだ若かったが、この兄弟間の険悪な関係はあいかわらずの状態でつづいていたのである。

　アンティオキアの総督シヤンが娘をアレッポのリドワンに嫁がせたのは、最も近距離にあるアレッポと良好な関係が成り立てば、アンティオキアの安全保障にも役立つと思ったからである。だが、リドワンは、妻の実家であることなどは無視する男だった。それでその後も、アレッポのアンティオキアへの侵略行為は止まらなかったのだ。これが、娘の嫁ぎ先であるにかかわらず、シヤンがリドワンに救援を求める気になれなかった理由である。近くからの救援が必要となった場合でも、アレッポよりはダマスカスに求めるほうを選んだのであった。

モスールの大守《エミル》ケルボガにも救援軍派遣を要請したのは、ティグリス河の上流に位置するモスールは当時から強力で、しかも、アンティオキアまで勢力を拡大するには遠距離にあったからである。現代ではアレッポもダマスカスもシリア国内になるが、モスールとなるとイラクに属する。

また、当時のモスールは、今なおモスリンの名で知られる薄地の高級綿製品の製造で有名であっただけでなく、黒くべっとりして、火を点《つ》けると燃えあがる液体、つまり石油、を産出することでも知られていた。

総督シヤンの救援要請に、ダマスカスのドゥカークは承諾を伝えてきたが、モスールの大守からの回答は、この時点ではまだない。

十一世紀末から十二世紀にかけてのシリアのイスラム勢力は、このように、良く言えば群雄割拠、実情を言えば乱立状態、にあったのだった。

しかし、同時代のヨーロッパのキリスト教世界でも、状況は似たようなものであったのだ。ちがったのは、ヨーロッパでは十字軍を打ち上げることで、諸王侯の間に

「神の平和」を成立させることに成功するが、同時期の中近東では、「アッラーの平和」を提唱する者はいず、ゆえにいまだそれが成り立っていなかった、ということにある。つまり、「アッラーの平和」など夢にも見ない有力者たちに、アンティオキアの総督シヤンは、助けを求めざるをえなかったのであった。

息子を送り出した後で総督シヤンが行ったのは、アンティオキアに住むギリシア人の司教を牢《ろう》に入れたことだった。十字軍接近を知った市内に住むキリスト教徒たちが、そのほとんどはギリシア正教徒だったが、その彼らが司教をかついで蜂起《ほうき》するのを怖《おそ》れたからである。

だが、アンティオキアに住むキリスト教徒は、数からして多かった。研究者の中には、住民の半ば近くにもなったとする人もいる。総督は、この人々が蜂起はしなくても、胸に赤い十字をぬいつけた武装姿で近づきつつあるキリスト教徒の軍に、内通する者が出る怖れは充分にあると思ったのだ。司教を投獄したくらいでは、解決できない問題だ、と。

総督は、防衛力の強化のために、城壁の外側をめぐって掘られている壕《ほり》を、より深くより広くする作業を命じた際に、イスラム教徒とキリスト教徒を一日交代で動員することにしたのである。キリスト教徒たちも二級市民のあつかいに慣れていたので、この二分離を誰も不思議に思わなかった。そして、これが何度かくり返された後のある日は、キリスト教徒の男たちが作業を担当する日だった。

ところが、夕暮時に作業を終えてもどってきた彼らの前で、城門という城門が閉じられたのだ。どこへなりと去れ、という総督からの命令に、キリスト教徒たちは、市内に残る家や妻子はどうするのだ、と言って抗議した。それに総督は、妻子と資産の安全は自分が責任をもって保証する、と言っただけだった。

こうして、住民のうちのキリスト教徒の男だけが、アンティオキアから追放されたのである。総督シヤンにしてみれば、これは、内通の危険をとり除くだけではなく、食糧の節約にもなるのだった。籠城《ろうじょう》する側にとっての最重要事は、食糧がいつまで持つか、にあったのだから。

不思議なことに、このときアンティオキアから追放された男たちのほとんどは、近づきつつあった十字軍に馳《は》せ参じていない。ヨーロッパから来た知りもしないキリスト教徒に助けを求めるよりも、慣れ親しんできた近くにあるイスラム教徒の町に行くほうを選んだのである。

しかし、総督シヤンの怖れも、根拠のない怖れではなかったことが実証される。アンティオキアの衛星都市の一つと言ってよい町の一つで、十字軍の接近を知ったキリスト教徒の住民が蜂起したのだった。トルコ人の守備隊を襲っているという知らせが、行軍中の十字軍にもたらされる。早速、五百の騎兵を従えたフランドル伯が本隊を離れ、急ぎ駆けつけた。これでトルコ兵は全員が殺され、このことを知った他の町も村もこれで眼が覚まされたので、十字軍が行軍する西側は完全に安全になったのである。これは、西側だけにしろ、アンティオキアの外堀が埋められたことを意味した。

十字軍の到着と布陣

西暦一〇九七年の十月二十日、十字軍の最初の兵士が、アンティオキアを遠望する丘の上に姿を現わした。すぐつづいて、この十字軍の実質上の司令官である、プーリア公ボエモンド、ロレーヌ公ゴドフロア、トゥールーズ伯サン・ジルの三人が、いず

ゴドフロアの両脇のボエモンドとサン・ジルと思われる二将が王冠を頭上にしているのは後世(つまりこの絵の描かれた時代)の間違い

れも馬を駆って現れる。その後に、他の諸侯たちもつづいた。彼らの誰にとっても、初めて見るアンティオキアであった。

タウルス山脈を越えた後はオロンテス河に沿って行軍してきたのだから、アンティオキアには、その西側を流れながら地中海にそそぎこむオロンテス河を渡らねば向えない。このオロンテス河の、大都市アンティオキアの最初の関門と言ってよい地点には、「鉄の橋」と呼ばれる堅固な造りの橋がかかっていた。住民の通行を目的にしただけの単なる橋ではない以上、橋の両岸には防衛用の塔が立ち、守備兵が守っている。この「鉄の橋」を手中にするために派遣された一隊を率いたのは、司教アデマールだった。

命令を受けて、と言うよりも、自ら志願してであったにちがいない。ドリレウムの会戦での勝利を決したのは彼が率いていた隊がトルコ軍の退路を断ったからだが、それ以来この聖職者は、軍事にも積極的になっていたのである。司教アデマールに率いられた騎兵と歩兵から成る一隊は、簡単に、「鉄の橋」を守っていた二つの塔の占拠に成功する。これで、アンティオキアの城壁までの間の障害は、取り除かれたことになった。

おそらくは五万、実戦力ならばその五万さえも大きく切ると言われるのが、遠路を踏破してきた後のこの時点での、十字軍の総戦力である。それでも、大軍勢であることには変わりはない。
その夜は、「鉄の橋」を中にして広がる平地に天幕を張って夜を過ごした。兵士たちが先を争ってアンティオキアを見ようとし、見た者はまず感嘆し、その後すぐに絶望したのも、この頃であったろう。太陽も月も、秋ならばオリエントでも冴《さ》えわたる。砂塵《さじん》に邪魔される日が少ないので、中近東の全域が最も美しくなる季節でもあった。

翌・二十一日、プーリア公ボエモンドだけが、騎兵から成る一隊を従えて敵状の視察に向った。視察行と言っても、待ち伏せの危険が予想される地帯を見てまわるのだ。ボエモンドは、その日一日を使って、アンティオキアの周囲をめぐる城壁を、矢の射程距離の外を行くよう注意しながら視察して行ったのである。待ち伏せはなかった。だが、城門という城門のすべては固く閉ざされていた。

アンティオキアは、山の中腹からオロンテス河にかけて広がる平地に建設された都市である。ゆえに都市の中心は、中央よりは北西側に寄っている。ただし山を控えているので、わき水に恵まれていた。そして城壁は、堅固そのもの。山上の最も高いところには、堅固な城塞が建つ。この種の城塞は日本の城の天守閣に似て、市内が敵に占拠された後でも、防衛側が最後までこもって闘う拠点になる。この他には、アンティオキアには城塞はない。この事実は、アンティオキアの防衛が、四百もの塔で要所を固めた城壁に頼ってきたことを示していた。

その城壁に切られた城門は、守る側よりも攻める側にとって重要になる箇所だが、ボエモンドは、次の五つが重要な城門と見る。そのすべての呼び名は、ここでは十字軍時代にキリスト教徒が呼んだ名称で通すが、時計の針とは逆まわりにあげていけば次のようになった。

城塞の近くに口を開けている「鉄の門」。この城門は、東に向って開いている。つまり、そのまま行けばユーフラテス河に達せるということだ。ただし、山上に開いているので、大軍を通すことはできない。

北に向って開いているのが、「聖《サン》パウロ門」。この城門は「鉄の橋」を渡って来れば

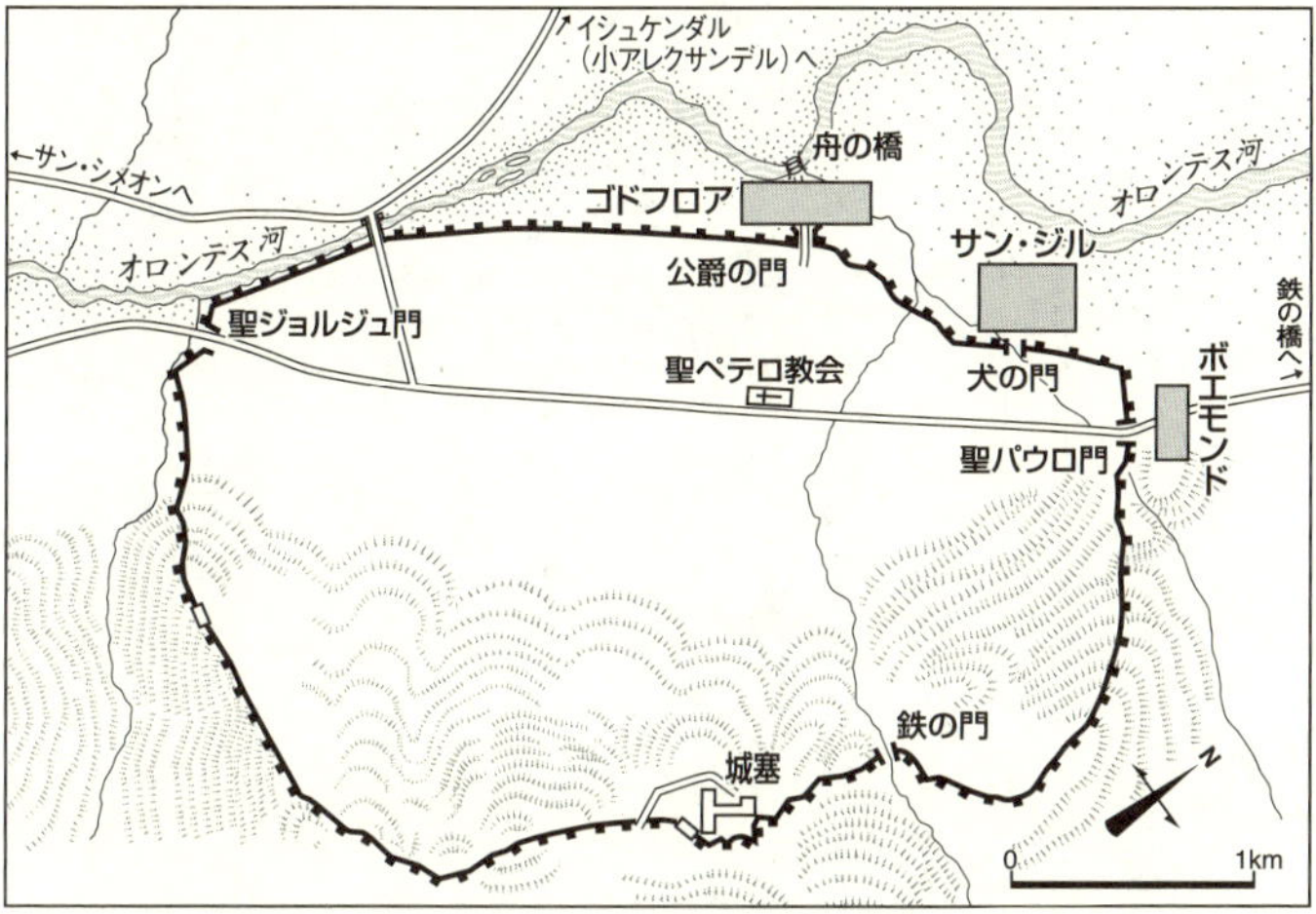

アンティオキア市街と各将の布陣
(Steven Runciman, *A History of the Crusades*, Vol. I による)

ぶつかる門ゆえに重要で、五つでなく二つあげよと言われてもその一つになる。中近東の都市であるアンティオキアにとっては、中東との間を結ぶ主要路に開いた、主要門であったのだ。

主要路であるだけに、「聖《サン》パウロ門」一つでは充分でなく、そのすぐ近くにもう一つ城門がある。この城門は、「犬の門」と呼ばれていた。

そして、西側に口を開けているのが、直訳すれば「公爵《こうしゃく》の門」となるが、意訳ならば「司令官の門」。イスラム下に入ってからのアンティオキアの主要路はメソポタミア地方に向う道だったが、十字軍時代に入ると、地中海に向う道が主要路になる。ゆえにこの「デューク門《ゲート》」は、西南の方角に開いた「聖《サン》ジョルジュの門」とともに、地中海との連絡を保つうえでは重要な門になるのである。

視察を終えて陣営にもどって来たボエモンドは、これらのことすべてを諸侯たちの前で報告した。城壁はあまりにも長く、包囲作戦はとれないこと。ゆえに各諸侯の軍は、主要な城門の前に陣取るしかない、と。そして、諸侯各自で自軍の布陣の地を決めることを提案した。

ただし、この第一次十字軍には明確な総司令官はいず、指揮系統の一元化も成っていない。ゆえに作戦会議も、司令官である諸侯が集まって情報の伝達や交換はしても、誰がどこに布陣しどこから攻めるかまでは決めないのである。その結果、布陣の地も、諸侯各自が勝手に良しとした地点に陣を布《し》いた。それで、誰がどこに布陣したかを見ていくと、その人の戦略戦術の能力まで推し測れるのである。興味深いこの現象は、アンティオキア攻防時のみでなく、この後に来るイェルサレム攻防戦においても見られるのである。それで、このアンティオキア攻防だが、諸侯たちはそれぞれ、自らの陣営地の選択を、次のようにしていた。

イスラム側の救援軍が来るとしたらこの方角から、と予想される北に向いている「聖パウロ門」の前に布陣するのは、ボエモンド率いる南イタリアからのノルマン勢。

そのすぐ右側の「犬の門」前に陣取るのは、サン・ジルに従う南フランスからの兵士たち。

西側に開く「公爵の門」の前に陣を布くのは、ゴドフロアが率いるドイツ北西部からの兵士たち。

城塞のすぐ近くにある「鉄の門」は、門自体が山上にあるので常駐の布陣には適していなかった。

また、地中海とは最も近距離になる「聖《サン》ジョルジュ門」は、ボエモンドは甥《おい》のタンクレディにまかせるつもりでいたのである。ただし、この時点でのタンクレディは、到着したばかりのジェノヴァ船の船乗りたちと協力して、キリキア地方南部の港町二つを支配下に置くことに専念していたので、アンティオキアにはまだ来ていなかった。

この人々以外の他の諸侯、これまでにも積極的に闘ってきたフランドル伯を始めとして、フランス王弟のユーグ、ノルマンディー公、その義弟のブロア伯、そして司教のアデマールは、いわゆる遊撃隊の指揮官という感じで、必要とされる地点に随時送られることに決まった。

ロレーヌ公ゴドフロアは、「公爵の門」の前に陣営を築くや時を置かず、その陣営の西側を流れるオロンテス河に、小舟を並べた上に厚板を渡すというやり方で橋を造り始めた。この目的は、タンクレディが遂行中だった二つの港町との連絡を、確かなものにすることにある。ゴドフロアも、地中海との連絡路確保の重要性に気づいていた一人だった。

ちなみに、タンクレディの働きで十字軍が使える海港になった二つの港町だが、一つは西欧での呼び方を訳せば「小アレクサンデル」で、もう一つは「聖《サン》シメオン」になる。「聖《サン》シメオン港」のほうは十字軍時代の呼び名だが、この港はオロンテス河の河口に位置するので、ここの確保に執着したのは、古代のアンティオキアの繁栄のもとになった海港の効用を思い出しての結果でもあった。

「小アレクサンデル」は、現代では「イシュケンダル」と呼ばれている。このすぐ北のイッソスの会戦でペルシア王ダリウスを向うにまわして大勝したアレクサンダー大王が、戦勝後に建設させた海港で、エジプトのアレクサンドリアと区別する意味で、「イッソスのアレクサンドリア」と、当時では呼ばれていた。イシュケンダルは、アレクサンドロスのトルコ語読みなのだ。ちなみにイスタンブルも、コンスタンティノポリス(英語のコンスタンティノープル)のトルコ語読みである。

到着して後の一週間、アンティオキアの攻撃を前にしての諸侯たちの陣営づくりは、市内からの妨害もないままに着実に進んでいた。

ボエモンドは、陣営づくりを終えた後も、「鉄の橋」を渡った向うにまで兵を常駐させることでの、広い区域の陣営化を怠らなかった。この方角は、もしも敵が救援軍を送ってくるとすれば、その可能性が最も大きかったからである。

ゴドフロアも、小舟を並べて造った橋の向うに広がる基地まで手中に収め、こちらのほうも、救援軍の来襲への対策を怠っていなかった。三首脳のうちではサン・ジルだけが、陣営は築いたもののその後は、何もしていなかったのである。

十月も末に近づいた頃になって、このサン・ジルの陣営地がにわかにあわただしくなった。自分たちだけでアンティオキアを攻撃しようと、兵士全員に武装命令が下ったのだ。

だが、これを知ったボエモンドが自ら馬で駆けつけて来て説得したので、トゥールーズ伯もその考えを撤回したのだった。トゥールーズ伯サン・ジルが、同僚を差し置いて一番乗りをしようと考えたがゆえの一騒ぎだったが、五十五歳と諸侯の中では最年長のこの南仏男は、四十七歳のボエモンドをライヴァル視していたのである。ボエモンドのほうは、サン・ジルを信用していなかった。この二人の間に立った感じの三十七歳のゴドフロアは、この二人の争いには超然としていたが、どちらか一方を支持しなければならない場合となると、ボエモンドの側に立つのが常だった。そして、このアンティオキア攻略戦が、その「場合」になるのである。

タンクレディによる海港獲得作戦も、その年、一〇九七年の十一月半ばには完全に決着がついていた。この作戦に協力したジェノヴァ船は十三隻《せき》であったというから、中近東の十字軍勢力を海から支援するという、イタリアの海洋都市国家のもくろみも本格的に始まったことになる。

ピサ、ジェノヴァ、ヴェネツィアの海洋都市国家はいずれも交易立国をかかげる共和国だが、単に商品を積んで海を行き来していたのではない。イスラム教徒の海賊から身を守るためにも武装化は不可欠で、商船であっても軍船に早変わりできるだけの人と武器を乗せていたのである。つまり、彼らは当時の「海兵」でもあったわけで、その彼らが乗った船が十三隻入港したということは、少なく見積っても千人の海兵も上陸したということであった。

十月の末になってようやく、アンティオキアの総督ヤギ・シヤンの許《もと》に、待ちかねていた息子がもどってきた。ダマスカスの支配者ドゥカークが、軍を率いて救援に来るのを承知したという朗報を持ってもどってきたのだ。これに気を強くしたのか、シヤンも初めて積極戦法に撃って出る。

アンティオキアから東に少し行ったところに、ハレンクという町があった。そこには、トルコ兵の一隊が駐屯していた。総督シヤンはこの隊に密令を送り、「鉄の橋」の近辺に宿営するボエモンドの軍を、背後から襲撃させたのである。

この襲撃は簡単に撃退されてしまったのだが、それだけでは終らなかった。ボエモンドがただちに追撃させたので、ハレンクの町に逃げ帰ったトルコ兵は全員が殺され、アンティオキアは、またも衛星都市の一つを失った。

食の欠乏

一〇九七年の十一月も後半に入る頃になると、食の欠乏が深刻さを増してきた。聖シメオン港に入ったジェノヴァ船十三隻は武器と食糧を積んできていたが、その程度の補給ではとうてい足りなかったのだ。

アンティオキア前に陣取る十字軍は、大別すれば次の構成になっていた。

諸侯

重武装の騎士

重武装の歩兵

軽武装の歩兵

隠者ピエールの十字軍の生き残りで、実戦力にはならない巡礼の男女たち。

この人々が食す食糧の質と量には、中世の階層差が反映してはいただろう。だが諸侯たちも、実に質素な食生活に耐えていたのである。とはいえ、階層が下れば下るほど、口に入るものがとぼしくなるのも当然だった。

耐えられなくなった人々は、勝手に略奪行に出るようになった。その結果、獲物《えもの》を持って帰れた者も少なくはなかったが、略奪に行った先の村の住民に追いまくられ、ほうほうのていで逃げ帰ってくる者のほうが多かったのである。この人々が無事に逃げ帰れるようにと、司教アデマールが、聖パウロ門の近くに「マレガール塔」を建て、そこに一隊を常駐させたほどだった。十字軍陣営では、キリスト聖誕祭を祝うどころではない状態にあったのである。

この窮状は、ボエモンドに、本格的な食糧調達の必要を悟らせた。彼は、アンティオキア前に陣取る全軍の中から、二万の兵を連れて行くと決める。ただし特別に、フランドル伯は同行させることにした。これまでの遠征途中での、三十二歳と若い伯の積極戦法を買っていたのである。また、ボエモンドが抜けることで弱体化する聖パウロ門前の防衛力は、すぐ近くの「犬の門」前に陣取るサン・ジルが肩代わりしてくれるはずであった。

ボエモンドが二万もの兵を率いていくことにした理由の第一は、調達行の目的地がまず遠く、しかも広い地域にわたっていたからである。アンティオキアからは百五十キロは南になる、ハマまで行ってもどって来ようと考えていたのだ。ハマからさらに百五十キロ南下すれば、そこはもうダマスカス。ボエモンドは、イスラム勢の土地深く侵入しようとしていたのだ。敵軍に出会する率は、限りなく高かった。

理由の第二は、強大な兵力で向うことで、その途中に位置する町や村に無言の圧力をかけることにあった。武力を使っての強奪手段には訴えなくても、必要とする物資の調達はできると考えたのだ。実際は、圧力をかけることによってタダで徴発する、にすぎなかったのだが。

ところが、ボエモンドとフランドル伯が発《た》って行った日の翌日、彼らが不在の間の守りを託されていたサン・ジルが、担当地域の「犬の門」の前から引き払い、ゴドフロアがかけさせていた「舟の橋」の近くに、自軍の陣営を移動させてしまったのである。理由は、降った雨で天幕を張った地表が水びたしになったから、というものである。だが、ボエモンド軍の出発と、サン・ジルの陣営の移動が、アンティオキアの市内に気づかれないですむはずはなかった。

その日の夜、アンティオキア総督のシヤンは、かき集められるかぎりの兵士を率いて、防衛不在の「犬の門」から市外に出、サン・ジルの陣営地を襲撃した。陣営の移動に費やした一日の後とて熟睡していた南フランスの兵士たちは、迎え撃って出るまでに時間がかかり、苦戦に追いこまれる。ゴドフロアの陣営地からの応援もあって、トルコ兵を撃退するのには成功した。だが、槍《やり》や剣をつかむ前に殺された兵士も多かったのである。サン・ジルの軍は、またも兵力を減らすことになった。

一方、南に向っていたボエモンドの軍だが、無言の圧力をかけての調達行のほうはなかなかに上手《うま》くいっていたのである。だがやはり、ハマの手前にあるシャイザールまで来たところで、ダマスカスの守備兵に気づかれてしまった。

ダマスカスの支配者ドゥカークは、アンティオキアの総督からの援軍派遣の要請を承知したのだから、兵の報告を受けるやただちにわかったのである。シャイザールにまで姿を現わしたのも、アンティオキアを攻めているフランク人の一部だ、と。

アンティオキアからの援軍要請は承諾したものの、いつそれを実行に移すかの日は確約していなかったドゥカークだが、自領に接近されたとあっては話は別である。ただちに迎撃軍を編成させ、自らそれを率いて北上した。そのダマスカス軍が、シャイザールからハマに向う途中だったフランドル伯の率いる騎兵隊と出会したのだ。全員が鋼鉄製の甲冑《かっちゅう》に身を固めた騎士団を見て、フランク人とは初めて対するダマスカスの領主は、てっきりこれが本隊と思いこみ、敵の数が少ないのに力を得て、全軍を投入して攻撃してきた。

だが、その後にボエモンド率いる本隊が、距離は置きながらもつづいていたのである。ボエモンドには、自軍を二分するという、戦術家の才があった。

フランドル伯の隊を囲んで攻めるダマスカス軍の背後に、ボエモンドの本隊が現われたのだ。これで、戦況は一変した。逃げ出したのは、ダマスカス軍のほうである。ダマスカスの領主ドゥカークも、一目散に逃げた一人だった。

この後でボエモンドとフランドル伯は、自軍を率いて近くの町に入った、と言うより押しかけた、のだ。そこでその夜は明かし、初めの予定どおりにハマまで足をのばすつもりでいたのである。なにしろ、ダマスカス軍に勝ったことで、当分は邪魔は入らないのがわかっていたのだから。

ところがその夜、地震が発生する。相当に強度な地震であったらしく、轟音《ごうおん》とともに家々が崩れ落ち、暗闇《くらやみ》の中での揺れはいつまでも止まらないように感じられた。シリア人は地震には慣れていたが、地震の少ないヨーロッパから来た人々は慣れていない。それで地震を、神の怒りかと怖れおののいたのである。

翌朝、ボエモンドは、調達行はここで切りあげ、アンティオキアにもどるしかないと決めた。イスラム教徒の兵は怖れなかった兵士たちだったが、地震への恐怖となると、ボエモンドでもどうしようもなかったからである。徴発した物資も、充分な量になっていた。来た道を、アンティオキアにもどる。一〇九七年も、最後の一日になっていた。


一〇九八年と年も代わり、その最初の月である一月も末近くなった頃には、アンティオキアの前に陣取る十字軍の食糧不足はまたも深刻な状態になっていた。諸侯たちも兵を送って略奪行にはげんでいたのだが、それでも人々の空腹を解消するには遠かったのである。

もしもこの時期に、ビザンチン帝国の皇帝が食糧を満載した船団でも送って来ていたら、十字軍の皇帝への心情も改善されていたにちがいない。十字軍の遠征路に当ったおかげで再復できたのが、小アジアなのである。その小アジアの南岸に数多くある港からも、ビザンチン領のままでつづいていたキプロス島からも、皇帝が命令を出しさえすれば援助船は簡単に出せたのである。一度だけキプロスから援助船が入港したが、それは、小アジアの通過時に十字軍の案内役を勤めたタティキオスの、個人的な配慮によるものだった。

皇帝アレクシオスは、小アジアの南東に位置するキリキア地方を、十字軍が制覇した後も維持しつづけているのに気を悪くしていた。アレクシオスは、悪賢い男ではあったが、真の意味での深謀遠慮の人ではなかったのである。こうしてビザンチン皇帝は、十字軍に恩を売る絶好の機会をフイにしてしまったのだった。

それに、包囲は不可能であったために完全な封鎖状態にはなかったのが、一〇九八年初めの時期のアンティオキアである。南に開いた「聖ジョルジュ門」を通って、少ないにしても、市内に住むギリシア人との接触はあったのだ。しかし、ギリシア正教徒であるこれらの人々が、カトリック教徒である十字軍と接触をもつ目的は、食糧を高く売りつけるためだった。その値も日が過ぎるにつれて上昇し、ついには諸侯さえも手の出ないほどの法外な値になったという。これも、十字軍に参加していた人々の、ギリシア正教徒への嫌悪《けんお》の情を強めるのに役立っただけであった。

空腹によって人間性さえも失いそうになっている人々を見て、司教アデマールは一計を考えついた。こうなったのも神の怒りによるのだから、贖罪《しょくざい》のための三日間の断《だん》食《じき》を命じたのである。食不足による空腹ならば単なる空腹だが、罪をあがなうための断食となれば、キリスト教徒ゆえの自主的な行いによる空腹、ということになる。これには皆々賛同して、全員が厳《おごそ》かに、三日間の断食に入ったのであった。

しかし、三日が過ぎても、神は許してくれなかったのか、空腹状態はいっこうに改善されない。つまり、贖罪のための断食は、単なる食不足による空腹にもどってしまったのである。

この頃から、脱走者が出始めるようになった。脱走する人々は、オロンテス河を下って聖シメオン港まで行けば、そこにはヨーロッパの船がいると聴いていたので、誰もがその方向に逃げ出すのだった。

だが、その方角を守っていたのは、タンクレディの一隊である。脱走を試みた者の全員が、まるでえり首をつかまれるかのように、一人ずつ送り返されてきたのである。

その中には、熱狂的な説教によって人々を扇動したあげくに貧民十字軍を結成し、その多くを途中で死なせた当の人である、隠者ピエールもいた。このフランス人の説教僧だけは、タンクレディによってボエモンドの天幕に連れて行かれた。そして、十字軍参加者の中では熱狂からは最も遠い心情の持主であったボエモンドから、冷たい軽蔑《けいべつ》の視線を浴びることになる。

しかし、現状に絶望するようになっていたのは、この人々だけではない。城壁をはさんでという位置ならば反対だったが、絶望の念に占められ始めたことではアンティオキアの総督シヤンも同様であった。援軍を派遣すると約束したダマスカスの領主ドゥカークの軍勢は、いっこうに現われない。食糧調達中のボエモンドとフランドル伯の軍勢と闘って敗退したので、それで気落ちしていたからだが、総督シヤンはそのことを知らなかった。

絶望したシヤンは、最も助けを求めたくなかったアレッポの領主リドワンに、ついに救援軍の派遣を要請したのである。条件には、最後のカードを切った。来てくれればアンティオキアの領有権を譲渡する、と。

こうなると、セルジューク・トルコの有力者たちには話は別になる。同じトルコ人なのに、領土拡張を狙《ねら》ってこれまでずっと争ってきたのだ。それが、援軍を送るだけで実現するのだと、いまだフランク人とは剣を交《か》わしたことのないリドワンは思ったのだろう。

早速、アレッポの領主リドワンは、一族を総動員しただけでなく、ハマの大守《エミル》にまで呼びかけて、アンティオキアの救援に乗り出してきたのである。軍勢の規模はわかっていない。だが、アレッポも、古代からつづく主要都市の一つである。また、リドワンに同行する一族の誰もがそれ相応の領土を持っていたから、質でなく量ならば、相当な数の軍勢にはなっていたにちがいない。このアレッポ軍が動き出したのは二月の初め、十字軍内では食不足が少しも改善されていなかった時期であった。

しかし、このときも、イスラム教徒の軍を迎え撃つのは、ボエモンドの主導下で行われる。

ボエモンドがまず、騎兵だけを率いてアレッポ軍の左側にまわる。そして、闘いを交えるというよりも力で押し出す感じで、オロンテス河とアンティオキア湖の間の平地に敵を追いこむ。そこに、ゴドフロア率いる重装歩兵団が待ちかまえているという作戦だった。

戦況の展開は、ボエモンドの考えた通りに進行し、終わったのである。騎兵と重装歩兵に前後から攻められ、一方は湖、他の一方は丘で動きのとれなくなったリドワン率いるアレッポ軍は、完敗ではなかったがそれに近い敗北を喫した。リドワンも、その呼びかけに応じて参戦していたシリアの小領主たちも、自分だけでも助かることしか考えないで逃げたのである。そのままリドワンは、アレッポに逃げ帰ったまま出てこなくなった。

そのうえ、アレッポ軍接近の報に勇気づき、城壁外に撃って出た総督シヤンの兵士たちまでもが、これまた待ちかまえていたサン・ジルの軍勢に敗れ、城壁内に逃げ帰るしかなかったのだ。リドワンとシヤンが、合流どころか顔を合わせることさえもできないうちに、決していた敗戦であった。

これで十字軍は、その気になりさえすればアンティオキアに救援軍を送れた近くの二大領国、ダマスカスとアレッポの両方に勝ったことになる。アンティオキアの総督シヤンの、苦悩は深まるばかりであった。

とは言ってもこの年の二月中、十字軍側の状況に、変化は見られなかった。ただし、食不足はあいかわらずだったが、気分だけは良くなっていたのである。イスラム教徒の救援軍に勝ったことは、人々の気分を明るくする役に立っていた。騎士も兵士も巡礼も、冬が過ぎれば春が来るのだと、希望をつないでいた。そして、実際、季節としての春とともに、戦況としての春も近づきつつあったのである。

三月四日、タンクレディからボエモンドに、一つの知らせがもたらされた。そしてそれは、ただちに諸侯の全員に告げられた。

はるばるイギリスからドーヴァー海峡を越えて、一人の騎士に率いられた船団が、聖シメオン港に入港したというのである。しかもそのイギリスからの船団は、十字軍参戦を志願した騎士たちだけでなく、また食糧を積んできただけでもなく、木材を多量に運んできたのである。
ビザンチン帝国領のどこか、おそらくは小アジアの南岸かキプロスで調達したのだろうが、それが単なる木材の山ではなかった。組み合わせていけば簡単に塔が完成できるように、あらかじめ切断された形で積んできたのである。今で言えば〝プレハブ〟だが、騎士たちにしてみれば、これ以上配慮のゆき届いた陣中見舞もない。ボエモンドが、ただちに諸侯に知らせたのも当然である。

こうして、これまでの四ヵ月間、アンティオキアの前に布陣するだけであった十字軍は、城壁をめぐらせた都市の攻略には不可欠の、塔を造れる多量の建設材をも持つことになったのだった。

なぜこれまでに十字軍側は、樹《き》を切り出しての木材調達をしなかったのか、と思われるかもしれない。シリアは砂漠だけでなく、とくにアンティオキアの周辺には樹木は充分にあった。樹木を切り出さなかったわけでは、まったくない。陣営地とて、いつまでも天幕ぐらしをつづけるわけにはいかなかったのだから。

アンティオキア攻略戦では常に主導権を振るっていたボエモンドが、アンティオキアの陥落を、軍事力のみではない別のやり方で実現する道を探っていたからである。そのボエモンドの考えに、諸侯たちが賛同していたのかどうかはわからない。だが、アンティオキア到着直後に早まった攻撃に出たサン・ジルも、その後は単独での攻勢には出ていない。諸侯たちも、大都市アンティオキアの攻略には、無為に戦力を消費することのない慎重さで臨む考えならば、一致していたのかもしれなかった。兵士たちも、城壁に攻撃をかけるよりも、食糧調達行に送るなどして。


とは言っても、まるで組み立て玩具《がんぐ》のような形にして着いた多量の木材は、ただちに活用された。兵士も巡礼までもが、面白がって手を貸したからでもあった。

たちまち、二つの監視塔が建造される。

一つ目は「ラ・マホメリー」と呼ばれるようになる塔で、城壁のすぐ下をまわって流れている、オロンテス河にかかる橋を渡った地点に建てられた。この橋を渡ると、道は左右に分かれ、北に向えば「小アレクサンデル港」、西南に行けば「聖《サン》シメオン港」に行き着く。ゆえに地中海との間の連絡路の確立を重視するようになっていた十

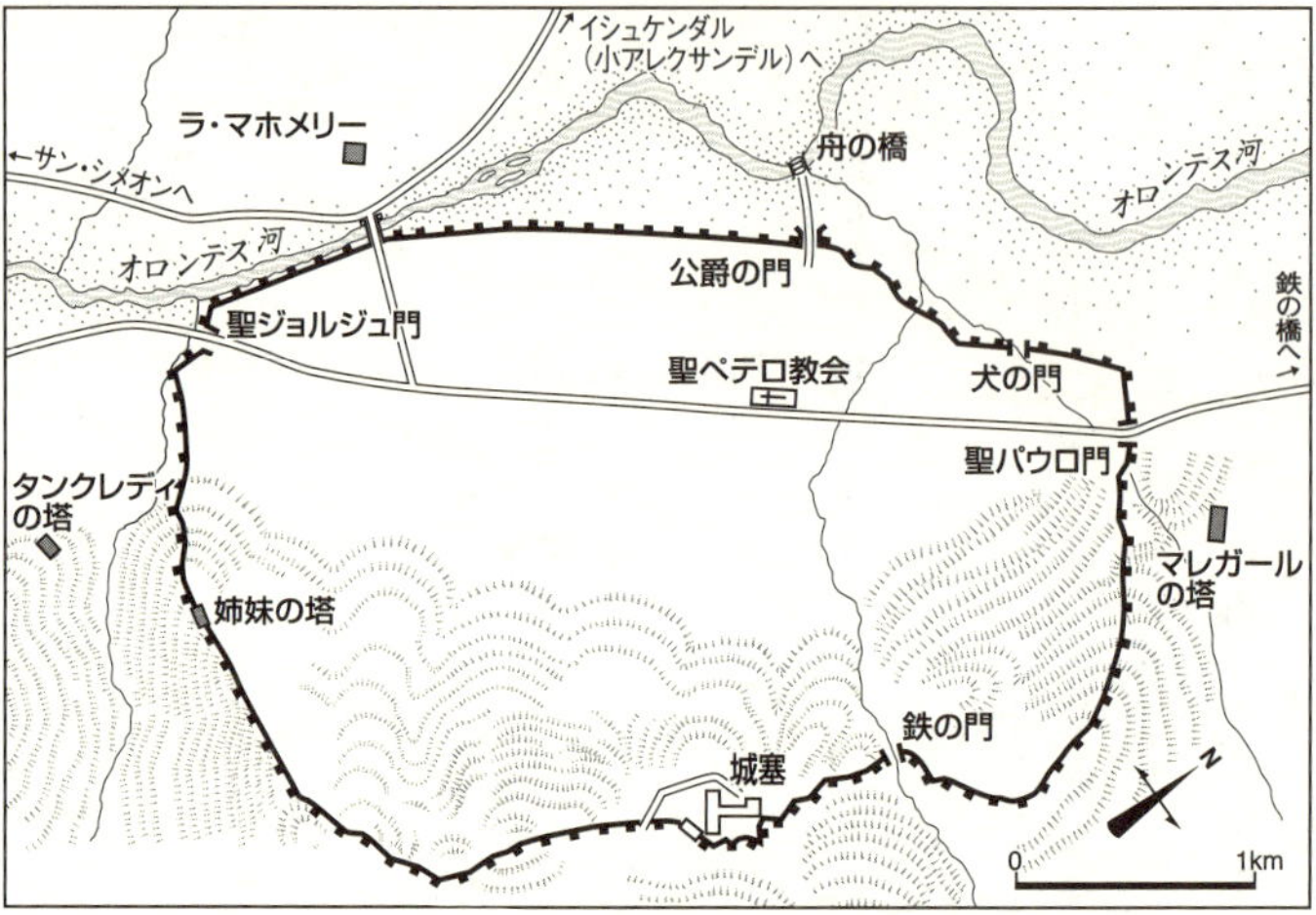

アンティオキア市街および監視塔
（Steven Runciman, *A History of the Crusades*, Vol. Iによる）

字軍にとっては、それへの安全を保証するという重要な役割を課された塔になる。この監視塔の防衛は、サン・ジルに託された。

もう一つの塔は、その建造を実際に指揮した人の名を取って、「タンクレディの塔」と呼ばれることになる。なぜこの地点に監視塔を建てたのかについては、誰も言い遺《のこ》していない。だが、「聖ジョルジュ門」への監視の強化に加えて、理由はもう一つあるように思えてならない。

この地点への塔の建設は、しばらくして実行に移される、ボエモンドの策略と密接に結びついていたのではないかということだ。だからこそ、信頼していたタンクレディに、すべてを一任したのではないか、と。

また、この二つの塔は、アンティオキアの攻撃に必要というよりも、攻略した後の防衛に役立つような地に建てられたことも、ボエモンドの真意を探る鍵《かぎ》の一つになるような気がする。つまり、ボエモンドは、イギリス人たちが運んできた多量の木材を使うのにも、自分の考えに沿う形で活用したのである。

このことに、諸侯たちは気づいていたであろうか。ゴドフロアは、気づいていたとしても黙っていただろう。ロレーヌ公は、他人の野望には関心のない男だった。トゥールーズ伯サン・ジルのほうはどうか。このようなことに気づくほど、この南フランス人は悪賢くはなかった。

サン・ジルに防衛がまかされた塔のほうは、三月十九日に完成している。二週間で完成したのだから、イギリス人による木材の切り方はよくできていたのである。「タンクレディの塔」も、四月に入った頃には完成した。この塔の完成によって、「聖ジョルジュ門」の往来もより厳しい監視下に置かれるようになったので、アンティオキア市内に住むギリシア人との接触も、一層むずかしくなったことになる。アンティオキアを囲む包囲網は、少しずつにしても強化されてはいたのであった。

攻める十字軍も守るアンティオキアも、華々しく剣を交わすこともなく城壁を間にして睨《にら》み合う感じではあったにしろ、アンティオキアをめぐる攻防戦は、すでに六ヵ月目に入っていたのである。双方ともが望んだわけではなくても持久戦になってしまったからだが、こうなると、シリアで起っていることでも、その波紋は遠方にまで及ぶようになる。

西暦一〇九八年の四月も末近くになったある日、エジプトからの使節を乗せた船が、聖《サン》シメオン港に入港した。そして、アンティオキアを攻撃中のキリスト教軍の首脳陣に会いたいと申し入れてきたのである。

使節が、他でもない、エジプトのカリフの「ヴィジール」（Visir）のアル・アフダルと知った十字軍の陣営は、上を下への大騒ぎになった。

エジプトからの使節

「ヴィジール」という名の官職は、「カリフ」が宗教上の指導者であるのに対して、その下にあって実際の統治を行う人を指す。今ならば、立憲君主国の首相というところだ。それで迎える側の十字軍も上を下への大騒動になったのだが、それも一触即発の状態になったときに備えるなどという軍事的なことではなく、賓客を迎える前の大掃除に似ていた。

命ぜられた陣営内の大掃除を終えた兵士たちに下った次の命令は、各自手持ちの武装の中から最も状態の良いものを身に着け、甲冑も剣も槍も磨きあげておけ、というものである。

そして諸侯たちも、持参の長櫃《ながびつ》の中から、コンスタンティノープルでビザンチンの皇帝に会ったとき以来しまいこんでいた礼装を取り出して、それを、従者たちに手伝わせて身につけるので忙しかったのだった。

甲冑でも武器でも、礼装用のものと、戦闘用のものに分れる。礼装用のものは、胸甲に家紋や飾りなどがついた美々しい造りで、もはや美術品と言ってよい出来だ。現代の博物館や美術館に展示されているのは、頻繁に使用されなかったゆえに保存状態の良いこの種の武装で、今では復元図でしか残っていない実戦用のものとなると、闘うのに便利なように無用な飾りはいっさいついていない。カリフからの特使の訪問を告げられて、諸侯たちが身にまとったのは礼装用の武装である。

頭部からひざ下までをおおう、小さな鉄の輪を一つ一つつなげて作る武衣は、日本語では「鎖かたびら」と訳されているが、当時の人々は簡単に、「編み物」（マーリア）と呼んでいた。

その「編み物」の上に、騎士ともなれば、鈍く光る鋼鉄製の胸甲をつける。一般の兵士でも、皮製の胸甲はつけた。

そして十字軍である以上、全員がその上に、白地に赤の十字か、赤地に白の十字を染め抜いた、大型の上衣をまとうのである。

こうして、アンティオキア前に布陣中の十字軍も、上から下までが、晴れ着をつけてエジプトからの特使を待ったのであった。

大掃除をし晴れ着を身につけたのも、大切な客を迎えるためだけが目的ではなかった。アンティオキア攻撃が六ヵ月過ぎたこの時期でも、攻める十字軍側の状態はすこぶる良好で、これでは遅かれ早かれアンティオキアは陥ちるにちがいないと、エジプト人に思わせる目的もあったのだ。この種の配慮は、この時期の十字軍だけがしたことではなく、少しでも戦争というものを知っていれば、誰でも考えることであった。

こうして、オリエントそのものを思わせる豪奢《ごうしゃ》な長衣を身にまとい、ターバンでさらに背丈が高く見えるエジプトの宰相《ヴィジール》とその一行は、騎士や兵士が整列する中を通って、こちらも礼装用の武装を長身の身にまとった諸侯たちに迎えられたのである。

しかし、会談が始まるや、諸侯たちは口には出さなかったが、心中では驚いたにちがいない。アル・アフダルが提示したのは、イスラム教徒の国であるエジプトと、キリスト教徒で成る十字軍の同盟であったからだった。

この時期の中近東と中東、つまりイスラム世界の主要部、と言ってよいオリエント全域は、次のような状態にあった。

まず、宗教面での指導者ということになっている「カリフ」が、二人いたのである。一人はエジプトのカイロに、もう一人は、今ならばイラクになるバグダッドに。

カイロにいるカリフはファティマ朝の系列で、シーア派の頂点に立つ。

一方、バグダッドにいるカリフはアッバス朝に列し、スンニ派を率いる立場にあった。

また、「カリフ」は世襲であり「ローマ法王」は選挙で選ばれるというちがいはあっても、いずれも宗教面での最高指導者という立場では似ていたのである。

そして、俗界の第一人者ということならば、イスラム世界での「スルタン」と、キリスト教世界の神聖ローマ帝国皇帝を始めとする各国の王たちは似ていたのだった。

つまり、カリフとは宗教上の存在である以上軍事力は持たないが、そのカリフの権威を軍事力でささえる人がいなければ、「権威」も存続できない。

バグダッドにいるカリフを軍事面でささえていたのが、セルジューク・トルコ系のトルコ人であったのだ。

一方、カイロにいるカリフをささえているのは、同じイスラム教徒でもアラブ人を中心にした諸部族。

そして、この分裂状態が中近東に及ぶと、シリアはトルコ人の勢力下に、そしてパレスティーナはアラブ人の勢力下、となっていたのだった。

始祖マホメッドの正統を継ぐのはどちらかで、常に争ってきたのがイスラム世界である。エジプトのカリフにとっては、バグダッドにいるカリフは敵なのだ。そして、十字軍は、バグダッドのカリフ側にある、セルジューク・トルコが領する小アジアやシリアに攻めこみ、今や、そのシリアの首都的存在である、アンティオキアを攻撃中なのである。

「敵の敵は味方」の典型であった。エジプトのアラブ人にしてみれば、トルコ人と闘っているフランク人と同盟を結ぶのは、アッラーの前に恥じる必要のない選択の問題でしかない。諸侯たちを前にして、エジプトの宰相は言った。

シリアは、好きなようにしてくれ。しかし、パレスティーナには手を出してくれるな。

ただし、パレスティーナ地方には、イェルサレムやベツレヘムやナザレという、キリスト教徒にとっての聖なる地がある。その聖地へのキリスト教徒の巡礼の自由と安全は、パレスティーナを支配下に置くエジプト軍が責任をもって保証する、と。

これに対する回答は残っているのだが、誰が言ったのかまではわかっていない。だが、ほぼ確実に、司教アデマールの言であったと思う。考え方が当時のローマ教会の主流そのものであることと、法王の代理として十字軍に参加しているアデマールには、諸侯を代表して答える資格があった。ル・ピュイの司教は、エジプトの宰相を前にして言った。

われわれが信仰を捧《ささ》げている宗教は、それが生れた地でこそ栄えるべきである、というのがわれわれの確信である。この願望を実現させるには、既存の国家も軍隊も必要ではない。信徒たちの信仰と意志だけが、それを実現させる。

ゆえにそのわれわれがこのアジアの地までやってきたのは、イスラムの慈悲を受けるためでもなく、イスラムの法に従うためでもない。

しかも、われわれキリスト教徒は、カリフのハキム下で成された（九十年昔の話）暴行を忘れていない。あのとき、イェルサレムの聖墳墓教会は破壊され、そこに参っていた巡礼者たちは殺された。あの事件以来、われわれは学んだのだ。聖地は、キリスト教徒が守らねばならず、しかも領有権をもって守らねばならないということを。

あなたも、戦いか平和かを決める立場にある人（カリフ）のところにもどって伝えてほしい。アンティオキア前に布陣しているわれわれキリスト教徒は、エジプトのカリフを怖れないし、バグダッドのカリフも怖れていないことを。そしてわれわれは、イエス・キリストの法と正義を共にしないあらゆる勢力とは、同盟を結ぶことはないことも伝えてもらいたい。

こうも言われては、交渉は決裂し、エジプトの宰相は荒々しく席を立って去った、と思うところだが、実際の会談を支配していた雰囲気はもっと穏やかなものだった。決裂という字を使うよりも、物別れとしたほうが適切という感じで会談は終始したのである。

思うところは異なろうと、中世の騎士には、遠来の客に対しては礼儀をもって接する気質があった。司教アデマールも、ああは言ったものの、騎士の家の出なのである。弟も、騎士としてこの十字軍に参加していた。そして諸侯たちともなると、良くも悪くも中世の騎士そのものであったのだ。

エジプトの宰相には、歓迎の宴が催され、発って行くときには、多くの西欧の品々を贈られた。会談は物別れに終っても、礼儀は守ったのだ。

贈物が何であったかの記録は存在しない。だが、当時のイスラム教徒と交易していたイタリアの海洋都市国家の船が積んでいた品が参考になるかもしれない。それによれば、西欧からオリエントへの輸出品の多くは、手工業製品であった。その一つに、今から考えれば面白いものも加わっていたのである。

ピサ、ジェノヴァ、ヴェネツィアに先駆けてイタリアの海洋都市国家のファースト・ランナーであったのがアマルフィだが、そのアマルフィの商人がオリエントに輸出していた品の一つが、ポータブル・タイプに改良した羅針盤である。羅針盤自体は支那で発明されアラブの商人によってもたらされたのだが、それを持ち運びが容易な携帯タイプに作り換えたのはイタリアの職人だった。そして、その型の羅針盤を、アラブ人もふくめたイスラム教徒たちに多量に売りさばいたのである。海上を行くのも、砂漠を行くのも、似たようなものであったのは確かだが、中世の起業家精神のたくましさも示している。

贈物は何であったかは不明にしても、十字軍とエジプトは、物別れはしてもこの時点では、友好的な関係を保ったのである。エジプトには、海軍があった。シリアもパレスティーナも、地中海の東岸に接している。海上戦力をもつ相手を無為に刺激する行為は、愚策以外の何ものでもなかった。宰相アル・アフダルには、パレスティーナには進攻しないなどという約束は絶対に与えないようにしながらも、機嫌を損じない状態で帰っていただく必要があったのである。

しかし、五月に入ったとたんに、諸侯全員の顔は厳しく変わった。

セルジューク・トルコ起《た》つ

十字軍がアンティオキアに到着する前に総督シヤンが救援軍派遣を求める使いを送っていたモスールの大守《エミル》ケルボガが、援軍を要請したときから六ヵ月が過ぎた今になってようやく動き出してきたのである。しかも、バグダッドのカリフから認可も得ていたようで、援軍もモスールがもつ軍事力のみでなく、援軍参加への呼びかけは、メソポタミア地方からアレッポ、ダマスカスと、セルジューク・トルコが支配する全域に向けて発せられていた。そのうえさらに、ティグリス河を渡った東に広がるペルシアからの兵士も加わっていたというのだから、キリスト教徒に攻撃されているアンティオキアの救援に、バグダッドのカリフの影響下にある、スンニ派イスラム教徒の全員が起《た》ったということであった。

モスールの大守ケルボガが率いて西に向う軍の総数が、どのくらいであったのかはわかっていない。だが、騎兵二万という記述が正しいとすれば、歩兵を加えた総勢は二十万に迫る。オリエントの人々のあげる数字は常に大げさなので話半分としても、十万は優に越える大軍であったことは確かだ。十字軍の総兵力の二倍、ないしは三倍にもなる。諸侯たちが蒼《あお》ざめたのも、無理はなかったのであった。

ケルボガ率いる大軍の進路も、古代のパルティアがローマ帝国の属州時代のアンティオキアを攻めたときと同じ道筋をとっている。シリア砂漠を横切った後にユーフラテス河を渡るのではなく、まずは北西に道をとり、その後は西に進む道筋だ。そこでぶつかるのが、ボードワンが主《あるじ》に収まっているエデッサ伯領であった。

ケルボガとて、敵のこもる地域を背後に残して行軍をつづけるわけにはいかない。大軍は、ケルボガの命令一下、エデッサをめぐる城壁への攻撃を開始した。

エデッサ伯ボードワンに、どの程度の軍事力が使えたかはわかっていない。だが、念願の自領をもったばかりとて、若いボードワンは全力をつくして防御に当ったのにちがいない。それに驚くことには、このヨーロッパ人に支配されるようになったオリエント人のエデッサの住民たちが、ボードワンの指揮下、実に果敢に防衛に奮戦したのである。

ケルボガは、蹴散《けち》らすだけだと予想していたエデッサの城壁の前で、釘《くぎ》づけになってしまった。しかもこの釘づけ状態は、三週間にも及んだのだ。この三週間が、十字軍を救うことになる。

しばらく前からボエモンドは、諸侯の誰にも知らせずに、いやタンクレディだけは知っていたのだが、つまり他には知られないように深く潜行しながら、ある策謀を進めていたのである。

それは、アンティオキアの内部に、味方になりうる者を見つけることだった。

ボエモンドの深謀

アンティオキアをめぐる十二キロにもなる長い城壁は、その半ばは、低目とはいえ山稜《さんりょう》に沿ってのびている。南西の方角から始まり、山頂にそびえる城塞にまで登りついたところから、再び山稜に沿いながら平地に下ってくるという造りになっている。もちろん、登っては下るこの山岳地帯を行く城壁にも、まるで折り重なるように、城壁の要《かなめ》になる塔が立ち並んでいた。

このアンティオキアの防衛は、すでに述べたように、堅固極まりないこの城壁に頼っていたのだが、山の稜線に沿う城壁だけに、その側からは敵の攻撃を受ける危険は少ない。なにしろ起伏のある地表に、城壁の上にまでとどく高さの塔など建てられるわけはないのだから。

それで、アンティオキア防衛の指揮をとる総督シヤンも、平地の側の城壁の守りはトルコ兵で固めていたが、山側の城壁の守りには、イスラム教に改宗した元キリスト教徒を配していたのである。

その中に、フィルズという名の、アルメニア人の隊長がいた。このフィルズの担当地区が、アンティオキアでは西南の方角の城壁で、その中でも「姉妹の塔」と呼ばれる塔を中心にした一帯であったのだ。

すでに一ヵ月前、「タンクレディの塔」が、この「姉妹の塔」からは三百メートル

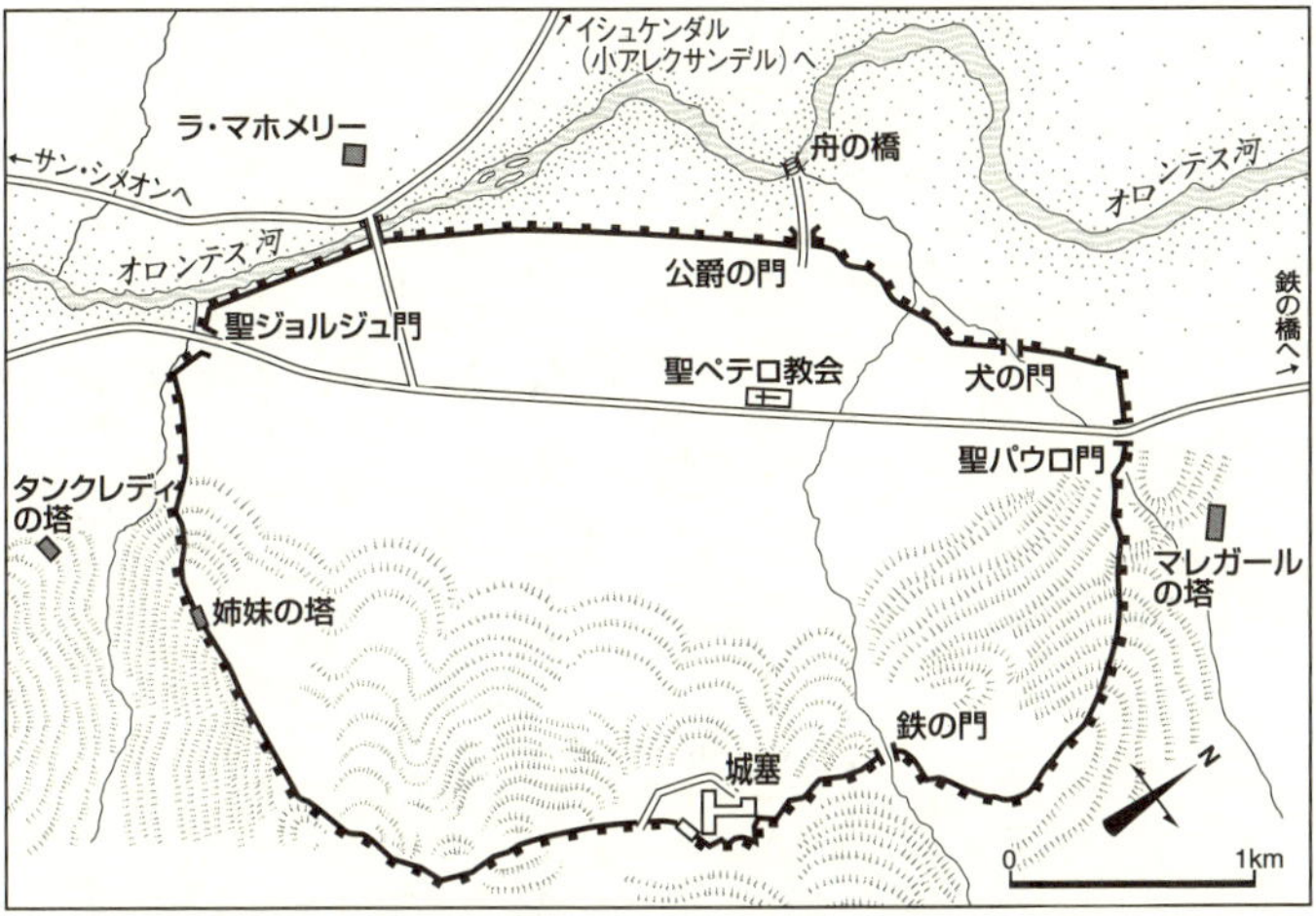

アンティオキア市街（Steven Runciman, *A History of the Crusades*, Vol. I による）

も離れていない地点に建設が完了している。もしもこの塔が「聖《サン》ジョルジュ門」の監視のためだけに建てられたのであったら、もっとその近くに建ててもよかったはずだ。それがなぜか、「タンクレディの塔」は、これから城壁が登りになるという地点に建てられている。この地点に「タンクレディの塔」を建設した隠れた理由が、「姉妹の塔」から近いことにあったからだ。深く静かに潜行しながら進行中の内密の交渉を、敵からも味方からも隠し通すことにあったのだった。

元キリスト教徒のアルメニア人の隊長との接触と、その彼からの同意を得るのに費やした日数が、どれくらいであったのかはわかっていない。だが、五月の末には、ボエモンドとフィルズの間では、同意は成立していたのである。エデッサでは、ケルボガの釘づけ状態が、三週目に入っていた。

六月二日、ケルボガ率いる大軍がアンティオキアに向っていると知ったときには、諸侯の誰もが厳しい顔つきになったが、その中でもブロア伯は、恐怖で息もつけない状態になっていた。

それでついにこの日、小アレクサンデルの港目がけて、陣営地を脱走したのである。従者の一行まで連れて脱け出したのだから気づかれなかったはずはないが、逃げ出すブロア伯の前に立ちはだかって翻意を迫る者も、逃げ出したブロア伯を非難した者も、諸侯の中には一人もいなかった。人は良いブロア伯だが、いてもいなくても関係のない存在になっていたからだろう。

しかし、ブロア伯が去って行ってすぐの、しかも同じ日の午後、ボエモンドが諸侯の全員を彼の天幕に招いたのだ。そしてこのとき初めて彼は、元キリスト教徒のアルメニア人の隊長との間で成り立った密約の存在を告げ、それによる潜入策も明かしたのである。

ボエモンドは言った。

今夜の夜半すぎ、「姉妹の塔」から縄ばしごがいくつか降ろされてくる。その縄ばしごを伝わって、五十人の兵士が塔の上に登る。塔の上には、フィルズとその腹心しかいないはずだ。

十字軍時代のアンティオキアの山側の城壁
（想像図）

塔の上に登りついた後は階段伝いに塔を下り、全員がそろったところで分れ、各自はあらかじめ指示された城門に走って内側よりそれを開ける。その後は、「聖ジョルジュ門」「公爵の門」「犬の門」「聖パウロ門」の前にそれぞれ待機している諸侯の軍が、いっせいに市内に進攻すればアンティオキアの陥落は成る、と。

しかし、アンティオキアの市内にいるトルコ兵の注意を、「姉妹の塔」に向かわせてはならなかった。それで十字軍側は、各陣営ともに夜半近くになるや兵士たちに武装させ、いかにもケルボガの軍への迎撃に向うかのように、隊列を組み始めたのである。その隊列が四つの城門からいっせいにアンティオキアの市内に乱入したのは、まだ夜も明けきらない時刻であった。

不意を突かれた総督ヤギ・シヤンは恐怖に駆られ、敵のいない方角に逃げ、そこに口を開けている「鉄の門」から市外に脱出する。だがまもなく、従者の一人であったアルメニア人に殺された。

総督の息子で、これまでにも幾度となくアンティオキアから脱け出し、大守《エミル》たちのところをまわって救援を乞《こ》う役割を務めてきたシャムズ・エドダウラは、山上の城塞に逃げこむことには成功する。この、若きトルコ人の眼に映ったアンティオキアは、阿鼻叫喚《あびきょうかん》と各所で上がる火と煙の中で、六月三日を迎えようとしていた。

アンティオキア陥落

　この、一〇九八年六月三日の一日で、アンティオキアの市内には、生きているトルコ人は一人もいなくなっていた。市内にはイスラム教徒しかいないと思いこんでいた十字軍が、騎士も兵士も巡礼者もともに、異教徒だからと安心して殺しまくったからである。このアンティオキアの陥落で、どれほどの数の人間が殺されたのかは、キリスト教側もイスラム側も、はっきりした数字を示すことはついにできなかった。市内には、総督シヤンによって追放されていたギリシア正教徒の妻子たちもいたはずだが、この人々がどうなったのかもわかっていない。

　翌・六月四日、殺戮《さつりく》と破壊に疲れた十字軍の兵士たちは、食糧貯蔵庫まで炎上させてしまっていたことに、この日になって気づいたのである。アンティオキアが七ヵ月もの間の籠城に耐えられたのも、食糧の貯蔵が充分であったからなのだ。それなのに、十字軍の兵士たちは、陥落させたアンティオキアの中で、これまで城壁外に布陣中に苦しんできた飢餓に、再び苦しまされる羽目になったのである。石造りゆえに家々は残った。だが、口に入れられるものは、残っていなかった。

その十字軍の兵士たちに、ケルボガ率いる大軍の接近が伝えられたのである。ケルボガは、三週間攻撃しつづけながらもなお陥とすことができなかったエデッサを、結局は背後に残したままで前に進むしかないと決め、アンティオキアへの進軍を再開していたのだった。そして、この大軍勢の先行隊は、早くも「鉄の橋」の近辺にまで出没するようになる。翌・五日には、ケルボガ自身が、アンティオキアを遠望する丘の上に姿を現わした。

トルコ軍の到着と包囲

六月六日、アンティオキア陥落の大混乱の中から逃げるのに成功したトルコ人は、山上の城塞に逃げこんだ総督の息子シャムズだったが、もちろん一人で逃げこんだのではない。この〝天守閣〟には、トルコ兵の一隊とともに逃げたのだ。これは、陥としたばかりのアンティオキアの中でも最も戦略的に重要な地点が、いまだ敵の手にあることを意味する。

そのことを知ったボエモンドは、食糧貯蔵庫を焼失させてしまったことで落胆している同僚たちをよそに、山上の城塞を囲いこむ壁造りを始めていた。石造の壁はすでにあったのだが、その出入口までも閉じさせる。そして、兵士たちに命じて、地震で崩れたままで放置されていた家々から壁に使っていた石材を運び出させ、それをつみ重ねて築いた石造りの壁で、〝天守閣〟自体を囲みこんでしまったのである。これで、山上の城塞が持っていた戦略上の利点は失われた。この城塞からは市内に攻め下ることはできないようになったのだから。そして、六月六日は、この作業までが完了した日であったのだった。

翌・七日、三日間も眼の前で封鎖のための作業を見せられたのだから、総督の息子シャムズも、自分がどのような状態に置かれたかは理解したのである。その彼も、ケルボガ率いる援軍が近くまで来ていることは知っていた。それでケルボガに、城塞はいまだわれらが側にあり、その近くに口を開けている「鉄の門」も、キリスト教徒の手に落ちていないことを知らせることにしたのである。もちろん、だから早急に救援軍を送ってくれと願うのも忘れない。ケルボガにそれを記した手紙を持っていく役を課された兵士には、ケルボガの返答なしにはもどるな、と命じた。

手紙は、その日のうちにケルボガの手に渡った。読み終えたモスールの大守《エミル》は、ただちに秘書を呼び返書を書かせた。
救援には、自分の右腕のアフメド・イヴン・メルワンに軍を率いさせて送り出す。ただし、条件がある。山上の城塞は、メルワンに引き渡すこと、がそれだ。

この返書を読んだ若いシャムズは絶望しただろう。救援軍の到着は、喜ばしい知らせだった。だが、城塞を引き渡すことは、アンティオキアを引き渡すことなのだ。父シヤンがケルボガに救援を求めたのは、遠方の地のモスールの領主ならばアンティオキアの領有までは望まないであろうと思ったからだが、ケルボガも、領土拡大しか頭になかった当時のイスラム領主の一人だった。キリスト教徒たちを撃退するよりも、同じイスラム教徒の領地を奪い取ることのほうに熱心であったのだ。
総督の若い息子には、選択の余地はなかった。シャムズは再びケルボガに手紙を送り、条件を飲むとしか伝えることはできなかったのである。

六月八日、メルワン率いる軍勢が動き出した。しかし、大軍勢を率いている者にとっては、送り出す兵力の規模に神経を払う必要はない。それで、メルワンが率いる兵力は、「隊」ではなく「軍」の規模になってしまったのだが、それが北から東に移動していくのだから、今や城壁の上で市外に眼を光らせる立場になっていた、十字軍に気づかれずにはすまなかったのである。

諸侯たちは、ただちに迎撃策を立てる。軍の進む方向からして、敵が狙っているのは「鉄の門」からの侵入であるのは明らかだった。

山稜地帯をぬって走るこの城壁に口を開けている門が「鉄の門」と呼ばれていたのは、左右に開く扉が鉄製であったからだが、それゆえに門の幅は狭く、多量の兵を一度に通すことはできなかった。

この「鉄の門」で、メルワン率いるセルジューク・トルコ軍を迎え撃つ任務は、諸侯たちの合議の結果、フランドル伯、ノルマンディー公、そして、フランスの王弟ユーグの三人に一任すると決まった。諸侯の中でも手勢が少ないところから遊撃隊として使われてきたこの人々だが、中でもとくに、フランドル伯とその部下の騎士たちの勇敢な働きは、これまでにもすでにめざましかったのだ。決死隊と決まった三人はただちに、その夜のうちに陣営を後にし、「鉄の門」に向った。

翌・九日、夜明けを待って、メルワン率いるトルコ軍が、いっせいに「鉄の門」への攻撃を開始した。と、突如その門が内側から開けられたのだ。だが、勢いあまってなだれ込んだトルコ兵を待ち受けていたのは、三人が率いる兵士たちだった。

狭い道に、一度に多勢の兵士が突入したのだ。オリエントの兵士の武装は、この地の気候を考えた軽装になっている。つまり、鎖かたびらの上に鋼鉄製の甲冑をつけた十字軍の兵士とちがって、防御力は極度に低い。それで、待ち受ける槍の列に、まるで肉塊でもあるかのように簡単に突き刺されていった。

そのトルコ兵の断末魔の悲鳴を聴いた後続の兵士たちが、先を争って逃げ始める。逃げるのは、敵のいない方角に逃げるのだから、後もどりすることになる。ところが、後から後から兵士たちは送りこまれてくるので、味方同士が衝突することになり、倒れた兵の上にまた倒れた兵が重なるという、兵の数が多かったがゆえの大混乱が起ってしまったのである。

メルワンが、どれだけの兵士を連れて本営に帰り着けたのかはわかっていない。それでもケルボガが、以後の攻撃は慎重にならざるをえなくなる損失であったことは確かである。いずれにしても、モスールの大守《エミル》が仕かけた最初の攻勢は、十字軍によってはね返されたのであった。

次の日の六月十日、攻勢をかけることには慎重になったケルボガは、自軍の兵数の多さを活用することにした。十字軍がやるにもやれなかったアンティオキアの完全包囲を、実行することに決めたのである。もはや、隠れてやる必要はなかった。「聖《サン》パウロ門」の近くにまで本営を進めてきたケルボガの指揮下、セルジューク・トルコの全軍は、アンティオキアの十二キロにわたる城壁の外側すべてを囲んでしまったのである。

夜、各天幕の前には火がたかれる。アンティオキアの城壁の上から眺めると、火の海がぐるりと、アンティオキア全体を囲んでいるかのように見えるのだった。

十字軍は、アンティオキアの市内に閉じこめられてしまったのだ。しかも、食糧もほとんどない状態で。この、オリエント有数の大都市の陥落に狂喜した日から、一週間しか過ぎていなかった。

絶望した人々が、トルコ兵が眠っている夜に、少しずつ逃げ出すようになる。逃げ出したのは、諸侯の軍勢の後に従《つ》いてここまで来た巡礼よりも、騎士と名乗っていた男たちのほうが多かった。彼らも、諸侯の軍に加わってここまで来たのだが、諸侯直属の、言ってみれば一族郎党の、一員ではない。それゆえ、主人への帰属意識も薄かったのである。

雲霞《うんか》の如《ごと》くとしてもよいくらいの数のイスラム兵に囲まれて、聖地奪還の想いよりも恐怖心に押しつぶされたのだ。また、巡礼たちは、食不足の影響を最も強く受けていた人々である。彼らには、脱走する体力もなくなっていた。脱走が成功するには、「聖《サン》シメオン港」には行き着かねばならなかったのだから。

逃げた人々は、聖シメオン港に停泊していたジェノヴァの船の船乗りたちを説得し、タルソスの外港にまで送りとどけてもらった。

そのタルソスには、先に逃げたブロア伯もいたのである。ケルボガ近づくの報だけで逃げ出したブロア伯だったが、残った同僚たちへの申しわけない想いが消えず、彼らのところにもどろうかと思い始めていた。ところがそこに、絶望だ絶望だとしか叫ばない騎士たちが逃げてきたのである。これでブロア伯も、また決心がつかなくなってしまった。キリキア地方の主要都市であるタルソスは、脱走者のたまりのようになっていたのである。

六月半ば、このタルソスに近い小アジアの南岸に、ビザンチン帝国皇帝のアレクシオスが、大軍を率いて到着した。アンティオキアが陥落したと知って、例の誓約書を盾に、アンティオキアをビザンチン領にする決意で来たのである。

だが、着くや知ったのが、アンティオキアがすでに、トルコの大軍に囲まれているという情報だ。それで、近くのタルソスにいる脱走組を呼んで話を聴くことにしたのである。

脱走して来た者は誰でも、脱走を正当化しようとする。ブロア伯や騎士たちの話を聴くだけでは、トルコ軍に囲まれているアンティオキアを待つのは、絶望でしかないとなるのも当然であった。

皇帝アレクシオスの下した決断は、引き返す、であった。すぐにも十字軍との共闘を始められるように、帝国最高の武将の名が高かった将軍ドゥカスまで連れて来ていながら、ビザンチン軍は、コンスタンティノープルに向けて、来た道を帰って行ったのである。数日後に、アンティオキア内に閉じこめられた状態の十字軍も、このことを知った。諸侯たちの皇帝への想いがこれで決定的になったのは、想像するまでもない。

「聖なる槍」

同じ頃、バルトロメオと名乗る男が、トゥールーズ伯サン・ジルの陣営を訪れ、昨夜見たという夢を語った。夢の中に現われた、聖アンドレアのお告げは、次のようなものだった。

アンティオキアの中央通りに建つ聖ペテロの教会の床下に、十字架にかけられたイエス・キリストの脇腹《わきばら》を突き刺した「聖なる槍」が埋まっているから、それを掘り出すように言われたというのである。その「聖なる槍」を先に立てて闘えば、トルコ軍を撃退できると、夢の中の聖アンドレアは保証したというのだった。

サン・ジルは早速このことを、同僚の諸侯たちに告げた。だが、誰一人信じない。バルトロメオは、巡礼の従者という低い立場でしかなかった。そのような下層の者の言うことなどは信用できない、というのが諸侯たちの意見である。世俗の人間である諸侯たちが信じなかっただけでなく、聖職者である司教アデマールも、たわけ話にすぎないと耳も傾けなかった。

その二日後、ケルボガは何の予告もなく、南西の城壁に総攻撃をかけてきたのである。その辺りに配置されていたのは、ジェノヴァ船の船乗りたちだった。彼らの英雄的な抵抗と、ただちに応援に駆けつけたボエモンド隊の働きで、撃退は成功した。しかし、その地点の城壁一帯は、市民の家々と密接している。ボエモンドは、その家々の撤去を命じた。障害物にわずらわされない状態で、防衛に専念するためであった。

これよりまたも二日が過ぎた十四日の夜、トルコ軍の陣営に、記録を信じれば、流れ星が落ちて火災が発生する。流星ではなく、あの地方の夏にはしばしば発生する雷が落ちたのではないかと思うが、いずれにしてもトルコ軍の天幕のいくつかは炎上し、追われた何人かは焼死したのである。これを城壁上から見ていた十字軍の兵士たちは、神はわれらに味方してくださると、涙にむせんだのであった。

次の日、前夜に涙にむせんだ一人であったのか、トゥールーズ伯サン・ジルは、考古学者に一変した。一隊の兵士を連れ、トルコ領になって以後は馬小屋に変えられていた聖ペテロ教会に行き、巡礼のバルトロメオの指し示す床下を掘り始めたのである。「聖なる槍」は見つかった。いかにも時代を経たように錆《さ》びついていたそれは、うやうやしくサン・ジルの陣営まで持ってこられ、洗われた後で金糸織りの布地の上に安置されたのである。この時点でも、これを奇跡と信じていたのは、諸侯の中ではサン・ジル一人だけだった。

それでも、「聖なる槍」の一件はたちまち十字軍全体に広まり、バルトロメオがかかげるそれを見た兵士たちは感激し、彼らの士気が高まったのも事実である。「槍」と言っても、槍の先端部分の槍先でしかなかったのだが、それがかえって「聖遺物」らしく神秘的に映ったのだ。

「鉄の門」へのトルコ軍の攻撃は撃退した。流星が落ちてきて、敵軍に被害を与えた。そして今、「聖なる槍」である。神が守ってくれているという想いが人々の間に広まり、飢餓による苦しみさえも忘れさせたのである。


一方、メソポタミア地方からシリアまでのセルジューク・トルコ勢を総結集したはずのケルボガの陣営では、二度にわたっての攻撃を二度とも撃退された影響があらわれていた。

これを、どのようにしてかは不明だが、ボエモンドが知ったのである。四十八歳になっていたこのノルマンの武将は、ケルボガの陣営に講和を求める使節を送ることにする。その役目には、隠者ピエールを使うと決めた。この隠者は、一度は脱走したのだがたちまちタンクレディの隊に発見され、まるでえり首をつかまれるようにしてボエモンドの許に送られていたのだが、それ以降はボエモンドの陣営内で〝保護〟されていたのである。

トルコの総司令官のところに行けと命じられた隠者ピエールは、トルコ軍怖ろしさに脱走したくらいだから、哀れな声で懸命に辞退しようとする。それにボエモンドは笑いながら、武力確かな伴《とも》をつけるから心配するなと言ったので、やむなく隠者はケルボガの陣営に向ったのだった。

ボエモンドがつけた従者だが、ボエモンドの信頼厚いシチリア生れの騎士で、ゆえにアラブ語を完全に解した男である。プーリア公ボエモンドは、講和の成否などは問題にしていなかった。彼が知りたかったのは、セルジューク・トルコ軍の内部で、何が起っているのか、であったのだから。

ケルボガの天幕に招じられた隠者は、久方ぶりの熱弁を振るうことになる。従者としてついてきた騎士にも、なるべく長く話せと言われていたのだ。そのときのスピーチをかいつまんで紹介すれば、次のようになった。

　アンティオキアにまで到達したわれわれキリスト教徒は、何よりも正義を果すためにやってきたのである。イエス・キリストを始めとする殉教者たちの血を吸いつづけてきたこの地方は、彼らがわれわれに遺産として遺した地であり、そこを領有するのはわれわれの権利なのだ。ゆえに、権利を主張するわれわれと、それを不当に手中にしてきたあなた方とが一戦を交えるときは、どちらの側に神が味方するかを、あなた方も知ることになるだろう。

　ケルボガは、それに少しの間考えた後で答えた。

　おまえを送ってきた者どもの許に、帰れ。そして伝えよ。アンティオキアはもはや、われわれのものになったも同然だ。そして敗者には、理由が何であろうとその正当性を述べる資格はない。

　とはいえわれわれには、敗者に対してさえも寛容さを発揮する用意がある。『コーラン』にも書いてある。イスラムの法に服すと決めた者は許せ、と。もしもこれへの答えが否《いな》であるならば、アンティオキアの再征服は、剣でのみ成されると覚悟せよ。

これでは会談は決裂である。だがこの間、アラブ語もトルコ語も一語も解さないという顔つきで、しかも誰も怪しまない従者の服を着けていた騎士は、ケルボガ陣営内のささやき声まで聴きとっていたのである。

もどってきた二人のうちこの騎士に、ボエモンドの質問が集中したのも当然であった。一方、ほんとうの目的は敵状視察にあったとは知らずに敵の総司令官に会いに行ってもどってきた隠者ピエールは、人々にその模様を得意気に話してまわっていた。

しかしボエモンドは、これまでの単なる予感が事実であることを知ったのである。


ケルボガ率いる大軍がアンティオキア前に到着してから、いまだ二十日と過ぎていなかった。そしてこの間に、攻撃らしい攻撃は、二度しか仕かけていない。しかも、二度とも撃退されていた。

にわか仕立ての軍勢に欠けているのは、将から兵に至るまでの忍耐力である。ケルボガ軍からも、脱走兵が出ていることはわかっていた。だがそれが、将にも及び始めたことの確証は、講和交渉を装《よそお》った敵状視察で得ることができたのである。

ケルボガの総指揮に従わねばならないはずの領主たちの間で、不協和音が起っていたのだ。中でもとくに、実の兄弟でありながら以前から険悪な仲であったアレッポのリドワンとダマスカスのドゥカークの間は、一触即発の状態にまでなっていた。

責任のなすり合いに利己的な領土欲という、当時のイスラム勢力の結集を阻《はば》んでいた欠陥が、いっこうに効果の見えない包囲戦をつづけていく中で噴出したのである。ケルボガ率いるセルジューク・トルコ軍は、敵を前にしてからいまだ一ヵ月も経ていないというのに、内部分裂し始めていたのであった。

これがボエモンドに、城壁外に撃って出ての一戦で、勝敗をきめる決心をさせる。

十字軍対トルコの戦闘

六月二十七日、諸侯を招いた席でボエモンドは、そのことを打ちあけた。そして、戦闘には、全軍を六隊に分けて臨むと言った。

第一隊は、フランスとフランドルの兵士たちで成る隊で、指揮は、フランスの王弟ユーグとフランドル伯ロベールが取る。しかし、実質上の指揮官がフランドル伯であるのは、伯のこれまでの実績からも誰にもわかっていた。

第二隊は、ロレーヌ公領からの騎士たちで成る隊で、指揮を取るのは、もちろんのことロレーヌ公ゴドフロア。

第三隊は、フランス北部のノルマンディー地方から来た兵士たちで成る隊で、指揮はノルマンディー公ロベール。

第四隊は、フランス南部のトゥールーズとプロヴァンスからの兵士たちで成る一隊だから、指揮はトゥールーズ伯サン・ジルがとるのが当然だ。だが、この時期のサン・ジルは病床に伏せっていたので、この隊を率いて闘うのは司教アデマールになる。だが、サン・ジルも、まったく不参加だったのではない。彼自身は病気でも彼の部下の二百人には、山上の城塞にこもりつづけているトルコ兵を一兵たりとも出さないという、重要な任務が課されたのである。


ボエモンドは、アンティオキア市内にいる十字軍のほぼ全員を、ケルボガ相手の一戦に投入すると決めていた。それで空っぽになってしまう市内が、山上の城塞から攻め下るトルコ兵に制圧されようものなら、アンティオキアは再びイスラムのものになってしまう。そのトルコ兵を城塞内に閉じこめておく要員は二百兵で充分であったのは、ボエモンドが築かせていた石壁によって、山上の城塞が孤立化させられていたからである。

六個大隊の最後の二隊のうちの第五隊は、南イタリアとシチリアからの兵士たちで成り、指揮は、ボエモンド自らがとる。

そして、同じ地方からの兵士で成る第六隊の指揮は、甥のタンクレディに一任した。


なぜボエモンドが、会戦になるならば左翼・中央・右翼と三分するのが普通のところを、わざと六分したのかはわかっていない。だが、われわれも彼の立場にあったらどうしたか、の視点に立って想像すれば、六分した理由は、次の三点にあるように思える。

第一に、ケルボガ率いるトルコ軍は、十字軍の三倍は優にある大軍勢であること。それゆえ、こちらも一団となってぶつかったのでは敗北しかない、という冷静な認識。

第二は、ケルボガ陣営内の各領主の間がギクシャクしていること。これでは総司令官の命令もスムーズに受け容《い》れられなくなるので、そのスキを突くには、六分することで動きが敏捷《びんしょう》になる陣形のほうが適していること。

理由の第三だが、このとき初めて十字軍は、行軍中だけでなく戦場にも、民族的には純粋路線で臨むことになるのである。つまり、諸侯たちは、自前の兵士たちを率いて闘うことになったのだ。ロレーヌ軍はゴドフロアに、ノルマンディーから来た兵士はノルマンディー公に、フランドルからの騎兵はフランドル伯が率いるというわけだ。将たちも兵士を知りつくし、兵士たちも自分たちの将に慣れ親しんでいる、仲間同士で運命を共にするのである。エデッサを征服したボードワンも、キリキア地方を制覇したタンクレディも、ごく少数の兵士しか与えられない状況下で成功したのだった。いずれも、将兵ともに同族意識の強い一団であったからである。ボエモンドはこの方式を、より多勢で闘うこのアンティオキアでも、活用しようとしていたのだった。

諸侯たちを前にしてすべてを述べ終わったボエモンドは、次のことも話したのではないかと思う。

ケルボガは、明日にでも戦いを挑んでくる。なぜならば、領主たちの離反を怖れているケルボガには、早くことを決する必要があるからだ。そして、戦場は、オロンテス河の西岸に開いた平原になる、とも言ったにちがいない。なぜなら、アンティオキアの近くではそこだけが、大軍を展開するには適した広さであったからだった。

まったく、頭が冴えかえっている時期の予測はこうも当るのかと思うほど、ボエモンドの予測は見事に的中した。

翌・六月二十八日の夜明けとともに、ケルボガ率いるセルジューク・トルコ軍はオロンテス河西岸に乗り出してきたのである。もちろん十字軍側も、迎え撃つ準備は完了している。彼らも、この一番という想いに胸を熱くしながら城門を出たのだった。

メソポタミアとシリアのセルジューク・トルコ勢を結集した大軍の総司令官であるケルボガは、この日初めて、十字軍の全軍を眼にしたことになる。

諸侯たちはいずれも、家紋を刺繍《ししゅう》した色とりどりの旗を手にした旗手をかたわらに、朝日を受けて鈍く光る鋼鉄製の甲冑に身を固めた姿で馬を進めてくる。その後につづく騎士たちも鋼鉄の甲冑で武装し、大槍を右手にしての馬上姿。食不足で馬を犠牲にせざるをえなかった騎士たちも多く、彼らは歩兵として闘うしかなくなっていたが、それでも鋼鉄の甲冑と長剣の重武装である。そして十字軍では、一般の歩兵ですらも、胸部を皮の胸甲で守っていたのだ。そして、この全員の胸につけられた白地に赤の十字が、多彩な一群を統一していた。この十字軍はトルコ兵の眼に、実際よりもよほど大軍に見えたのである。

その日のケルボガは、オリエント軍の特色である多数の弓兵を、最前線に配置するのではなく背後の丘に待機させていた。それで、弓兵の待つ丘のほうに敵軍を押しこむ策に出たのだ。と同時に、河に近い自軍の左翼を敵の攻撃から守ろうとしたのか、そこに別動隊を差し向けたのである。また、早くも攻勢に出てきた十字軍を阻止しようと、平原に火を放った。だがこれは、夏のこととてさしたる効果はなかったのだが。

しかし、このように一見別々の方向に投入されたかのように見える戦術が効果をあげるのは、指揮系統が完璧に一元化されており、それに従って、各分隊が有機的に動ける軍でなくてはならない。

ケルボガが指揮する軍勢には、それが欠けていた。ために、はっきりしない命令に混乱したトルコ軍を、六隊に分れていた諸侯たちが、それぞれ良しとするやり方で攻めこんで行ったのである。

それを見たボエモンドは、自分が率いる第五隊からさらに別動隊を分け、配下の将の一人に率いさせた騎兵のみで成るその隊を、敵軍の背後にまわりこませたのであった。つまり、敵軍の中でも戦場に出ていた兵士と、丘近くで待機していた弓兵を完全に分離してしまったのだ。昼近くにもならない前に、ケルボガ軍の形勢の悪化は、誰にもわかるまでになっていた。

これまでは、不満はあってもモスールの大守《エミル》の指揮に服していた各領主《エミル》たちが、敗北に巻きこまれるのを嫌って、自分たちの軍だけを引き揚げ始めたのである。まず最初に脱退したのは、ダマスカスの領主ドゥカークだった。その彼に、他の領主《エミル》たちもつづく。アレッポの領主リドワンも、戦場を捨てた一人だった。

ケルボガは、それでも戦場で闘いつづけた。最後まで戦場を捨てなかったのは、このケルボガを除けば、ハマの領主《エミル》の一人だけであった。

しかし、勝敗は明らかだった。もはやこれまでと思ったケルボガは、まだ闘いつづける兵士たちを置き去りにして逃げたのである。逃げる途中では、どこにも立ち寄らなかった。ユーフラテス河を渡り、砂漠を越え、一気にモスールまで逃げたのである。

西暦一〇九八年六月二十八日のこの日、十字軍は大勝したのだった。戦場は、最後まで闘いつづけた二万ものトルコ兵の屍《しかばね》で埋まったという。その中には、丘で待機していただけだった弓兵も多かった。

しかし、十字軍の死傷者の数も、四千にのぼったというのだ。戦闘自体は短時間で決したが、激戦ではあったのだった。

それでも、セルジューク・トルコの大軍を向うにまわしてかち取った、本格的な勝利である。山上の城塞も、この敗北を知ったトルコ兵が降伏してきたので、アンティオキア第一のこの要所も、ついに十字軍の手に帰したのである。これは、もはやシリア一帯には、十字軍に対抗できるイスラムの軍はいなくなったことを意味していた。

アンティオキアは誰の手に？

戦いが終わって二日も過ぎない六月末、外からの敵はしりぞけ、山上の城塞も手にしたことで内にも敵がいなくなったアンティオキアで、十字軍の首脳たちは、別の問題への解答を迫られていたのである。それは、このアンティオキアの防衛を、誰に託すかを決めることであった。なにしろ次に待つのは、イェルサレムに向うことであったのだから。

プーリア公ボエモンドは、もはや自らの野望を隠さなかった。アンティオキアの制覇に最も功績のあった自分がその任に就くのは、当然であるとともに、アンティオキアを十字軍のものにしつづけておくうえでも適切な人選である、と主張する。

これに公然と反対したのが、トゥールーズ伯サン・ジルだ。サン・ジルの反対の本音はボエモンドへの対抗意識にあったのだが、プーリア公の功績は誰もが認めるところなので、それに異をとなえるのは愚策だった。

それで、例の誓約書を持ち出したのである。諸侯たちがコンスタンティノープルで、皇帝アレクシオスの求めに応じて署名した誓約書だ。それによれば、諸侯たちはビザンチン帝国皇帝の臣下であることになり、ゆえに彼らが制覇した地も皇帝に領有権が帰す、となる。

サン・ジルは、だからアンティオキアも、皇帝に差し出す義務がわれわれにはある、と言ったのだ。ボエモンドも、あの文書に署名した一人である。アンティオキアを自領にするという彼の野望も、これでついえたかに思われた。

だがそこで、法王代理でもある司教アデマールが、一案を提言した。皇帝アレクシオスに特使を送り、皇帝が自らアンティオキアに来るならば、アンティオキアが皇帝の領有になることにわれわれとて異存はない、と伝えようではないか、と言ったのだ。これには全員が同意し、コンスタンティノープルに向う特使は、フランスの王弟ユーグと決まった。

王弟ユーグに託された皇帝への提案書は、聖シメオン港とコンスタンティノープルの間をジェノヴァの船で往復したようで、皇帝からの回答は予想していたよりも早く届いた。

それによると、夏期の大軍の移動は困難をともなうので、皇帝自らビザンチンの軍を率いてアンティオキアに向うのは、次の年の春にする、というのである。つまり、八ヵ月後ならば行く、というわけだ。

皇帝アレクシオスは、またも好機をフイにしたのである。アンティオキアは十三年前までは、一時的にしろビザンチン領であったのだ。住民の多くもギリシア正教を信ずるギリシア人。夏の暑さもいとわずに駆けつければ、簡単にビザンチン領にもどれたのだった。鉄は熱いうちに打て、のような積極性は、ビザンチン時代のギリシア人にはなかったのかもしれなかった。

司教アデマールの死

アンティオキアでは、もはやボエモンドとサン・ジルの敵対意識が表面化していた。前者が山上の城塞と城壁を固める塔の多くを自軍の兵を送って占拠すれば、後者は、これまた自軍の兵を送って、ケルボガのトルコ軍が置き去りにしていった財宝を一人占めにしてしまう。

しかし、彼らがそのようなことに熱中している間にも、アンティオキアには疫病が広まり始めていたのである。

初めは城壁の外、次いではその内、というちがいはあっても、アンティオキアをめぐる攻防は八ヵ月にもおよんでいたのだった。しかもその間、食不足に苦しまされつづけてきたのだ。体力の衰え、極悪な衛生状態、限られた住める場所につめこまれて生きる多勢の人々。これで、疫病が発生しないほうが不思議だった。

イスラム軍相手に勝ったにかかわらず、十字軍とそれに従ってきた巡礼で成るキリスト教徒たちは、自分たちが征服したアンティオキアの中で、食不足と夏の暑さと疫病の流行に苦しまされることになったのである。

この時期、つまり七月、首脳陣の一人がついに疫病の犠牲になった。聖職者である以上、疫病で死に行く人々と接触する機会は、他の誰よりも司教のアデマールには多かった。そのアデマールが、疫病に倒れた。

アデマールの死には、諸侯たちの全員が悲しみに沈んだ。あのボエモンドですらも、涙を流したというのだ。法王代理として来ている聖職者の死を悲しむというよりも、これまでの長い間苦労をともにしてきた戦友の死を悲しむ想いであったろう。

必要となれば自ら兵を率いて最前線に立って闘い、ことあるごとに敵対するボエモンドとサン・ジルの間も巧みに調整し、死に行く者の求めがあればその枕《まくら》もとに駆けつけて、より良い世界への旅立ちを助ける。ル・ピュイの司教アデマールは、第一次十字軍にはなくてはならない人になっていたのである。

諸侯たちは、必ずイェルサレムの聖墳墓教会に埋葬すると約束したが、アデマールのほうがよほど現実的だった。イスラム支配下での馬小屋から再びアンティオキアの主教会《カテドラル》にもどっていた、聖ペテロ教会に埋葬してくれればよい、と言い残して死んだのである。

司教アデマールの死で最も影響を受けることになったのは、トゥールーズ伯サン・ジルであったろう。法王代理のアデマールがサン・ジルと行動をともにしていたこともあって、サン・ジルは、諸侯の中でも大将格でもあるかのように振る舞うことができたのである。

また、諸侯の中では最年長でもあり最大の領土の持主でもあることから、とかく暴走しがちであったサン・ジルを、かたわらにいて常にブレーキをかけていたのもアデマールだった。

要するに、これまでの戦績ではボエモンドやゴドフロア、また若輩のフランドル伯やボードワンやタンクレディにさえも明らかに差をつけられていながら、サン・ジルがあいもかわらず大きな顔をしていられたのも、法王代理のアデマールが常にそばにいたからである。

司教アデマールの死を誰よりも嘆いて然《しか》るべき人は、五十六歳になっていたサン・ジルなのであった。

司教アデマールの死につづいてもう一つ、サン・ジルの権威を損なう事件が起る。これには、「聖なる槍」の発見者として名をあげた、バルトロメオがからんでいた。巡礼の従者として十字軍に従いてきた一人であるこの南仏男は、同じ南仏の領主サン・ジルに向って、次のように言ったのである。

亡《な》くなったばかりのアデマールの魂を持って、再び聖アンドレアが夢の中に現われたというのだ。そして言うには、「聖なる槍」に疑いをいだいた罪でアデマールは地獄に落とされそうだったところを助かったのは、彼自身の真摯《しんし》な後悔と諸侯たちの祈りのおかげだと言ったというのだった。そしてつづけて、夢の中の聖アンドレアは、アンティオキアの防衛は正義の人に託し、なるべく早くイェルサレムの解放に向うよう、サン・ジルに伝えよと告げたというのである。

これにはさすがに、信心深いことが自慢だったサン・ジルも、疑い始めたようであった。バルトロメオも、前回とはちがうサン・ジルの応対に、すごすごと帰って行くしかなかったのである。しかし、バルトロメオの信憑性《しんぴょうせい》の低下は、この男が見つけたという「聖なる槍」の信憑性の低下につながる。そして、この「聖なる槍」の信憑性を一貫して主張してきたのは、トゥールーズ伯サン・ジルなのであった。

八月、疫病による犠牲者は、もはや市内の全域をおおうまでになっていた。諸侯たちも自軍の兵士もともに、近くの町や村に避難することにした。

ボエモンドとタンクレディは、キリキア地方の海港へ。

ゴドフロアとその兵士たちは、北を目指す。エデッサから必要物資を持って南下してくる弟のボードワンと、出会う手はずになっていた。

サン・ジルとその兵たちが、どこに避難したのかはわかっていない。ノルマンディー公とフランドル伯も、各々《おのおの》どこか近くに避難先を見つけたようであった。

アンティオキアは軍事的には空っぽになるが、心配すべき敵はもういなかったから、疫病を逃れての夏休みも許されたのである。

九月、アンティオキアでの疫病の流行も鎮静化し、諸侯たちもそれぞれの兵士を従えてもどってきた。同時にボエモンド対サン・ジルの対立も再開かと思われたが、それはこの時期には起らなかったのである。ただ単にボエモンドがまだアンティオキアにもどって来ていなかったからだが、病中につきという理由でキリキア地方に留まりつづけている間に、後に十字軍に大いなる影響をおよぼすことになる、重要な案件に取り組んでいたのだった。

それは、ジェノヴァの商人たちとの間で、軍事的経済的な協定を結ぶことであったのだ。ボエモンドによるアンティオキアの領有に力を貸す代わりに、ジェノヴァ側は、アンティオキア市内に独自の市場《マーケット》を設立する権利を得、そこで働くジェノヴァ人のためだけに、教会一つと三十の家屋の購入も認めるというものだ。つまり、ジェノヴァ居留区の開設を認めるとしたものである。

この協定が軍事的でもあるのは、ジェノヴァもその一つであるイタリア海洋都市国家の商船は船乗りまでが武装しているので、漕《こ》ぎ手まで加えた彼らは戦闘員に一変するからであった。ボエモンドのアンティオキア領有に力を貸すというのも、この軍事力で力を貸すという意味もあったのだ。それにさらに、ジェノヴァ船による海上輸送も、「力を貸す」一つであったことは言うまでもない。

とはいえやはり、経済立国を国家方針にしているジェノヴァとの協定だけに、経済協定の意味のほうが大きかった。この場合のジェノヴァの参入は、現代的に考えれば、市場開放であり外資導入ではないだろうか。ボエモンドは、シチリア制覇後も前の支配者だったイスラム教徒を追放せずにキリスト教社会に組み入れ、この両教徒の共生を実現していた、南イタリアのノルマン王朝の一員でもある。市場開放や外資活用、そしてそれに伴う民族の別に捕われない人材の活用に、他の諸侯たちよりも抵抗感は少なかったのかもしれない。なにしろジェノヴァもふくめたイタリアの海洋都市国家の経済人たちは、十字軍がオリエントに侵入してくるずっと以前から、イスラム教徒との間で交易してきた人々なのである。

しかし、これらの経験からもジェノヴァ人は、経済上の利益を得るには政治的にも冷徹である必要は知っていた。ボエモンドとの協定の最後には、仮にボエモンドとサン・ジルの間で武力衝突が起った場合は、ジェノヴァ人は中立を維持する、という一項がつけ加えられている。他人の仲間争いに巻きこまれるのは、経済的ではなかったからだった。

この交渉をすべて終えて、ボエモンドはアンティオキアにもどってきたのである。同時に、ボエモンドとサン・ジルの対立も再開した。

亡き司教アデマールを弔うために集まった聖ペテロ教会の中で、ボエモンドとサン・ジルは声を荒らげての言い合いを始めた。

プーリア公ボエモンドは言った。

皇帝アレクシオスは、あの優柔不断な性格からして、結局は来ない。しかし、このアンティオキアをいかにして十字軍側に維持しつづけるかは、この後イェルサレムに向う十字軍にとっては重要極まりない課題である。それには、このわたしが誰よりも適任だ、と主張したのである。

これに対するトゥールーズ伯サン・ジルの反論は、皇帝が求めた誓約書にわれわれ全員が署名した以上、われわれのうちの誰一人として、それを無視することは許されない、の一本槍でいく。

ところがここで、これまでは両者の争いからは距離を置いていたロレーヌ公ゴドフロアが、ボエモンドの考えに賛成だと明言したのである。また、ボエモンドを支持する側にまわったもう一人は、フランドル伯ロベールだった。

ゴドフロアは、強大な兵力を率いてきた人だから、当然のことながら発言力も強い。反対に五百騎の兵しか従えていないフランドル伯だが、これまでの伯と伯指揮下の騎兵たちの働きは誰もが認めるところであった。

この二人は、イェルサレムに向うには背後に残していくアンティオキアが確かな「手」によって守られることが、不可欠であるとわかったのだ。エデッサでボードワンが「盾」になってくれたがゆえの三週間の重要性が、彼らにはわかっていたのだった。

この二人がボエモンドの側に立ったからには問題は解決すると誰もが思ったが、ボエモンドへの敵愾心《てきがいしん》に燃えるサン・ジルは、そうは簡単には引き下らない。難題を次から次へと突きつけては、問題の解決を先延ばしする策に出たのである。

まず、アンティオキアの領有に固執することによってボエモンドは、十字軍のイェルサレムへの行軍再開を妨害していると非難した。

それにボエモンドは、イェルサレム行きを妨害する気などは露ほどもない、と断言する。

サン・ジルは、ならばその気はないことを実証すべきだと言い、ボエモンドに、自分たちの行うイェルサレムへの行軍に、彼も同行するよう要求した。

これにボエモンドは、自分にはここに残ってアンティオキアのキリスト教下での再建という重要な仕事があるが、代わりにタンクレディを参戦させる、と答える。

そうも言われるとサン・ジルには言うことがなくなったように思えるが、この南仏男はそれでも引かなかった。次の言い合いの席では、アンティオキアの四分の三はボエモンドが領有してもよいが、総督官邸もふくめた残りの四分の一は自分の統治下に入る、という案を持ち出してきたのである。だが、分割統治とはしばしば、「何もできない」と同じことになる。

この言い争いの席に連なる諸侯たちはもはや呆《あき》れ顔を隠さなかったが、この言い合いで一ヵ月以上も空費してしまったのである。

だが、実に皮肉なことに、この膠着《こうちゃく》状態を、自分では望みもしなかったことが発端になったにせよ、変えたのはトゥールーズ伯サン・ジルのほうであった。

人肉事件

都市とは、城壁をめぐらせた市内だけでは成り立たない。食糧から始まって手工業のための原材料や職人を提供する近隣の町や村があってこそ、都市も都市として機能できるのである。それが大都市になればなるほど、都市をサポートする役割を担《にな》う町や村や農牧地を多く必要としてくるのも、それゆえに当然のことなのである。

アンティオキアほどの大都市ではないエデッサも、近隣一帯を味方にしたことによって、メソポタミア地方から来た敵の大軍の前に立ちはだかるだけのパワーを持てたのだった。

それゆえに、都市のアンティオキアならば攻略した十字軍も、近隣の町や村への制覇行を怠ることは許されなかったのである。言い争いばかりしていたが、サン・ジルも、フランスの南部に広大な領地をもつ封建領主だ。このことの重要性は知っていた。

アンティオキアから東南の方角に百キロ余り行ったところに、マラト・アヌマン(Maarat an-Numan)という名の町がある。周囲は堅固な城壁で守られ、十字軍に対してセルジューク・トルコの軍勢が攻撃をかけてはそのたびに敗退しても、ずっとトルコ側にありつづけてきた町である。この町の簡単な降伏は、とても望めなかった。この町を目指した十字軍だったが、三人の将に率いられ、それぞれが別の隊であったのだ。

十一月二十七日、先着したサン・ジルの隊が、まず城壁の攻撃を開始した。次いで到着したフランドル伯の隊が、城壁の別の箇所を攻め始める。いずれも結果は良くなく、ひとまずは撤退して兵を休ませることにした。午後に入って着いたのは、ボエモンド率いる隊である。この隊も、城壁の攻撃は試みはしたが、結果は満足いくものではなかった。

当り前だ。三人の将がそれぞれ別々に来て、攻撃の方法さえも討議せず、各人勝手に好きな箇所を攻めるのだから、城壁がびくともしなかったのも当然である。だが、フランドル伯はともかく、サン・ジルとボエモンドの間で、指揮系統の一元化も攻撃方法のすり合わせも成り立つはずはなかったのである。

この状態で、サン・ジル隊とフランドル隊は、この町よりは攻撃の容易な村々への制覇行に出かけた。だが、ボエモンドは、マラト・アヌマンの町の中に密使を潜入させ、無血での開城策を進めていたのである。

プーリア公ボエモンドは、おそらく南イタリアやシチリアから連れて来たと思うのだが、アラブ語やトルコ語が話せる部下を多くかかえていた。このときも、そのうちの一人を送る。南イタリアの男ならば、金髪で青い眼の多い北ヨーロッパの男たちとちがって、顔つきも肌の色も中近東の人々に近い。そのうえ、アラブ語も話せる者がいたので、密使として潜入させるには、最適であったのだ。無血開城するならば、守備隊と住民全員の安全は保証するというのが、ボエモンドの出した条件だった。マラト・アヌマンの住民たちは、それを受け容れる方向に傾き始めていたのである。

しかし、三週間してもどってきたサン・ジルは、それを知らなかった。また、ボエモンドも告げなかった。

十二月十一日、サン・ジルは攻撃を再開した。今度は、切り倒した木材で造った攻城塔まで建造して城壁を攻め立てる。これには、守る側も耐えきれず、翌朝再開された攻撃では、サン・ジルの兵士たちは城壁を乗り越え、城壁内に乱入した。

守備隊員だけでなく普通の住民も、まったく容赦されなかった。マラト・アヌマンの町には、一万人近くもの人が住んでいたという。その中では男だけが、一人の例外もなく殺された。女と子供たちは、これまた一人の例外もなく奴隷《どれい》に売り払われたのである。

このような場合になると、なぜか常にどこからか姿を現わすのがユダヤの商人だ。捕虜たちを買い取るのも、この人々だった。彼らの役割はキリスト教側にとってもイスラム側にとっても便利であったのだが、それゆえにユダヤ商人は、異教徒の奴隷化ならば認めていたオリエントでは常に、汚れ役をさせられることになってしまうのである。

征服したばかりの町を誰の管轄《かんかつ》下に置くかで、またもサン・ジルとボエモンドが対立した。だが、今度はサン・ジルは強硬だった。征服したのは自分の隊だ、と言ってゆずらない。征服後の維持のための軍事力も、自分の隊から出すと主張した。

ボエモンドは、今度は簡単に引き下る。この町の住民がこうむった惨劇の印象が消えないうちに、それに怖《おそ》れをなした近隣の町や村の制覇をやってしまおうと考えたからである。プーリア公ボエモンドは、ますます、アンティオキアの領主になったときの自分の立場の強化を考えて行動するようになっていた。

このボエモンドと同じ考えになっていたのか、アンティオキアの自領化にはまったく無関心であったゴドフロアもフランドル伯も、アンティオキア周辺の地への制覇行には積極的だった。

十二月二十五日のキリスト生誕祭を前にして、諸侯たちもアンティオキアにもどって来ていた。再びカトリック・キリスト教のカテドラルにもどった聖ペテロ教会で、壮厳《そうごん》なミサが行われることになっていたのである。

そのために集まった諸侯たちを前に、サン・ジルが、イェルサレムに向って発つのは来年の復活祭の日と決めようと言った。翌・一〇九九年の復活祭は、四月十日になる。冬はオリエントでも厳しいので、誰にも異論はなかった。
　これに気を良くしたサン・ジルは、最年長者らしさも示そうとしたのか、諸侯たちにクリスマスの贈物をする。贈物は、彼の領地の南仏で鋳造《ちゅうぞう》された、「ソルド」と呼ばれる小金貨。それを、気前良く配ったのは次の四人であった。
　三十八歳のロレーヌ公ゴドフロアには、一万ソルド
　四十四歳と年長だけに、ノルマンディー公にも、一万ソルド
　三十三歳になったフランドル伯には、六千ソルド
　二十三歳でもタンクレディには、五千ソルド
　もちろん、四十八歳とこの中では最年長であっても、ボエモンドには一ソルドも贈っていない。また、サン・ジルの気前の良さの裏には贈物をすることで彼らを自分の側に引き寄せる気があったのだが、そのほうの成功度は疑わしかった。諸侯たちは、くれたからありがたくもらったが、それでサン・ジルに恩を感じなければと思う男たちではなかったのである。
　ところが、年が明けてすぐ、アンティオキアにいる諸侯たちまでが憤慨した、不祥事が起ったのだった。

それは、マラト・アヌマンの町に置いてきたサン・ジルの隊の兵士たちが、殺された住民の肉を喰らったという知らせである。

諸侯たちには贈物をしたもののサン・ジルは、部下の兵士たちは放っておいたらしい。それで、住民もいず何も食べるもののない町に放置された兵士たちが、飢餓に耐えきれずに死体に手をつけたのだった。

これにはさすがに、諸侯たちの非難がサン・ジルに集中する。サン・ジルも放って置けず、かと言ってその兵士たちを極刑に処したのでは他の兵士たちが黙っていないことになるのを怖れ、汚れたその町全体に火を放って焼きつくすことにしたのだった。

こうしてマラト・アヌマンの町は炎上し、犬もいない廃墟《はいきょ》に変わった。

だがこの一件が、イスラム側に、キリスト教徒イコール食人種、という噂《うわさ》を広めることになる。イスラム側の史料によれば、人喰い事件が起ったのはこの町が陥落したときとなっており、喰われた人間もこの町の住民すべてという感じだが、マラト・アヌマンの町が陥落したのは前年の十二月十二日で、この事件の一ヵ月前のことなのだ。

また、この惨事を唱《うた》った詩では住民十万となっているのも、現代のイスラム側の研究では、一万前後であったと改められている。惨劇というのは常に誇張されて伝えられるという、これも一例なのであった。

しかし、まったくのウソではなかったのだ。その証拠に、自分の部下たちの起したこの不祥事がよほどこたえたのか、トゥールーズ伯サン・ジルは、自軍のすべてを率いて不祥事の現場に行き、マラト・アヌマンの町の炎上を自らの眼で確かめている。そしてその後、何もかも忘れてしまいたい、とでもいうかのように、そのままイェルサレムに向けての南下を開始した。諸侯たちとの間で決まっていた、復活祭の当日である四月十日のイェルサレムへの出発の日には、三ヵ月も早い一月半ばに発って行ってしまったのだ。冬期の行軍の困難などは、考える余裕さえも失っていたかのようであった。

そしてこのサン・ジルの突然の出発で、アンティオキアはボエモンドの手に、ごく自然にころがりこんできたのである。

それでいよいよ、最大で最終の目的である聖地イェルサレムの解放に向うことになるのだが、そのための十字軍を率いていく諸侯の顔ぶれは、アンティオキアの攻防までとは変わっていた。

諸侯という呼び名で一くくりにしてきた人々を、以前と以後で分けると次のようになる。

（以前）
ロレーヌ公ゴドフロアに、ボードワンとユースタスの弟二人
トゥールーズ伯サン・ジルと、法王代理の司教アデマール
プーリア公ボエモンドと甥のタンクレディ
フランス王弟のヴェルマンドワ伯ユーグ
征服王ウィリアムの息子のノルマンディー公ロベール
その義弟でもある、ブロア伯エティエンヌ
フランドル伯のロベール
（以後）
ロレーヌ公ゴドフロアと弟のユースタス
トゥールーズ伯サン・ジル
タンクレディ

ノルマンディー公
フランドル伯
この顔ぶれに欠けている人々は、各々次のような理由による。
ボードワン——エデッサとその周辺一帯の堅持のため
法王代理の司教アデマール——アンティオキア陥落後に疫病で死去
ボエモンド——アンティオキアとその周辺一帯の堅持のため
フランス王弟ユーグ——十字軍からの皇帝アレクシオスへの提案を持ってコンスタンティノープルに行ったのがこの人だが、皇帝の回答だけを送り返し、彼自身はしばらくビザンチン帝国の首都ぐらしを愉《たの》しんでいたらしい。だがその後まもなく、アンティオキアにはもどらずに故郷の北ヨーロッパに帰ってしまう。といっても二年後には、またオリエントにもどってくるのだが。
ブロア伯——ケルボガ率いるセルジューク・トルコの大軍に怖れをなしてアンティオキアを逃げ出したものの、しばらくはキリキア地方で、アンティオキアにもどって諸侯たちに合流するかどうかで悩む日々を送る。だがこの人も結局は、北ヨーロッパの自領に帰って行った。
しかし、征服王ウィリアムの娘である妻のアデーレに、なんで帰ってきたのよ、見苦しい、とでも言われて軽蔑され、軽蔑されただけならば自分の領土に引きこもることもできたのだが、伯夫人は夫を、もう一度行って来なさい、と連日のように責めたてた。それでやむなく、二年後の一一〇一年にはパレスティーナにもどるのだが、すでにその頃には、アンティオキアでの十字軍支配の確立はもちろんのこと、「イェルサレムの解放」まで終わっていたのである。

というわけで、イェルサレムに向って発つ諸侯は、以前の十一人から六人に減っていたのであった。

第五章　イェルサレムへの道

西暦一〇九九年一月十三日、前述した事情によってマラト・アヌマンまで行っていたサン・ジルが、他の誰よりも先にイェルサレム目指しての行軍を開始した。サン・ジル自身は、冬だというのに粗末な長衣に裸足《はだし》で、手には十字を形どった杖《つえ》をつくという、典型的な巡礼姿で先頭に立つ。胸に白地に赤十字の印はつけ軍勢は率いていても、十字軍とは何よりも、巡礼行なのであった。サン・ジルはそれを心から信じていた一人である。いよいよ聖地イェルサレムに向うとなった今、謙虚な巡礼姿で発《た》ちたかったのだろう。とはいっても、巡礼姿を通したのは、発った後の数日でしかなかったのだが。

トゥールーズ伯サン・ジルが南下を始めたことを知ったアンティオキアでは、まずノルマンディー公が、後につづくと言って発って行った。

同時に、タンクレディも発つことになる。タンクレディにはサン・ジルと行軍をともにする気などはなかったのだが、おそらくボエモンドが、サン・ジルは信用できないからお前もともに行け、とでも言ったからにちがいない。とは言ってもボエモンドは甥《おい》のタンクレディに多くの兵を分け与えてくれたわけではないので、タンクレディが率いて行くのは、「軍」というよりも「隊」でしかなかったが、それで消極的になるタンクレディではなかった。

もちろんノルマンディー公もタンクレディも、巡礼姿で発つなどは考えもせず、完全武装に身を固めた騎乗姿で出陣して行ったのである。

このサン・ジル軍に遅れること一ヵ月の二月半ばには、ロレーヌ公ゴドフロアも、イェルサレム目指してアンティオキアを発つ。この軍に同行するのは、フランドル伯率いる騎兵隊。こちらの軍勢はいずれも、歩兵までが重武装の、戦闘のプロという感じの集団である。イェルサレム目指して南下することではサン・ジルと同じでも、ゴドフロアは別の道を行くことにしていた。

こうして、エデッサに残ったボードワンに次いで、ボエモンドもアンティオキアに残ったのだ。サン・ジルが発って行ったことでボエモンドは、ついに手中にしたアンティオキアを、公国領として確立していく事業に着手することになる。ボードワンが、エデッサを伯領にしつつあったのと同じに。

二軍に分れてイェルサレムを目指すことになった十字軍の規模だが、研究者たちの推測によれば、サン・ジル、ノルマンディー公、タンクレディの第一軍は、騎兵一千余りに歩兵五千であったという。一ヵ月遅れて発つゴドフロアとフランドル伯の軍の戦力は、騎兵五百に歩兵六千。第一と第二の軍を合計しても、騎兵一千五百に歩兵は一万一千で、総計一万二千五百でしかない。これがヨーロッパを発ったときは、総計五万であったのだ。

まず、小アジアを通過するのに要した六ヵ月間での、トルコ兵と闘った時期の犠牲があった。

これに、一年近くかかったアンティオキア攻防戦による犠牲者は、戦闘と疫病《えきびょう》の両面で多かったのだ。

また、エデッサ伯領とアンティオキア公領を堅持するための要員を、差し引く必要

シリア・パレスティーナとその周辺
（Steven Runciman, *A History of the Crusades*, Vol. Ⅰによる）

があった。

それにしても、いよいよ最大の目的であるイェルサレムに向って発つというのに、十字軍の規模はかくも減少していたのである。それに参加する諸侯たちの数からして、半減していたのだ。そして、ヨーロッパを後にしてから、すでに三年が過ぎていたのである。この三年は、十字軍に参加した兵士の数を三分の一以下に減らしていたが、その兵士たちに従《つ》いて来ていた巡礼たちとなると、三分の一では済まなかった。おそらくそのほとんどが、すでに「殉教者」になって天国に行っていたにちがいない。アンティオキア攻防戦中の食糧不足による被害を最も受けたのは、その心配をしてくれる主《あるじ》を持たない彼らであったのだから。

だがこのことは、イェルサレムの「解放」を目指す十字軍にとって、足手まといがなくなったことも意味していた。つまり、数は減っても即戦力としてはより活用できる集団に、イェルサレムに向う十字軍は変わっていたということになる。

シリアからパレスティーナへ

一〇九九年当時のパレスティーナは、エジプトのカイロにいるカリフの支配下に入っていた。

パレスティーナ地方は山岳地帯を間にして、西側と東側に分れる。東側はダマスカスの大守《エミル》のトルコ勢の支配下にあったが、西側の海岸地帯は、ベイルートからガザに至る全域がエジプト下に入っていた。イェルサレムも、エジプトのカリフの部下が統治していたのだ。だからこそ、エジプトは、アンティオキア攻撃中の十字軍の陣営に特使を派遣して、シリアは勝手にしてもらってかまわないが、パレスティーナには手を出すな、という意味の、協定を結ぼうとしたのである。あのときはあいまいな答えを与えただけでお引きとり願ったのだが、今や十字軍は、そのエジプトのカリフの支配下にあるパレスティーナに、踏みこもうとしているのであった。

だが、パレスティーナがエジプトの支配下に入ったのは、ごく最近のことなのである。ということは、パレスティーナの各都市の総督にエジプト人を配するまでになっていず、イェルサレムをふくめたいくつかの都市以外は、エジプトの覇権は認めつつもいまだセルジューク・トルコ人の大守《エミル》たちが治めているという、あいも変わらずの状況にあった。

これによって、当時のパレスティーナならではの、特殊な状況が生れる。すでにエジプト人の総督が治めている都市ならば、十字軍は侵略者になるが、いまだトルコ人の大守の治める都市となると、十字軍はエジプトの覇権をくつがえす解放者になるのだ。

この状況は、初めの頃は、十字軍の首脳たちには理解いかなかったようである。だが、現場に来て学ぶという柔軟性には、遠いヨーロッパから何も知らないで来たのに、と感心するくらい長じていた、第一次十字軍の諸侯たちであった。失敗しながらも彼らは、少しずつそれも学んでいく。学ばなければ、いつまで経《た》ってもイェルサレムには到達できなかったからでもあったのだが。

先に発って行ったサン・ジルの軍だが、不祥事を消し去ろうと炎上させたマラト・アヌマンからそのまま行軍に移ったために、内陸部を南下する道筋をとることになってしまった。だが、その道筋には、セルジューク・トルコ支配下の町々がつづいている。これをどうにかしないかぎり、行軍の続行はできない。どうするか、と考えながら三十キロほど進んでカファルタブの町に着いたのだが、決まらないのでそこに、住民が友好的であったのを幸いに三日間留まっていたのである。

そこに、まずノルマンディー公とその兵士たちが、そしてすぐつづいて、タンクレディとその隊が到着した。三人で、以後の行軍をどうするかを決めることになる。

当面はトルコ側の二人の有力者が、彼ら三人の行軍の前に立ちはだかる可能性をもっていた。一人はシャイザールの大守《エミル》、もう一人はトリポリの大守である。この二人とも本拠地のシャイザールやトリポリの領主であるというだけでなく、近隣一帯の町を治める小領主たちに命令を下せる立場にあった。

この二人の有力者を武力で倒して先に進むことは、サン・ジルもノルマンディー公もタンクレディも避けたい想《おも》いでは一致していた。一戦を交えながらでは、まずもって貴重な兵力の減少は避けられない。そして、イェルサレムにはいつ着けるかもわからないのだ。三人は、友好関係樹立は無理でも中立は確保できないかと、望んでいたのである。

ところがそこに、実に好都合にも、シャイザールの大守《エミル》からの使節が到着した。そして、大守の提案なるものを三人の前に提示した。それによれば、シャイザールとハマの支配地域をフランク人の軍が「平和裡《り》」に通過するならば、この二つの都市の大守《エミル》はフランク軍に、市場より安い値で必要な品々を売り、道案内もつけるというのである。

この「平和裡」という条件だが、出したイスラム側も受けたキリスト教側も、シャイザールやハマを始めとする各町には攻撃しないで平和的に入るということであって、その近郊を行く場合はこの範疇《はんちゅう》に属さない、という解釈では共通していたようである。

それで、シャイザールの大守の提案を受諾した十字軍側は、郊外を行軍するときは放牧されている羊を遠慮なく奪い、その羊の群れを「平和裡」に入った町で売り、その代金で馬を買ったのであった。なにしろ、アンティオキア攻防中の食不足で馬まで食べてしまっていたので、馬に乗れないでいた騎兵が半分もいたのである。だがこれで、「平和裡」に、一千の騎士も文字どおりの騎兵にもどれたのであった。

というわけで以後しばらくの間の南下はスムーズに進んだのだが、問題を起したのはサン・ジルである。どこで聴き知ったのか、イギリスとジェノヴァの船がシリアの海岸に沿って航海中と知り、ならば兵糧《ひょうろう》の補給にも便を計ってくれるであろうから、早く海側に抜けようと言いだしたのである。

これに、三十歳以上も年下のタンクレディが断固として反対した。理由は、軍勢を率いて冬に山岳地帯を抜けるのはあらゆる面で危険だというのだ。山岳地帯は、十字軍に二度にわたって苦杯をなめさせられた、ダマスカスの領主ドゥカークの支配下にあった。だからそれよりも、しばらくはこのまま南下をつづけ、山がつきる地帯まで行ったところで海岸部に抜けるべきだというのが、タンクレディの主張だった。ボエモンドに対しては何であれ反対したサン・ジルだったが、その甥のタンクレディにはそうではなかったのかもしれない。トゥールーズ伯は、タンクレディの意見を容《い》れた。

行軍は再開されたが、そこからはもはや、シャイザールの大守の支配の及ばない地域に入る。町があれば、可能ならば「平和裡」に入り、可能でなければ力で入るしかなかった。それでも十字軍は、「平和裡」による解決のほうを優先する。イェルサレムに着きたい一心であったからだろう。

一月二十二日、サン・ジルとタンクレディの軍は、マシャフに着いた。この町の領主と「平和裡」の妥協が成り立ったからだ。

翌・二十三日には、その南にあるラファニヤの町に入る。領主も住民も逃げ去っていたので、ここにも「平和裡」に入れたのだが、三日の間この町に留まり兵馬を休ませることにする。ここからは山岳地帯の切れ目に向って南西への道に転ずるからだが、その前に、近くの山上にそびえ立つ城塞《じょうさい》をどうにかする必要があった。

その城塞は、ホスン・アル・アクラドという名で呼ばれていたが、十字軍の「平和裡」になどは聴く耳をもたなかった。つまり、城門は閉じられたままであったのだ。それで攻め始めたのだが、その時になって城塞側は突如門を開き、そこから家畜の群れを追い出したのである。

十字軍の兵士たちはこれに眼がくらみ、攻めるどころか家畜を捕らえるほうに熱心になってしまう。サン・ジルの周囲を固めていた兵士たちまでがそれに加わったので、大将自らが捕虜になりそうな状態になった。すんでのところでタンクレディが駆けつけてきたので助かったが、攻撃どころでない状態でその日は終わる。

翌日、反省した兵士たちが詫《わ》びを入れてきたので攻撃は再開されたが、城塞からは矢さえも飛んでこず、城門をこじ開けて入った内部は空《から》になっていた。守備兵も住民も、家畜を追い出した直後に自分たちも逃げ出していたのである。

空っぽの城塞の中で、十字軍は数日過ごすことにした。逃げた住民たちが置き去りにして行った食糧が多くあり、六千の兵士たちでも養えたからである。また、敵の襲撃を怖れる必要もなかった。後年になって十字軍が、この城塞を徹底的に改造し拡大し、「騎士たちの城」（クラク・ド・シュヴァリエ）として一千年後の今なお残る、堅固そのものの壮大な城塞を建設することになる。それ以前だから規模も守りも比較にならなかったにしても、山上にそびえ立つという地勢上の利点には変わりはなかった。

この城塞に滞在中のサン・ジルの許《もと》を、トリポリの大守の使節が訪れてきたのである。

トリポリの大守《エミル》ジャラル・アル・ムリクは、エジプトのカリフの支配に服するのを嫌い、それへの独立に十字軍を利用しようと考えたのだ。トリポリの領有権を認めてくれるなら、その代償は払うという申し出をしてきたのだった。

これは、サン・ジルの関心を引いた。それで大守との直接交渉に配下の将の一人をトリポリに送ったのだが、その男がもどって来て告げたのが、トリポリの都市の豊かさである。それでサン・ジルは、代償なるもの、つまりカネを、より値上げできると考えたのである。

軍事力による脅しをかけてより多く巻きあげるのがその考えだが、このサン・ジルにタンクレディは釘《くぎ》を刺す。このようなことにかかずらっていては、イェルサレム行きが遅れると言って。それでサン・ジル自らが軍を率いてトリポリに向うことになったのだが、トリポリまであと二十キロというところまで来たところで、障害が立ちふさがってしまったのであった。

その地アルカ（Arqa）の住民が徹底抗戦の気充分で、そこから先には進めなくなってしまったのである。いら立ったサン・ジルは、配下の将に軍の一部を与え、そこからは少し離れたトルトーザの攻撃に向わせた。近くの町が陥《お》ちたと知れば、アルカの住民の心も変わるかと期待したのである。

トルトーザは、簡単に陥ちた。ボスとはちがう頭の働きをする人であったらしい配下の将は、たいまつの火の海をつくることでひとにぎりの兵力を大軍のように見せ、それに驚いた領主も住民も降伏してきたからだった。トルトーザが陥ちたと知った近くの町も、その知らせだけで十字軍の前に城門を開いた。

だが、それでもアルカの人々の気持は変わらない。先の見えないアルカ攻めを何の戦略の変更もなくつづけるサン・ジルに対して、ノルマンディー公もタンクレディも反撥《はんぱつ》を隠さなくなり、もっと悪いことにはサン・ジル配下の兵士たちまでが、大将を軽く見るようになったのである。

そのうえさらに、サン・ジルの権威を落とすことになる事件までが起る。

「火の試練」

例の「聖なる槍《やり》」の発見者として有名人になったバルトロメオは、サン・ジルの軍に加わってここまで従いてきたのだが、この男が陣営中をまわって「アルカを落とせ」とわめくのが、兵士たちに嫌われていたのだった。このバルトロメオに、将兵の中から、「聖なる槍」なんて偽物《にせもの》だという声があがった。それにバルトロメオは、ならば「火の試練」によって真物であることを証明してみせる、と見得を切る。それに

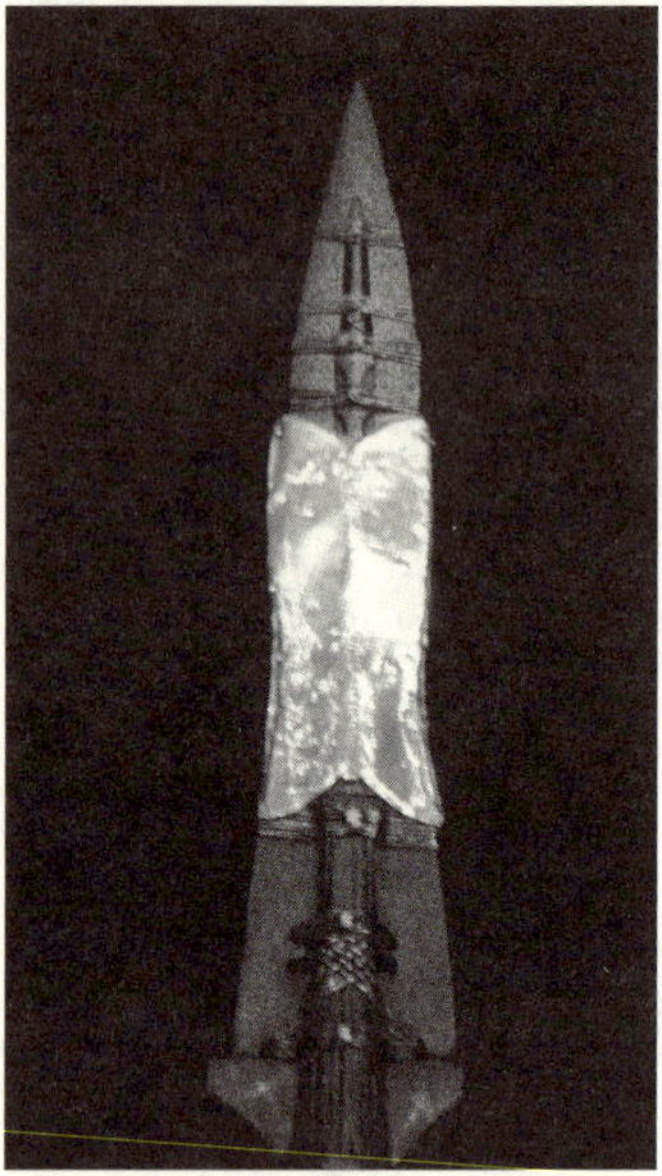
ホーフブルク宮殿（ウィーン）所蔵の「聖槍」

対し、けっこうだ、やってもらおうではないか、ということになり、「火の試練」は四月八日に行われると決まった。

「火の試練」とは、自分が明言したことの正否を神に証明してもらうために、燃えさかる火の中を服一枚に裸足姿で通り抜ける行事を言う。兵士たちが群れる中で行われたこの行事の結果は、バルトロメオの大やけどで終わった。哀れなこの男は、この九日後に死ぬ。

「聖なる槍」を奇跡と信じ、自下の兵を送ってまでしてその発見に力をつくしたのはサン・ジルである。司教アデマールでさえも信じなかったこれを、発見後も聖なる遺物として大切に身近に置きつづけたのもサン・ジルだった。そして、発見当初から毀《き》誉褒貶《よほうへん》が激しかったバルトロメオを、保護しつづけたのも彼なのだ。人々のサン・ジルを見る眼が、嘲笑《ちょうしょう》をふくんだものに変わったのを、サン・ジル自身も気づいたことだろう。

だが、トゥールーズ伯サン・ジルは、「聖なる槍」を保持しつづける。しかし、この六年後に彼が死んだ後、なぜかこの「聖なる槍」は四本に増える。この四本の行方は、この種の聖遺物の運命を示して興味深い。

そのうちの一本は、今なおアルメニアの教会に保存されているもので、パレスティーナから直接に持って来られた品と言われている。

二本目は、第七次十字軍を率いたフランス王ルイ九世がパレスティーナから持ち帰ったとされる品だが、長年パリの教会に保存されてきたこれも、フランス革命の混乱の中で行方不明になった。

三本目は、十五世紀末にオスマン・トルコのスルタンがときの法王に贈ったとされている品で、ヴァティカンのどこかにまだあるということだが、見た人はいない。

最後の一本は今なおウィーンに保存され、唯一《ゆいいつ》インターネット上に写真つきで紹介されている品である。一昔前までは、神聖ローマ帝国の権威を象徴する聖遺物として、大切に保存されていたのであった。

十字軍、合流

「火の試練」の騒ぎの直後に、サン・ジルよりは一ヵ月遅れてアンティオキアを発っていたゴドフロアとフランドル伯の軍が、サン・ジルが攻略に手こずっているアルカに到着した。

この軍はサン・ジル軍とちがって海に沿って南下してきたので、イギリスやジェノヴァの船からの補給を受けることができ、短い期間でも道程を消化できたのである。サン・ジル軍のように途中の領主たちと交渉する必要がなかったからだが、規律正しく行軍する軍勢に接近され、途中の町や村の住民たちも怖れて出て来なかったので、その前を通り過ぎるのも容易にできたからであった。

しかし、この第二軍が到着したことで、サン・ジルは孤立してしまう。彼に異を唱えるのが、今までは二人であったのに対し、四人に増えてしまったからだ。

さすがにサン・ジルも、リーダーとしての面目を失うことはわかっていたが、アルカ攻略は断念して先に進むのに同意するしかなかった。こうして十字軍は、一万五千ビザンチン金貨を払う代わりに軍事攻略はまぬがれた、トリポリへの無血入城を果したのである。サン・ジル軍も、ついに地中海を眼の前にしたのだった。

だがこの時期、トゥールーズ伯サン・ジルは、勇み足をすることで、なおも同輩たちからの評価を下げてしまう。

それは、この頃になってまたも口を出してきたビザンチンの皇帝からの申し出を、信じてしまったことだった。

皇帝アレクシオスは手紙を送ってきて、六月には自分も軍を率いて行くから、そのときまで待って、ともにイェルサレムへ向おうと伝えてきたのである。

これは諸侯の誰もまじめに受けとらなかったが、サン・ジルだけは待つべきだと言い張った。皇帝の率いてくる新しい兵力はわれわれにも必要だ、というのがその理由である。

ところが、この手紙の内容は早くもエジプトのカリフに伝わり、カリフは早速急使をコンスタンティノープルに送って、皇帝に問いただささせたのだった。フランク人の侵入者たちと、貴君は何か共同でことを起すつもりなのか、と。

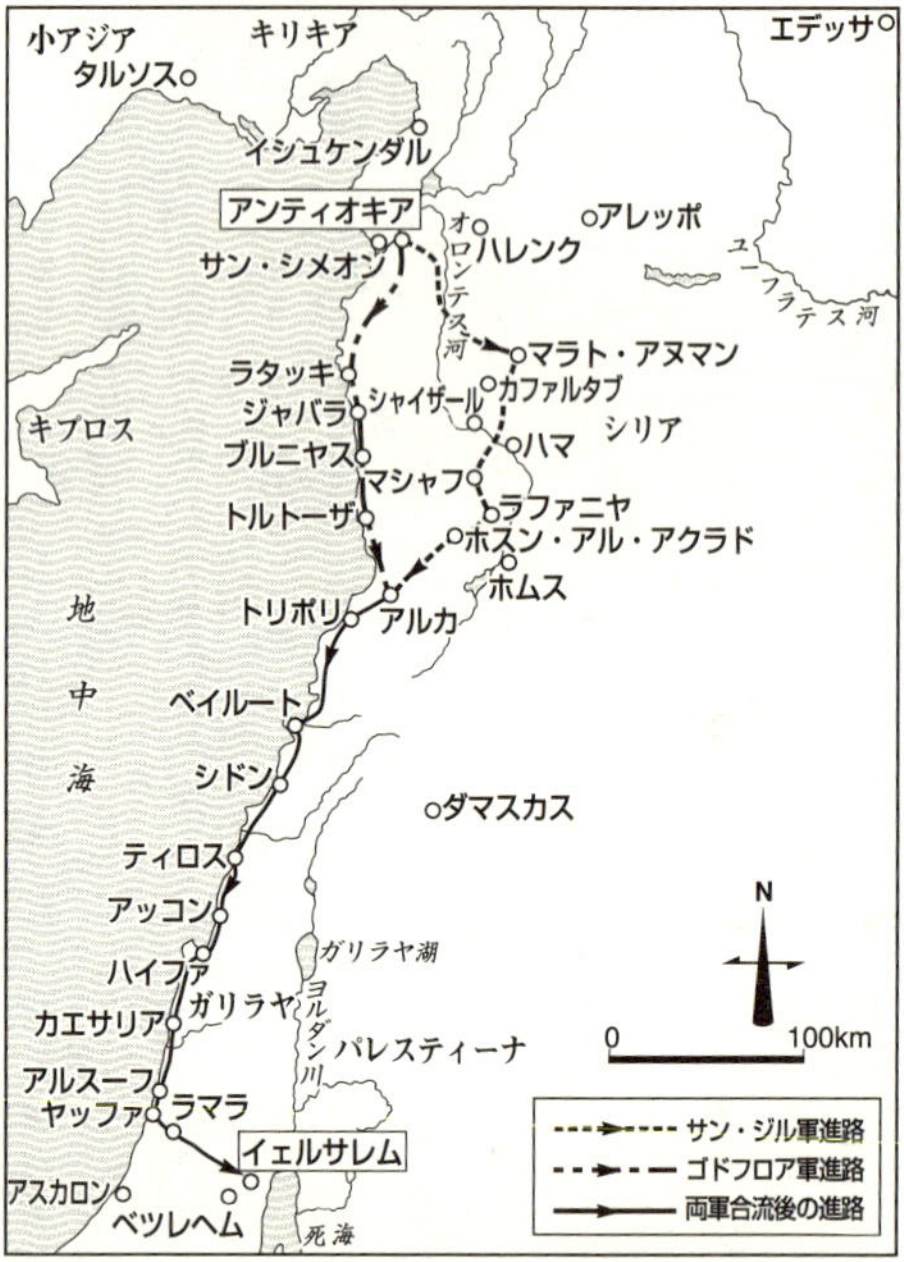

各軍のイェルサレムへの進路

エジプトのカリフを敵にしたくなかったビザンチンの皇帝は、わがものにしようと思っていたアンティオキアをボエモンドに取られた恨みもあって、簡単に考えを変える。カリフからの急使には、ビザンチン帝国は中立を維持する、と答えたのである。

この一件は、トリポリに潜入していたエジプトのスパイによって広まり、それは十字軍の兵士たちの耳にまで入る。スパイとは、情報を集めるだけでなく、情報を広める役割もするのである。もともとからして皇帝を信じていなかった諸侯はそれみたことかと言い、サン・ジルだけがまたも面目を失ったのであった。

だがこの話には、「つづき」があるのだ。ビザンチン皇帝の中立という情報を広めておいて、エジプトのカリフは十字軍に使者を送り、友好関係の樹立を再び提案してきたことだった。武力を用いずに平和的な巡礼として聖地を訪れるのなら、パレスティーナ地方を支配下におくエジプトのカリフはその人々の自由と身の安全を保証する、と言ってきたのである。

これには十字軍の諸侯たちも、返答すら送らなかった。キリスト教徒・イスラム教徒の別なく策謀をもてあそぶ性癖ならば共通している「オリエント人」を、その彼らから田舎者と軽蔑《けいべつ》されていたフランク人もわかり始めていたのである。だが、エジプトのカリフとビザンチンの皇帝の動きが、これまではとかく勝手に行動しがちだった諸侯をまとめあげることになる。イェルサレム解放という旗の下《もと》に、全員の心が結集したのだった。

ここまでに十字軍が踏破した地域は、現代ならばシリア国内になる。この道程の踏破だけに、サン・ジル率いる軍は四ヵ月、遅れて発ったゴドフロア軍でも三ヵ月かかっている。それが、この後にレバノンを通りイスラエルに入り、イェルサレムに達するまでに、三週間しか費やしていない。全員の想いが一致していたからこそ、できたことであった。

あの時代のパレスティーナ

五月十六日に行軍を再開した十字軍は、もはや途中の都市の攻略は考えず、食糧の調達にも時を無駄にしなかった。

ベイルートでは、その町の大守もトリポリの大守を見習ったのか、十字軍に接近されただけでカネを払い食糧も提供する。次いで到着したシドンの対応も同じ。要塞の地にあるティロスでは抵抗が予想されたが、住民は城門を閉じたまま息をひそめている。ここも、城壁の外に、そのつもりで置かれていたらしい食糧その他をいただいてそのまま通過する。

アッコン、ハイファ、古代のローマ帝国時代は一大海港都市であったカエサリア、そして、アルスーフ、ヤッファと、一万五千の軍勢であるにかかわらず、ほとんど一気と言ってよいくらいの速度で通り抜けたのである。

西洋式の重装騎士団を、オリエントの人は見たことがなかった。頭の先から足の先まで、全身を重装備で固めた一団である。しかも、中世ヨーロッパの兜《かぶと》では、それをかぶっている騎士の顔は見えない。つまり、人間よりも機械に肉薄される怖ろしさがある。

そのうえ、腰には長剣をつり下げ、左手には盾をもち、右手には大槍をかまえるという出《い》で立ちだ。

そして、中近東は春でも暑いから戦場以外の場所では脱いだらと思うところだが、植民地帝国時代のイギリスのエリートが砂漠でもジャケットを離さなかったのと同じで、汗みずくになっているにちがいないのに、騎士たる者は甲冑《かっちゅう》を脱がないのである。

この男たちが一列になって前進してくるのを見る人々の想いは、想像するも容易だ。現代人ならば戦車部隊に接近されて感じるのに似た威圧感を、中世のオリエント人も感じたにちがいない。ちなみに、近現代の戦車軍団は、中世・近世の重装騎士団の後継者と認じ、国によっては名称まで受け継いでいる。

いずれにしても、重装騎士団を送って無言の圧力をかけ、それによって武器を使うこともなく通過する策は成功したのである。

この時期のパレスティーナは、エジプトのカリフの支配下にあった。エジプトは、海軍をもっている。十字軍が通過してきた都市はいずれも海港都市だから、エジプトからの応援は期待できたのだ。だが、それを待ちながら抗戦するよりも、十字軍が欲しているものを提供することで通り過ぎてもらうほうを、領主も住民も選んだのである。その裏には、エジプトのカリフの支配を快く思わない心情があったのはもちろんだ。だが、何ごともなく通り過ぎてほしい住民側と、何ごともなく通り過ぎたい十字軍の想いが一致したことも事実であった。

ヤッファ（現テル・アヴィヴ）からは、海沿いの道を捨て内陸部に足を踏み入れる。イェルサレムに向うこの道は、海路を来たヨーロッパからの巡礼がヤッファに上陸した後に、イェルサレムに向う道でもあった。その途中に、ラマラ（Ramallah）という名の町がある。ここも住民たちが逃げ去っていたので、攻略は簡単だった。だが、そこまで来たところで、予想もしなかった人々が待ちうけていたのである。

この人々は、イスラム教徒の海の中で、キリスト教徒はいると言ってもギリシア正教派のキリスト教徒の中で、細々と生きつづけてきたカトリック教徒たちであった。その彼らは、イエス・キリストの生れたベツレヘムを守る想い一つで、訪れるヨーロッパからの巡礼を案内したりしながら生きてきた人々である。

この人々が、十字軍に訴えたのだ。支配者のイスラム教徒から、イエスの生誕の地を取りもどしてくれ、と。

わたしが行く、と言ったのはタンクレディだった。この若将は、決めるのも早いが動くのも早い。早速、自下の兵三百を率いて、ベツレヘムの「解放」に向ったのである。

「解放」は、簡単に実現した。だがそのすぐ後で、一悶着《ひともんちゃく》が起きたのだ。ベツレヘムを自分の領土だと宣言したタンクレディに、その町のカトリック教会の司祭が、神の都を人間が領有することは許されないとして、反対したのである。それに対してタンクレディは、ひとにぎりのカトリック教徒だけでベツレヘムを守れると思っているのか、と言い返す。ベツレヘムのカトリック教徒たちは、このタンクレディを十字軍の首脳陣に訴えた。

またも時を無駄にしそうだったのを打開したのは、しばらく前からタンクレディが兄事するようになっていたゴドフロアの一言だった。要するに、このような些事《さじ》にかかわらずにイェルサレムに向うのが先だ、と言ったにすぎないのだが、タンクレディもこれには同感だったようで、問題は、今のところは据え置く、で解消したのである。これで、イェルサレムを目指す行軍は再開された。

ただし、タンクレディはそれには加わらなかった。兵を引き連れて、ベツレヘムにもどったのだ。だがそれは、ベツレヘムの領有権を既成事実にしようとしたからではない。この若き将は、戦闘のセンスもあり行動も果敢だが、それに加えて先を読む能力もそなえていたようである。

イェルサレムへの到着を三日延ばしても彼がベツレヘムで行ったのは、イェルサレムをめぐる攻防戦を考えての多量の「食」の徴発だった。早くも布陣を終えていた十字軍の陣営に三日遅れて合流することになるタンクレディの隊だが、小麦粉の袋を満載した荷車の列を従え、生きた「食」である羊の群れを追い立てながらの合流になるのである。

第六章　聖都イェルサレム

西暦一〇九九年六月七日、十字軍はついに、イェルサレムを遠望する地に到達した。

諸侯たちは馬から降り、甲冑《かっちゅう》のたてる金属音の中で、まるで教会の中にでも入ったかのように、うやうやしく片ひざをつき、兜《かぶと》を脱いだ。

騎士たちも馬を降り、それにつづく。

兵士たちに至っては思わず両ひざをついてしまい、両手を上にあげて泣き出す者まででいた。

誰もが感動に震え、感涙にむせんでいた。生れたときからくり返し聴かされてきた聖都イェルサレムが、今や彼らの眼の前にある。おりからの夕陽を浴びて、静かにそこにあるのだった。ついに来たのだ、という想《おも》いが全員の胸を満たし、それがあふれてくるのを甘美な想いで受けとめていたにちがいない。

第一次十字軍の戦士たちは、この瞬間、謙虚な巡礼者になりきっていたのである。

イェルサレムを遠望して、感動に震える十字軍の戦士たち

この想いの前では、諸侯と兵士の差はなくなっていた。免罪に釣られて十字軍に参加していた人殺しや盗賊と、初めから神に一生を捧《ささ》げると誓約した聖職者のちがいもなくなっていた。

イェルサレムは、この種の想いを人々に感じさせる都市なのである。だが、キリスト教・ユダヤ教・イスラム教の別なく、同じたぐいの想いを抱かせてしまうところが、一神教間で摩擦を産む原因でもあるのだった。

聖都をめぐる攻防

ひとまずはイェルサレムの郊外に兵士たちが野営できるようにしたうえで、ボエモンドがアンティオキア到着当時に行ったように、諸侯たちはこのイェルサレムでも、記録にはないが、地勢と防衛の調査に一日は費やしたのではないかと思う。そして、それをしていたならばわかったはずだ。アンティオキアをめぐる十二キロの城壁と比べれば、イェルサレムをめぐる城壁の全長は四キロと短いが、このイェルサレムの攻略には別の困難が待っていることが、わかったにちがいないのである。

古代や中世の時代のイェルサレムは、現代のイェルサレムならば旧市街になる。だが、枠組みならば、その全歴史を通じてさしたる変わりはなかった。とくに、古代のローマ帝国時代にハドリアヌス帝によって、城壁の強化だけでなく市内の改造まで徹底して行われたので、その後にこの都市の支配者になったビザンチンもアラブも、細部の補強をするだけで済んできたのである。ゆえに十字軍が見たイェルサレムは、九百年昔の古代と同じと言ってよいイェルサレムであった。

背後にオリーヴ山を背にする東側は、深い谷間に落ちるまぎわの地にそびえる高い城壁で守られている。この方角からの攻撃は心配しなくてもよかった証拠に、この側の城壁はほぼ一線でつづいていて、防衛力を強化するための塔もほとんどない。

一方、シオンの山を背にする南側は、平地が広がっているので布陣に適しているように見える。だが、高い城壁の上からの攻撃にさらされやすいという欠点があった。また、もしも時ならぬ豪雨にでもなれば、砂漠地帯とて水はたちまち奔流《ほんりゅう》と化し、天幕の連なる陣営地などは押し流されてしまう。砂漠地帯の雨は、恵みであるとともに死でもあったのだ。

このイェルサレムでは、敵が攻めてくるとすれば、攻撃する側がじっくりと腰をすえて攻撃に集中できるだけの平地のある、北か西かであった。ゆえにこの側の城壁は、要所ごとに塔が連なる防衛力の強い構造になっている。

しかし、一〇九九年当時のイェルサレムでは、攻撃する側である十字軍が背後の敵を心配しなければならなかったのは、西側だったのである。イェルサレムは、エジプトのカリフの支配下にある。十字軍の攻めるそのイェルサレムに救援軍を送るとすればその義務を負うのはエジプトで、エジプト軍はヤッファの南にあるアスカロンに基地をもっていた。ゆえに、イェルサレム攻撃に入った十字軍が心配すべき方角は、ヤッファへの門が開いている西側ということになる。おそらく、第一次十字軍の主人公たちであった諸侯も、このことがわかったにちがいない。おそらく、諸侯各自が勝手に良しとしたうえでのことと思うが、各々《おのおの》が陣営を置く地は次のように決まった。

さしたる兵力を率いてきていないノルマンディー公は、北側に開いた城門の一つ、「ヘロデ門」の前に陣を布《し》く。この門は十字軍時代は「花の門」と改名されるが、キ

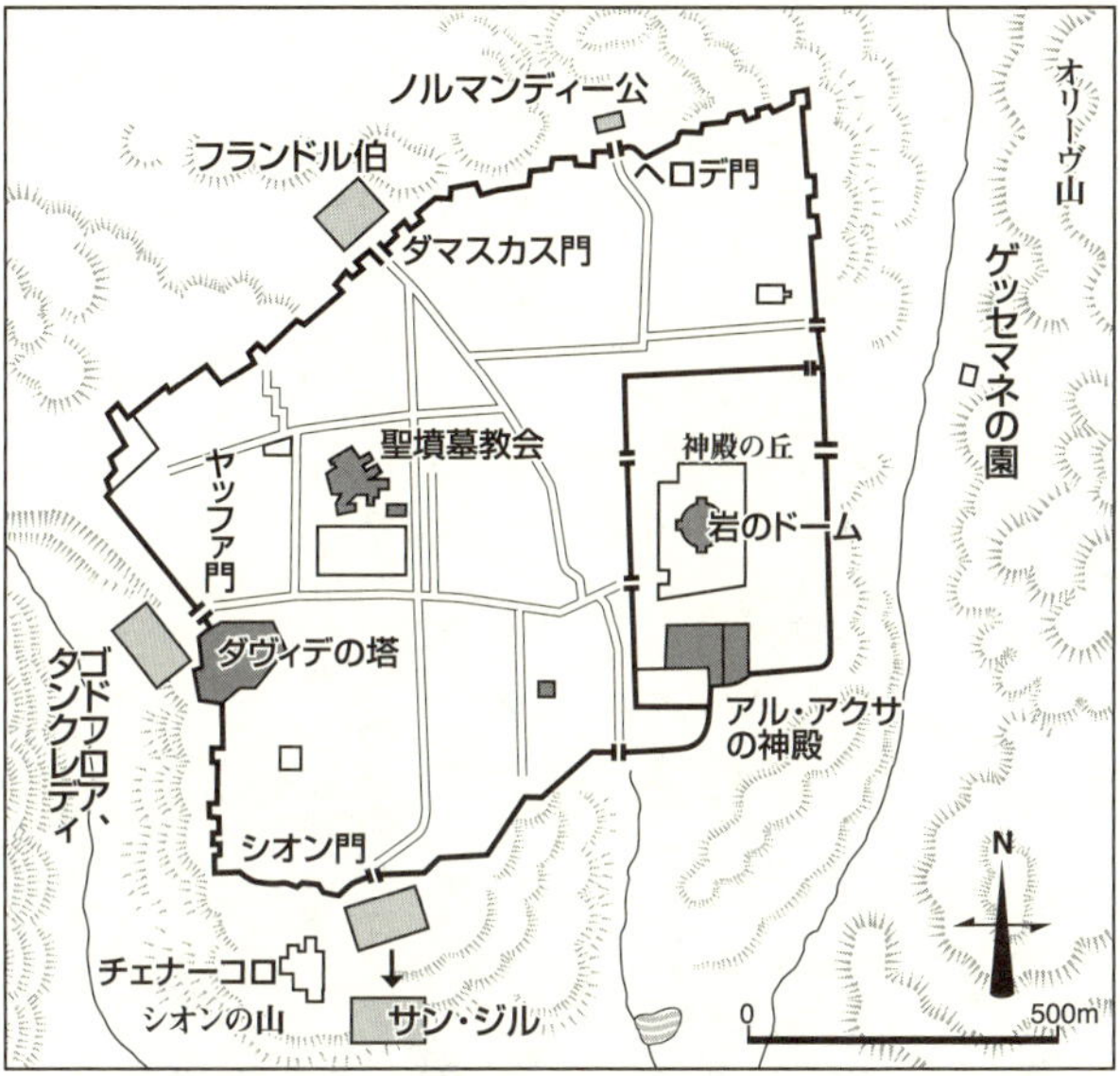

イェルサレム市街と各将の布陣
(Steven Runciman, *A History of the Crusades*, Vol. Iによる)

リスト教徒の彼らにしてみれば、昔のユダヤの王の名でつづけるのは嫌ったのだろう。

その右側の北北西の方面に開く、ダマスカスに行く方角に開いた門という意味で「ダマスカス門」と呼ばれている門の前には、少数精鋭の見本のような、フランドル伯率いる一隊が陣取る。この門も、十字軍時代には「聖ステファン門」と改名される。

問題の西側だが、この一帯は敵の攻撃を受けることを見こして、「ダヴィデの塔」と呼ばれる城塞《じょうさい》が建っている。そのすぐ近くに口を開いているのは、ヤッファに向う門という意味で「ヤッファ門」と呼ばれている門だ。

その門を中心にした一帯には、ゴドフロアの軍勢の天幕が立ち並ぶことになった。ロレーヌ公ゴドフロアは、背後からの敵が来るならばここ、イェルサレムに攻め入るにもここ、という地帯に、自軍を配したのである。ゴドフロア配下の兵士たちも精鋭ぞろいだった。そして何よりも、大将のゴドフロアに、一兵卒に至るまでが心酔していた。

このゴドフロア軍に、三日遅れはしたが食糧を満載した荷車を引き羊の群れを追い立てながら到着した、タンクレディとその一隊が合流する。

一方、トゥールーズ伯サン・ジルは、シオンの山を背にする南側の城壁前への布陣を選んだ。その一画には、イエス・キリストが最後の晩餐《ばんさん》をとったと伝えられている、俗に「食堂《チェナーコロ》」と呼ばれる建物がある。イェルサレムに巡礼に訪れるキリスト教徒は、一人残らず参る聖所でもある。信仰心は厚かったサン・ジルのことだ。これに魅《ひ》かれたのかもしれなかった。

だが、このサン・ジルの陣営地は、しばらくして場所を変える。城壁の上に陣取ったエジプト兵が射てくる矢が降りそそぐ中で、悠然と陣をかまえていることができなくなったからだった。それでシオンの山、というよりも丘、の上に陣を移すことにしたのだが、今度は攻撃をしかけるのには遠すぎてしまう。

結局、十字軍によるイェルサレム攻撃戦の主戦場は、北の「ヘロデ門」から西の「ヤッファ門」までの間の地帯で展開されることになるのである。

このイェルサレムの攻略を、十字軍は「解放」と呼んでいた。一方、アンティオキアの攻略は、あくまでも攻略であって、「解放」とは呼んでいない。呼ばなかったということは、そうは考えていなかったということである。つまり、イェルサレムの攻略は、それが彼らにとっては「聖都」であるだけに特別なのであった。

特別な戦闘であることから、十字軍に参加した諸侯たちは、自身で参戦できなくても、代理は必ず参戦させている。

アンティオキア攻防戦中に疫病《えきびょう》死した司教アデマールの代わりは、サン・ジル陣営で参戦していた弟が務めていた。

アンティオキアに残ったボエモンドも、甥《おい》のタンクレディが自分の代わりに参戦していると思っていたのだ。

エデッサに残ったボードワンは、それまで常に行動をともにしてきた、同名でいとこのボードワンを、エデッサの守りからはずしても送ってきている。

ボードワンの実兄であるゴドフロアも次弟のユースタスを連れての参戦なので、「イェルサレム解放」にロレーヌ公家は、一家をあげて参加していたことになる。

彼らと同じにヨーロッパから来た諸侯のうちで、自分も参戦しないが代理も参戦させていないのは、アンティオキア攻防中に逃げ出したり使節で派遣されたのを幸いに戦線を離れ、ヨーロッパに帰っていたフランスの王弟ユーグとブロア伯の二人だけであった。貧民十字軍を率いていた隠者ピエールも、生き残りの巡礼たちとともに、諸侯の軍勢の後に従《つ》いてイェルサレムに来ていたのである。聖都イェルサレムの解放こそが、第一次十字軍にとっては窮極の目標であったからだった。

この時期のイェルサレムを守っていたのは、エジプトのカリフの配下の将で、イフティハル・アダウラ（Iftikhar ad-Dawla）という名の長官だった。この人は、キリスト教徒の軍が接近してくると知るや対策を立てる。イェルサレムの城壁ならば、援軍が来るまでは守りきれると思っていた。雨水を貯《た》める貯水槽は完備しており、水不足を心配する必要はない。また、古代のローマ時代の下水道がいまだに完全に機能しているので、衛生状態の悪化による疫病の発生も怖《おそ》れる必要はなかった。食糧の備蓄も充分だ。ただし、防衛にあたる兵士の数だけは充分でなかったが、この不足は堅固な城壁に頼れると思っていたのである。

そこでまず、三つの対策を早速実行に移した。

第一は、エジプト軍に救援を要請したことだ。これには慎重を期して、要請書を持たせて送る使者も一人に頼らず、オリエントのイスラム教徒の間では活用されていた、伝書鳩《ばと》にも頼ることにしたのである。手紙を持たせて送る使者も複数、手紙を足にくくりつけて放つ鳩も複数送ったので、アスカロンに駐屯するエジプト軍には必ず、イェルサレムへの救援の要請は届くはずであった。

第二は、イェルサレム市内に住んでいたキリスト教徒、と言ってもギリシア正教徒がほとんどであったのだが、この人々を市外に追放したのである。ただし、ユダヤ教徒には残留を許した。言うまでもなくこの処置は、近づくキリスト教徒の軍への内通を阻止するためと、籠城《ろうじょう》中の口べらしも兼ねていた。

対策の第三だが、イェルサレムの近郊にある井戸という井戸に、毒物を入れて飲めないようにしたのである。これらの井戸は、旅人のためとともに放牧の家畜のためにあったのだが、長官は羊飼いたちにそのことを告げ、家畜はすべてイェルサレム市内に避難させるよう命じた。これで、籠城中の食不足も怖れる必要はなくなった。

防衛に立つ兵士の数は少なかったが、援軍が来るまで持ちこたえられるという確信が、イェルサレム防衛の責任者である長官アダウラにはあったのだ。持久戦に持っていければ勝てる、と。

水の欠乏

イェルサレムの前に陣取った十字軍は、今度だけは食の不足に苦しむことはなかった。タンクレディが気をきかせてくれたおかげで、食は満足できる程度にはあったからである。それでただちに攻撃をかけたのだが、その攻撃が思ったように進まない。水の不足が原因だった。

中近東の六月は、もはや完全な真夏である。いかに慣れていようと、重い甲冑をつけて攻撃するのは耐えがたい苦しみになる。容赦なく照りつける太陽と流れ出る汗で、しばらく闘っているとぼうっとしてくるのだ。といって甲冑を脱いで攻めるのでは、防衛側の放つ矢の犠牲になるだけだった。

そのうえ、井戸も使えない。唯一《ゆいいつ》防衛側が毒を入れようにも入れられなかった池があったが、それは南東の城壁の外にあり、その池に水を汲《く》みに行こうものなら、城壁の上から降ってくる矢の格好の標的になるだけだった。

毒の入っていない水を得るには、十キロも遠くまで行かねばならなかったのである。だが、深くも考えずに遠出したりすれば、近くにいるにちがいないエジプト兵の餌食《えじき》になる危険があった。そして、ヨルダン川までは遠すぎたのである。それでも、渇《かわ》きに苦しんだ兵士たちの幾人かは、ヨルダン川にまで遠出する。だが、イエス・キリストが聖ヨハネの手で洗礼を受けたことを思い出したりしてヨルダン川で水浴を愉《たの》しんだ兵士たちは、略奪かと誤解した付近の住民たちに襲われて殺され、一人ももどって来なかった。そのようなことが起っても、渇きに耐えかねて陣営地を抜け出し、水を求めて遠くにまで出向く兵士の数は増す一方になる。

こうなっては、攻撃をつづけるどころではなかった。水不足に悩む兵士たちはすっかり意気消沈し、その兵士たちを率いる諸侯も、どうしてよいかわからなくなってしまったのである。イェルサレムを見て感動にふるえた日から、五日しか経《た》っていなかった。

六月十二日、諸侯たちは、困ったときの神頼み、をすることに決める。オリーヴ山にこもって修行中の隠者がいると聴き、その隠者に知恵を貸してもらおうというわけだ。誰が代表になって行ったのかは知らないが、ピエトロという名のその隠者は、神を信じて全軍でただちに攻めよ、と告げたというのだった。

それで翌日、神を信じて全軍で攻めたのである。神が助けてくれたのか、その日十字軍は、北側の城壁は乗り越えることができた。ところがその内側に、もう一つ城壁が立ちふさがっているのを知らなかったのだ。そしてその城壁に取りつくには、多数の木製のはしごが必要だったのだが、神頼み一筋の十字軍の兵士たちは、それを用意していなかったのである。

やむなくその日は帰営したのだが、十字軍もわかったのだった。イェルサレムは彼らにとって特別の都市だが、それをめぐる城壁は他の都市と同じ城壁にすぎなく、その城壁の攻略には、攻城用の塔なしでは不可能であることをわかったのであった。

攻城用の塔

だが、十字軍は、もう一つのことにも今になって気づく。砂漠の中にあると言ってよいイェルサレムでは、石はあっても樹《き》はほとんどないという現実に。

これで再び意気消沈してしまった諸侯たちだったが、その彼らに、まさに神の恵みとでもいう感じの朗報がもたらされた。

六月十七日、ヤッファの港に、ジェノヴァとイギリスの船から成る船団が入港したというのである。諸々の援助物資を満載してきたにちがいなく、それを敵方に奪われないためにと、サン・ジル下の将のレーモン・ド・ピレに率いられた一隊がヤッファを目指して発《た》った。そしてこれも、神の恵み、つまり奇跡、かもしれなかった。キリスト教徒の船と知ったエジプトの船団から襲撃を受けて苦戦中だったのが、そこに駆けつけたド・ピレ率いる兵士たちの奮戦で撃退できたからである。エジプト船団はヤッファ港封鎖を断念して、アスカロンに帰って行った。

しかし、この明るい知らせは、まもなく暗い知らせに変わる。ジェノヴァの大型ガレー船二隻《せき》とイギリスの小型帆船四隻はあらゆる種類の必要物資は運んできたが、木材は運んで来なかったのである。木材ぐらいは現地で調達容易と思っていたからだが、イェルサレム周辺ではそれが容易ではない。少なくとも、複数の塔の建造に必要な量までは、容易には見つからないのだ。

こうなると、遠方に行って木材を調達してもどってくる役は、これまでにも活動的であるのをことあるごとに示してきた、二人に課されることになる。つまり、タンクレディとフランドル伯だ。若い二人は、それぞれの兵士を合わせて一隊を編成し、それを率いてサマリア地方にまで遠出し、ようやく必要な量の木材を調達して帰ってきたのであった。

早速、攻城用の塔づくりが始まった。城壁の高さになるまで達する高さに作らないと、攻城用の塔の役目は果せない。ゆえにそれは、二つで満足するしかなく、一つはゴドフロア軍のため、もう一つはサン・ジル軍用になる。この二人が、イェルサレムを攻撃する十字軍の中では数多くの兵士を率いていたからである。

しかし、これほどの塔は、一朝一夕には作れない。また、一応にしろ技術を要する作業だけに、一般の兵士たちはついつい手もちぶさたになる。彼らにも食は不足していなかったが、水不足はあい変わらずだった。そして人間は、このような状況下では容易に自己制御力を失う。つまらないことが原因で、争いが頻発するようになった。要するに、兵たちの気が荒れてきたのだった。

ここで、司教アデマールの実弟のユーグ・ド・モンテイユが乗り出してきた。そして言った。

昨夜夢の中に現われた兄のアデマールが、今の状態の十字軍を嘆き悲しみ、三日の間断食し、全員でイェルサレムの城壁のまわりを祈りながら裸足《はだし》でまわることで、贖《しょく》罪《ざい》の気持を神に示せば、神は九日の間にイェルサレムを陥落させてくださるだろう、と告げたというのである。

このお告げに、諸侯も兵士もとびついた。攻城用の塔の製造も、一時中断である。十字軍の全陣営では、三日の間断食し、その三日の間は毎日、全員が裸足でイェルサレムの城壁のまわりを一周するのである。十字架を捧げもつ聖職者たちを先頭に、その後にはいつもの甲冑は脱いで短衣と裸足姿でつづく諸侯と騎士たち、そして最後に

攻城用の塔

は兵士とその後につづく巡礼者たちでなる行列が、城壁の上からイスラム教徒たちが唖然《あぜん》と見降ろす中でくり広げられたのであった。

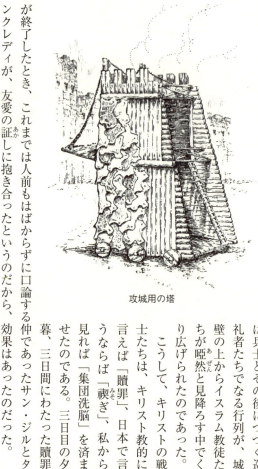

　こうして、キリストの戦士たちは、キリスト教的に言えば「贖罪」、日本で言うならば「禊《みそ》ぎ」、私から見れば「集団洗脳」を済ませたのである。三日目の夕暮、三日間にわたった贖罪が終了したとき、これまでは人前もはばからずに口論する仲であったサン・ジルとタンクレディが、友愛の証《あか》しに抱き合ったというのだから、効果はあったのだった。

　翌日から、塔建造の作業が再開された。攻城用の塔は、城壁からの火矢にも耐えられるように、外側には動物の皮を張りめぐらす必要がある。だが、集団洗脳の効用か塔の建造作業には全員が加わるようになっていたので、このめんどうな作業も眼に見えてはかどった。しかも予定していた二つでなく、完成した塔は三つに増えていたのである。それで、予定していた南側と西側の他に、ノルマンディー公とフランドル伯が布陣している北側にも一つ配置できることになった。

これらすべては、七月十日には完了する。総攻撃は、三日後の十三日と決まった。その前に、城壁のすぐ下をめぐって掘られている、壕《ほり》を埋めつくす必要があったのである。

七月十三日と決まった総攻撃は、南と北の二方から塔を城壁に接近させ、同時に攻撃をかけることで防衛側の注意を引きつける。その間を利用して西側の城壁前の塔が接近して城壁にとりつく。という手はずであったようである。

だが、そうならば、十字軍側の作戦は完全に裏目に出た。防衛を指揮するイフティハルは、三つの塔のいずれにも防衛力を配分していたが、その中でもとくにゴドフロア指揮する西側の塔に対しては、激しく攻めてきたのである。西側は攻める側の使える土地が狭く、いきおい塔も、他の二つよりもずっと城壁に近く配置されていたからであった。

「ギリシアの火」

この防衛側が活用した兵器は、日本語では「ギリシア火焔器《かえんき》」と訳されているが、原語では簡単に「ギリシアの火」と呼ばれていた兵器であった。石油と硫黄《いおう》を混ぜ合わせたものを小さな壺《つぼ》状の容器に入れ、それに火を点《つ》けて投げると、あたった側は火だるまになるという怖ろしい兵器で、これを使い始めたのがギリシア人が主体のビザンチン帝国であったところから、「ギリシアの火」と呼ばれていたのである。

この兵器は、第一次十字軍の当時はいまだ〝手榴弾《しゅりゅうだん》〟タイプだったが、その後の開発は急速で、まもなく〝火焔放射器〟に近いタイプになり、石油には不足しないオリエントの人々にとっての強力な兵器になっていく。

とは言っても、いまだ〝手榴弾〟の段階ではあろうと、ヨーロッパから来た十字軍の兵士たちにとっては、それまでまったく見たことのない怖ろしい兵器なのであった。

この新兵器を投げつけられ、西側に配置された塔はまたたくまに火を噴く。すんでのところで兵士たちが塔を後退させたので、塔そのものの炎上にまでは至らなかったが、ゴドフロアは、その塔を北西の方角に移動させることにした。西側よりも北西の側のほうが土地が広く、車輪のついた移動式の塔の動きがより自由であったからだ。

こうして、北西側の城壁に対しては、二つの塔が同時に攻撃できるようになった。サン・ジル率いる南側の塔も、同じように「ギリシアの火」を浴びながらも、しぶとく善戦していた。


しかし、守る兵の数が少ないにかかわらず、イェルサレムの防衛に起《た》ったエジプト軍の兵も敢闘していた。矢はものともしない鋼鉄製の甲冑も、「ギリシアの火」を浴びたのでは耐えきれなかったこともある。

イェルサレムの城壁をはさんでの激闘は、その日では終らず、次の日になってもつづいた。だがその間に、ゴドフロア軍の塔は、ついに「ギリシアの火」を浴びて炎上する。

しかし、戦意を喪失しなかったゴドフロアは、弟やタンクレディとともに、北側に配置されたもう一つの塔に移る。ノルマンディー公とフランドル伯のための塔だったが、ゴドフロアが移ってきた以上は、総指揮をとるのは彼になった。

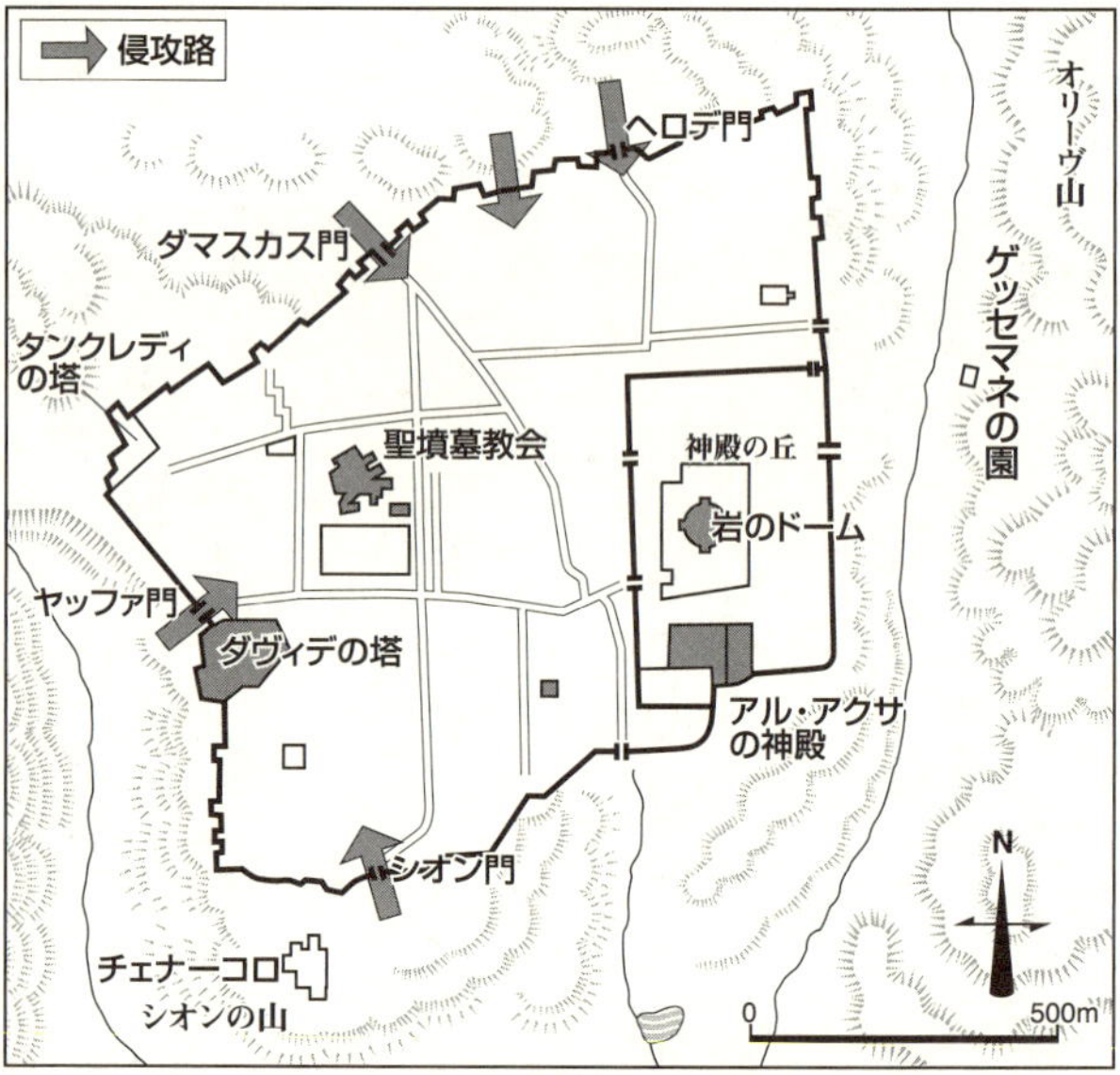

イェルサレム市街への侵攻路
(Steven Runciman, *A History of the Crusades*, Vol. I による)

七月十五日の朝、十字軍側は、この塔を「ヘロデ門」近くの城壁に密着するまで近づかせることに成功した。同時に、今度は用意万端整っていた多量のはしごが、塔の左右の城壁前に立ち並ぶ。

四角形の塔の最上階からその一辺が、音を立てて城壁の上に落下してきた。そしてそこから、ロレーヌ公ゴドフロアが城壁上に降り立ったのである。その後に、タンクレディもフランドル伯もノルマンディー公もつづいた。その彼らの後から、もはや一団となった兵士たちが市内になだれこんできたのだった。

誰かが、城門を開けたのだろう。さしたる時も置かずに固く閉ざされていた城門のすべてが開けられ、そこからも十字軍の兵士たちが、いや巡礼たちまでが、イェルサレムの市内になだれこんだのである。

イェルサレム解放

長官イフティハルは、もはや防戦は不可と見、側近たちを連れただけで「ダヴィデの塔」に逃げこんだ。そこは「塔」というよりはそれ自体で堅固な城塞になっており、しばらくの抵抗ならばできたかもしれなかった。だが長官は、自分たちの安全な退去を条件に、その近くの「ヤッファ門」から入ってきたばかりのサン・ジルに、降伏を申し出たのである。サン・ジルは、彼らが持っていた貴重品に「ダヴィデの塔」も差し出すことを条件に、その申し出を受けた。こうして、騒乱の巷《ちまた》と化したイェルサレムを後に、長官とその側近たちだけはアスカロンに逃げることができたのであった。

イェルサレムの市内では、その間、アンティオキアの陥落時に優るとも劣らない残《ざん》虐《ぎゃく》さで、惨劇がくり広げられていた。

アンティオキアのとき同様に、十字軍は、市内にはイスラム教徒しかいないと思いこんでいる。キリスト教徒はいなかったが、ユダヤ教徒はいたのだ。だが、ヨーロッパから来たキリスト教徒にしてみれば、ユダヤ人も異教徒である。それで十字軍の兵士たちは、人と見るや殺しまくったのである。捕えて奴《ど》隷《れい》に売ることでさえ、その日の彼らの頭にはなかったようであった。聖なる都イェルサレムには、異教徒は一人でも残っていてはならないのであった。

この狂乱の中で、ロレーヌ公ゴドフロアだけは少数の兵を従えただけで、聖墳墓教会に直行した。そして、イエス・キリストの墓の上に建てられたというその教会の中で、ひざまずいて静かに祈りをあげていた。しかしその彼も、兵士たちがくり広げている蛮行を、やめさせようと努めたわけではないのである。ゴドフロアも、中世のキリスト教徒の一人であったのだ。

タンクレディのほうは、市内に入った直後は殺しまくる一人だったが、イスラムの聖所に所蔵されている宝物を奪うのも忘れなかった。だが、その略奪行の目標の一つであった「アル・アクサの神殿」と呼ばれるイスラム教の聖所の中に足を踏み入れたときに、彼がそこで見たのは、怖《おそ》ろしさに身を固くしている、三百人ものイスラムの女子供であった。

二十五歳の若将は、その人々に、無事に退去させる、と約束する。だが、その聖所の屋根の上に自分とボエモンドの属すアルタヴィッラ家の旗をかかげるのと、内部に所蔵されている宝物をわがものにするのは忘れなかった。

しかし、タンクレディとその配下の兵士たちが、宝物を保存する場所を探しに行った間に、そこにも十字軍の兵士たちが乱入してきたのだ。「アル・アクサの神殿」は、中にいる三百人のイスラム教徒とともに焼き払われた。

翌・十六日には、イェルサレム市内の街路を流れる血で染めた惨劇はくり返されなかった。だがそれは、諸侯たちがやめさせたからではない。兵士も巡礼も夕方までつづいた殺戮《さつりく》に疲れ果て、城壁の外の天幕にもどって眠りこんでいたからである。それで静かになっていた市内を通って、と言っても殺されたイスラム教徒たちの屍《しかばね》が重なり合う間を通って、諸侯たちは聖墳墓教会に集まり、陥落後初めて全員が顔を合わせたのであった。

だがその日は、聖墳墓教会の中で、神に感謝の祈りを捧げることだけで終わった。異教徒と見れば見境なく殺したと同じ人が、その日は祭壇の前に泣きながらひざまずいていた。「聖都イェルサレムの解放」は、西暦一〇九九年の七月十五日についに成し遂げられたのである。ヨーロッパを後にしてから、三年が過ぎていた。

人間には、善人と悪人のちがいがあるのではない。一人の人間の中に、「善」と「悪」が共生しているのだ。だからこそ宗教や哲学や倫理によって矯正に努めるのだが、いまだに成果ははかばかしくないのである。古人はこの現実を、「陽の下に新しきものなし」と言った。

陥落から二日目の七月十七日、十字軍の首脳たちは再び聖墳墓教会に集まった。解放成ったイェルサレムの、今後を決めるためである。

それはまず、従軍していた聖職者たちの強い主張で、イェルサレムの大司教に誰をすえるかを決めることになった。聖職者たちは、聖なる都であるイェルサレムの統治は、神に一生を捧げた聖職者が行うべきであると主張していた。だが、統治権は誰に帰すかの問題は措《お》くとしても、諸侯たちも、イェルサレムの宗教上の指導者を決めることには異存はなかったのである。

その資格を有する人は、二人いた。法王代理として十字軍に従軍してきた司教アデマールと、イスラム支配下でもイェルサレムの大司教を務めてきたシメオンである。だが、アデマールはアンティオキアで死んでいたし、シメオンも、イェルサレムがエジプト支配下に入ったときに追放され、この少し前に追放先のキプロス島で死んでいた。

このような場合は、ローマに使節を送り、ローマ法王に決めてもらうのが筋道である。だが、法王ウルバン二世も、しばらく前から健康を害していることは知られていた。実際、十字軍を提唱し大軍をオリエントに送り出した人であるウルバン二世は、この年の七月二十九日にローマで死ぬ。イェルサレムが陥落した二週間後だが、この時代の情報の伝わり方は遅い。「十字軍の法王」として歴史に名を遺《のこ》すこの人は、「聖地イェルサレムの解放」を知らずに死んだのである。また、新法王の選出がすぐというわけにはいかないのは、この時代の常識でもあった。

こうなると、イェルサレムの大司教は、この地で選ぶしかない。そしてこのような場合、積極的で押しの強い側に軍配が下るのは、聖職界であろうと同じなのだ。

声をあげたのは、ノルマン系イタリア人ゆえにアンティオキアに残ったボエモンド派の僧である。ただし彼は、自己推薦したのではない。自分の親友でしかも首脳陣が反対しにくい人物を、イェルサレムの大司教に推薦し、彼自身はベツレヘムの大司教になるというのが、この人の作戦であった。

イェルサレムの大司教という重要な地位に推《お》されたド・ローは、ノルマンディー公の聴聞僧《ちょうもんそう》として従軍してきた人で、イギリスを征服してノルマン王朝を創設した「征服王ウィリアム」の娘で尼僧院《にそういん》に入ったセシリアの家庭教師を務めたこともある。要するに、支配階級と近い関係にあるということで、有資格者とされたのだった。

ところがこの人の選出に、サン・ジルが反対したのである。トゥールーズやプロヴァンスから成る南仏の領主であるサン・ジルにしてみれば、この人選は北部フランス寄りになりすぎるからであった。

サン・ジルの強硬な反対を受けてはイェルサレム大司教選出も頓挫《とんざ》するしかなく、この問題は先送りにするということにして、イェルサレムの王を誰にするかの問題に移った。

「キリストの墓所の守り人」

カリフにはスルタンなりヴィジールがいるのだから、大司教をやっていられるのも実権をもつ王がささえてこそなのである。解放成ったイェルサレムの防衛を担当する人の選出は、ゆえに欠くことは許されない主要問題なのであった。

ここで、サン・ジルが勢いこむ。「聖なる槍《やり》」にあれほども執着し、イエスが弟子たちと最後の晩餐をとった地だからとそこに陣営を置いた人である。南フランスに広大な領地を所有しているのだから、領土的な野心が特別にあったわけでもなかった。「聖都イェルサレムの王」という名と地位が、彼の心を熱くしたのである。トゥールーズ伯サン・ジルは、野心家であるよりも虚栄家であった。

それでやりたい一心になったサン・ジルだが、自分が諸侯たちから好かれていないことは知っている。ために一策を考えた。

諸侯たちを前にして、トゥールーズ伯は言った。最年長者であるわたしでも、聖なる都の王になるのは気がひける、と。自分がこう言えば、他の諸侯たちも気がひけて、誰も受けないだろうと踏んだのである。

ところが、これでサン・ジルは自ら辞退したものとされ、心中ではサン・ジルが王になっては困ると思っていた人々が、いっせいに、ゴドフロアに王位に就くよう求めたのだった。そして、ロレーヌ公ゴドフロアは、サン・ジルの予想に反して、一度は辞退したものの結局は受けたのである。


五十七歳になっていたサン・ジルは、アンティオキアでも四十九歳のボエモンドと争って一敗地にまみれたが、イェルサレムでは、三十九歳のゴドフロアに対して、争ったわけでもないのにまたも地にまみれたのだ。

機嫌を悪くしたサン・ジルは、自軍を連れてイェルサレムを発ち、ジェリコに行ってしまった。そして、旧約聖書時代からのこの古都で、遠慮なく不機嫌を発散させることになる。

サン・ジルが出て行ってしまったために、それまでは彼が占拠していた「ダヴィデの塔」は、自動的にゴドフロアのものになった。

サン・ジルの戦線離脱は、この人の反対で中断していたイェルサレムの大司教の選出にも、障害がなくなったことを意味する。ノルマンディー公の聴聞僧だったド・ローが、十字軍下では最初のイェルサレムの大司教職に就いたのであった。

この大司教は、諸侯たちとは衝突しなかったが、宗教面ではいたく熱心な人だった。まず初めに、イェルサレムではキリスト教はカトリックのみで、ギリシア正教もアルメニア宗派のキリスト教も認めないとしてしまったのである。これは後々、ビザンチン帝国との間での摩擦の一因になる。


次いで大司教が熱心になったのは、イェルサレムに隠されていたという、イエス・キリストがはりつけになった十字架であった。これは実際は、そうと伝えられてきた木片にしかすぎなかったようだが、この木片をはめこんだ十字架は「真なる十字架」と呼ばれ、以後十字軍の軍事行動にはどこにも捧げ持たれていくことになる。

このようなことが重なったためもあって、聖職者たちの声が大きくなったのであった。彼らはまたも、聖なる都イェルサレムを、王の名で俗界の人間が統治するのは許されない、との主張を持ち出してきたのだった。

ロレーヌ公ゴドフロアは、これまでにも無用な争いには加わらないことで通してきた男である。今度も、王の強権を使って聖職者たちの口をふさぐ行為には出なかった。彼は、自分は「王」ではなく、「イエス・キリストの墓所の献身的な守り人」と名乗りたい、と言ったのである。

ラテン語では、「アドヴォカートゥス・サンクティ・セプルクリ」(Advocatus Sancti Sepulchri)という。「王」(Rex)ではなく、「守り人」(Advocatus)になる、と言ったのだ。「アドヴォカートゥス」とは、古代のローマ時代では、弁護人を意味していた。そして、こう言われては、聖職者たちも黙るしかなかったのである。

ゆえに、ロレーヌ公ゴドフロアは、言葉の上ではイェルサレム王国の初代の王ではない。だが、実態は王である。そしてこの実態は、一ヵ月も過ぎないうちに明らかになるのである。

「イエス・キリストの墓所の守り人」に就任したばかりというのに、ゴドフロアには次々と難題が押し寄せていた。

まず初めは、ノルマンディー公とフランドル伯の帰国の意志だった。二人とも、十字架に誓ったのはイェルサレムの解放であり、それを果した以上はヨーロッパにもどるというのである。両人とも、率いてきた兵は少数だったが、常に第一線で敢闘してきた人々だった。中でもとくにフランドル伯は、諸侯の誰もが常に頼れる将であったのだ。そして、将が帰国するということは、この人々が率いてきた兵士たちも帰国するということなのである。

ゴドフロアは、すでにアンティオキア戦とこのイェルサレム戦で、自軍の兵士の多くを失っていた。それなのに、またも兵力の減少である。残っている諸侯は彼も入れて三人になってしまうが、サン・ジルは頼りにならず、ゴドフロアが頼りにできるのは、これまた少数の兵しか持っていないタンクレディ一人になる。

しかし、神への誓約は果した、と言われてはどうしようもなかった。それでゴドフロアは、次弟のユースタスを、ジェノヴァ船でヨーロッパへもどるという、ノルマンディー公とフランドル伯とともに発たせることにしたのである。

ロレーヌ公ゴドフロアは、ノルマンディー公やフランドル伯もそうであるように、れっきとした領国の領主であった。おそらく彼も、イェルサレムを解放した後は故国に帰るつもりで、ヨーロッパを発ったにちがいない。だからこそ、自分の領土である低ロレーヌ地方の統治を、高ロレーヌの領主である兄に託して十字軍に参加したのである。だが、「キリストの墓所の守り人」になった今、それをやりとげるには問題が山積していることがわかったのだ。「キリストの墓所」を、放って帰国することは彼にはできなかった。それで、自分の代わりの領主として、弟を帰国させることにしたのではないだろうか。ゴドフロア自身は、このパレスティーナに骨を埋める、と決めて。

エジプト軍、接近

実際、そのようなことを思い悩んでいる余裕すら、ゴドフロアにはなかった。エジプトの大軍が、カイロから陸路、パレスティーナに進攻してきたからである。

これには、ヤッファの港で船を待っていたノルマンディー公もフランドル伯もヤッファから引き返し、ジェリコで不機嫌をもてあましていたサン・ジルまでが、軍を率いて駆けつけると伝えてきた。

ゴドフロアはまず、住民がイェルサレム王国下になってもよいと言ってきた、ナブルスに出かけているタンクレディを呼びもどす。そして彼に、エジプト軍の内情を探ってくるよう指示した。その間、帰国組もサン・ジルも、イェルサレムにもどってくる。そしてタンクレディも、数日も経ないうちにもどってきた。

幾人かのエジプト兵を引っ捕らえて尋問しただけでなく、彼自らがアスカロンの港町にまで潜入して探ったというタンクレディの報告では、パレスティーナに進攻してきたエジプト軍は総勢は三万。率いるのは、宰相《ヴィジール》のアル・アフダル自らであるという。彼らはすでに陸路アスカロンの郊外に到着しており、そこでエジプトからアスカロンに海路運ばれてくる兵糧《ひょうろう》の到着を待っているということだった。

タンクレディはゴドフロアに、エジプト軍が準備を終えないうちにこちらから出て行ってたたくべきだ、と進言した。ゴドフロアは、この二十四歳の若将の進言を容《い》れる。攻撃は、到着した日の夜が明ける直前、と決まった。

イェルサレムが陥落した七月十五日から数えて、わずか二十五日後にして十字軍は、大軍を迎え撃つことになってしまったのである。この戦闘の結果しだいでは、「イェルサレムの解放」も、一ヵ月足らずの夢で終わりかねないのであった。

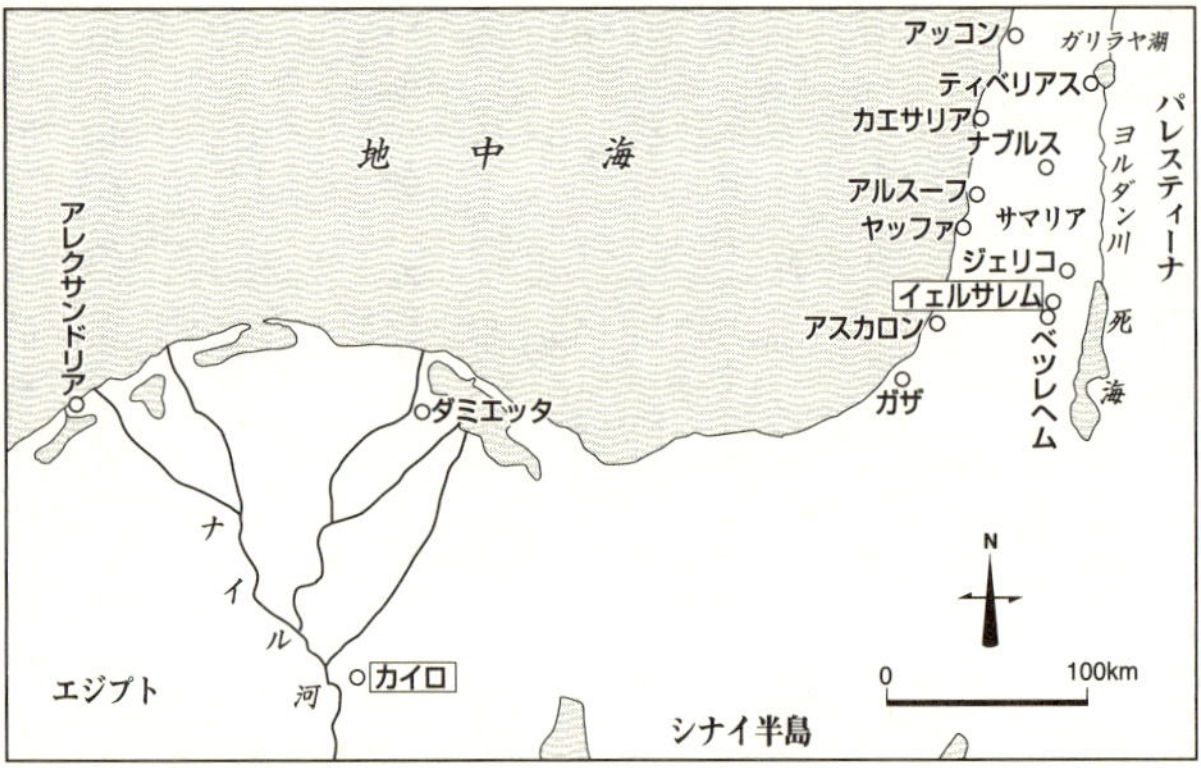

パレスティーナおよびエジプト

エジプトの軍勢に向うこのときの十字軍の総戦力が、どのくらいであったかはわかっていない。しかし、イェルサレム目指して南下していた当時ですら、十字軍の総戦力は騎兵一千五百と歩兵一万一千前後であったのだ。イェルサレム攻防戦中の損失と、それを上まわっていたと言われる水不足による損失を考えれば、一万二千五百の総戦力はさらに減っていたと思わねばならない。大まかに言っても、エジプト軍に立ち向う十字軍は、三倍の敵を相手にすることになるのであった。

パレスティーナ地方の海港都市としては最もエジプトに近いアスカロン（現 Ashqalon）は、直線距離ならば西南西に、イェルサレムからは七十キロしか離れていない。イェルサレムからヤッファまでが、これも直線距離で北西に六十キロだから、「聖都イェルサレムの解放」を夏の夜の夢にしてしまいかねない大敵は、三、四日の行程にまで接近したことになる。イェルサレムの攻略には成功した諸侯たちが、日頃の敵愾心《てきがいしん》や不満を忘れて団結したのも当然であった。

エジプトの宰相《ヴィジール》率いる三万は、必要物資の到着を待つ間、アスカロンの郊外に野営していた。彼らは、この時期の十字軍の兵力を、相当に正確に把握していたようである。それで、簡単には襲ってこられない、と見て、防衛のための準備もしていなかった。

そのエジプト軍の野営地に接近した十字軍は、攻撃に入る前にすでに、ゴドフロアの考えに沿っての陣形づくりになっていた。

地中海を右に望む右翼は、トゥールーズ伯サン・ジル率いる南仏の兵士たち。この右翼の役割は、敵がアスカロンに逃げこむ道を断つことにある。

フランドル伯とノルマンディー公とタンクレディは、突撃力を買われて中央に配された。

左翼は、ロレーヌ公、というよりも今や「キリストの墓所の守り人」、のゴドフロア率いるロレーヌ地方のドイツ騎士たち。この左翼に課されたのは、左側からまわりこんで敵を囲いこむことにある。

しかし、「小」が「大」に勝つには、不意を突くしかない。それには、音を立てないための注意は欠かせなかった。季節は真夏。どうやらこのときの十字軍は、鎖かたびらの上には鋼鉄製の胸甲のみを着け、他の武具ははずし、兜《かぶと》まで脱いだ武装であったようである。防御力ならば劣るが、攻めに攻める戦場での自由度ならば優れる。その証拠に、騎兵は大槍と長剣と盾、歩兵でも長剣と盾は離さない。その兵士たちの背後には、「真なる十字架」をささげるイェルサレムの大司教が控える。兵士たちにしてみれば、キリストが磔刑《たっけい》に処された十字架に見守られながら、キリストのために闘う心情になったことだろう。一〇九九年八月十一日も、夜が明けようとしていた。

太陽の昇る直前に攻めこむ、という戦術が成功したのは、多分にエジプト兵に早起きの習慣がなかったことにもよる。だが、速攻の効果が明らかになるのに、数時間と要しなかった。

不意を襲われたエジプト兵たちは逃げまどい、迎え撃つ態勢を整えるどころか、前後左右に追いまくられるだけだった。槍で突かれ剣でなぎ倒され、アスカロン目指して逃げようとした兵士たちも、サン・ジル軍によって海に追いこまれ、その多くは溺《でき》死《し》した。

総司令官であった宰相のアル・アフダルは、近衛隊《このえたい》に守られてアスカロンに逃げこんだが、そこで踏み留まって闘うでもなく、港に停泊中のエジプト船にとび乗り、そのままカイロまで逃げ帰ってしまった。

完璧《かんぺき》な、十字軍の勝利である。アル・アフダルは、緑色の地にコーランの文字を白く染めぬいたエジプトのファティマ朝を表わす軍旗や、彼自身の宝飾も豪華な剣まで放置して逃げたのであった。

しかも、エジプトの宰相が放置して逃げたのは、それだけではなかった。数多くの豪華な絨毯《じゅうたん》や金色に光るダマスカス織りの絹の衣服、箱いっぱいの、色とりどりの宝石とペルシアの真珠の首飾り。さらに、これまた大量の金塊。そして、十字軍にとっては大変にありがたかったもの、つまり、多数のアラブ純血の馬。これらすべてが、十字軍の戦利品になったのである。

アラブ人もトルコ人も、もともとが遊牧の民であるゆえか、戦いに向うというのに財産いっさいを持って行く習慣がある。人によっては、ハレムの女たちまで引き連れていく。それで、イスラム教徒の軍に勝つことは、軍事力を敗北させることに加え、一財産を手中にすることにもなるのである。八月十三日、十字軍はこれらすべてをたずさえて、イェルサレムに凱旋《がいせん》したのであった。

ところが、熱狂と陶酔が過ぎてまもなく、新たな問題がもちあがったのである。アル・アフダル率いるエジプト軍が敗走してしまったことで、その前線基地になっていたアスカロンに住むイスラム教徒たちは恐怖に突き落とされていた。エジプトの海港都市ではあったが、守備隊の規模はしれている。勝ち誇るフランクの軍勢に攻撃されようものなら、イェルサレムよりも早く陥落することは眼に見えていた。それで、攻めて来られる前に降伏してしまうことに決めたのだ。そして、アスカロンがこう決めたと知ったアルスーフの住民も、闘わずして城門を開くと決める。

彼らは、この申し出を託した使者を、トゥールーズ伯サン・ジルの許《もと》に送った。パレスティーナに住むイスラム教徒にすれば、侵略者であるフランクの諸侯の中で最も有力な人物は、サン・ジルと思いこんでいたからだ。

だがこれを、誰を通したのかはわかっていないが、ゴドフロアが知った。そしてゴドフロアは、この、願ってもないはずの無血開城の申し出を、あえて断わったのである。

このことで、諸侯たちのゴドフロアを見る眼が変わった。アスカロンやアルスーフの無血開城が成ればそれはサン・ジルの手柄になるので、そうなるのを嫌ったゴドフロアがこの好機をフイにした、と思ったのである。嫉妬《しっと》に駆られて十字軍全体の利益を損じた、として、これまではゴドフロアと一心同体でもあるかのように行動してきたフランドル伯やノルマンディー公までが、ゴドフロアを冷たく見るようになった。もちろん、横車を押された想いでいたサン・ジルは、もはやゴドフロアと行動はともにしないと公言し、さっさと自分だけで兵を率いて北に向って発つ。

しかし、ゴドフロアがタナボタ式のこの好機を断わったのは、嫉妬の想いなどではまったくなく、指揮系統の一元化を考えてであったと思う。

これまでにも常に、一言あらねばならないのがサン・ジルだった。アスカロンとアルスーフの無血攻略が成った日には、このサン・ジルの発言力はさらに増すだろう。つまり、聖都イェルサレムを守る将は、二人になるのである。

非凡なる二将よりも凡なる一将を選ぶ、と言ったのはナポレオンだが、指揮系統の一元化は、持てる力の効率的な活用には、絶対に欠かせない。

エジプト軍に勝利した後で十字軍に残った戦力は、一万前後でしかなかった。この状況下で、二将併立になったらどうなるか。アスカロンとアルスーフは、今でなくてもいずれは手に入ると見ることもできた。なぜなら、エジプトからの大軍に勝利したということは、パレスティーナへのエジプトの覇権をゆるがせた、ということになるからである。

このことを、サン・ジルはわからなかった。そして、フランドル伯もノルマンディー公もわからなかったのである。反対に、若さに似合わず、理解していたのはタンクレディ一人であった。

また、なぜパレスティーナのイスラム教徒たちが、無血開城の申し出を、ゴドフロアではなくサン・ジルにしたのかということだが、この問題の解明には、古今東西変わりのない、「ニュース」に対する考察で代えられると思う。

この時期までの十字軍を記述するキリスト教側の記録者たちもイスラム側の年代記作者も、十字軍に参加した諸侯の中でゴドフロアにふれる度合いが少ないことでは共通している。

この人々が、宗教のちがいには関係なく、頻繁に記述してきたのはボエモンドでありサン・ジルであった。

アンティオキア攻防時のボエモンドの活躍は衆目一致の事実であったから当然としても、あの当時からサン・ジルの名にしばしば言及されているのは、この人の言行が常に騒々しく、ゆえにあの時代の〝ジャーナリスト〟たちの注目を引いたからである。

記録者と呼ぼうが年代記作者と呼ぼうが、常に話題を提供してくれる人の言行に注目する性向では、現代の記者やジャーナリストとまったく変わらない。

一方、ロレーヌ公ゴドフロアのように、不可欠でないかぎりは同僚たちの抗争に加わらず、自分の責務を淡々と果していくタイプの人物は、ニュース、言い換えればゴシップ、を提供することが少ないために、取りあげられる回数も少なくなるのである。

そして、キリスト教側の有名度の基準がこれならば、イスラム側の受ける印象もそれに影響されるのは当然であった。それにサン・ジルは、諸侯の中では最年長であり、イスラム世界では、年長者を尊重する気風が強い。それで彼らも、話をもっていくならサン・ジルだ、と考えたのだと思う。


だがこれを、ゴドフロアは断わった。それで気分を損じたサン・ジルとフランドル伯とノルマンディー公の三人は、九月に入るや荷物をまとめ、北に向ってイェルサレムを発って行ったのである。

フランドル伯とノルマンディー公の二人は、イェルサレムを解放するという神への誓いは果したと思ったときからヨーロッパに帰ると決めていたので、一ヵ月遅れはしたがそれを実行するだけである。シリアまで行けば、そこの海港都市にはビザンチンかイタリアの船がいるはずで、それに乗ってヨーロッパにもどるだけであった。

この二人に、ゴドフロアは、次弟のユースタスを同行させる。すでに述べたように、パレスティーナに残る自分に代わって、ロレーヌ地方にある自領の統治を託す思いであったにちがいない。

ロレーヌ一家の者としては、ゴドフロアにはいとこにあたるもう一人のボードワンも、この時期にイェルサレムを去って行った一人である。だがこの人は、ヨーロッパではなくて、エデッサにもどるために去ったのだ。今やエデッサ伯となったボードワンとともに、エデッサ伯領を堅持する仕事が待っていたからだった。

イェルサレムに残ったのは、三十九歳にしては老成したゴドフロアと、二十四歳という年齢そのままのタンクレディの二人だけになる。この二人の兵力を合わせても、騎兵三百と歩兵二千程度であったという。タンクレディの自前の兵力に至っては、二十四騎にすぎないのであった。

イェルサレム解放後にヨーロッパに帰って行った将たちを、後世の歴史家の多くは、領土欲のない信仰一筋の騎士たちであった、と賞讃している。だが私には、所詮《しょせん》は責任感の多少ではなかったか、と思えてならない。信仰だけでは信仰さえも守りきれないのが、人間世界の現実であるのだから。

とはいえ、残ったゴドフロアにとっては、常に果敢に闘い、しかも三十四歳と働き盛りのフランドル伯の帰国は、痛かったであろうと思う。来年には四十歳を迎えるゴドフロアの許に残ったのは、年が明けてもまだ二十五歳のタンクレディ一人であったのだから。

新法王代理、着任

フランドル伯やノルマンディー公と同じに北に向って発ちはしたが、ヨーロッパへ帰って行く二人とちがって中近東に留まったサン・ジルは、九月の半ばにはシリアの港町の一つであるジャバラに着いている。そしてそこで、二十キロ北の海港都市ラタッキに、ピサの船団が入港していることを知った。しかも、司教アデマールの死後に法王ウルバンが任命していた新任の法王代理が、その船で着いたことも知ったのである。

新任の法王代理は、ダインベルトという名の、それまではピサの大司教職にあったイタリア人である。イスラム教徒であるムーア人相手の「再征服《レコンキスタ》」が進行中のスペインで、これまた法王代理の格でカスティリア王の許に送られていたことがあり、その時期の経験を買われて、パレスティーナでイスラム相手に闘う十字軍の、法王代理に任命されたのである。ピサ生れなので、ピサの船で着いたのだった。

サン・ジルという人は、生前の司教アデマールと常に行動をともにしてきたくらいで、要するに高位の聖職者が好きなのだ。新任の法王代理到着と知って、この人を味方にできればゴドフロアに対しても影響力を行使できる、と考えたのである。

なにしろ、法王代理ともなれば、イェルサレムの大司教の上に位置することになる。イェルサレムの大司教職には、自分が反対したにかかわらず、元聴聞僧にすぎない男が就いている。サン・ジルは、新任の法王代理ダインベルトに、慎重に接近して行った。と同時に、ビザンチン帝国の海将を通して、ビザンチン帝国の皇帝アレクシオスにも、慎重に再接近して行ったのである。すべては、自分だけの領土、彼は伯爵《はくしゃく》であるところから伯領、を獲得するための策略であった。ただしこの人は、考えをめぐらせるとかえって良い結果に結びつかなくなる、という人でもあったのだが。

新任の法王代理のダインベルトは、ピサ生れだからピサ人である。当時はまだイタリア人という概念がなく、フィレンツェ人、ヴェネツィア人、ジェノヴァ人、と呼ばれていた時代であった。

その一つであるピサ人は、アマルフィ・ピサ・ジェノヴァ・ヴェネツィアと連なるイタリアの海洋都市国家の一つで、通商立国で一貫してきた人々だ。イスラム圏と交易しながらもイスラム教徒の海賊船との熾烈《しれつ》な闘いのために海軍力を向上させ、その一方で、最初にアラビア数字を導入するという進取の気性にも秀《ひい》でていた。この人々が、バカであるわけがない。いや、バカでは、一にぎりの土地と一にぎりの数の人間しか持たない都市国家でありながら、地中海を縦横に航行し通商してまわることなどできなかったのである。

法王代理ダインベルトは、このピサ人であった。中世の城の中の生活しか知らない北ヨーロッパの貴族の聴聞僧あがりとは、良《あ》きにしろ悪しきにしろ器《うつわ》がちがったのである。

ラタッキ（現ラタキア）で船を捨てたダインベルトは、サン・ジルの誘いにはイエスともノウとも答えずに、まずはシリア第一の都市であるアンティオキアに向う。

サン・ジルという男は、あれはあれで信仰深いのだが、反対にボエモンドのほうは、いかにも彼らしい考えで宗教とつき合う。今ではアンティオキア公領の主《あるじ》となったボエモンドは、新任の法王代理を暖かく丁重に迎えたのである。

四十九歳にはなっていても二年前にビザンチン帝国の皇女を魅了した、気になる男は健在だった。そのボエモンドは法王代理に、わたし自身がイェルサレムに随行しましょう、と申し出たのである。つまり護衛して行くということだが、その理由は、イェルサレムにある聖墳墓教会で神に祈りを捧げるという、イタリアを発つ際に十字架に誓ったことを成し遂げたい、というのだった。さらに加えて、この誓約成就《じょうじゅ》への想いならばエデッサ伯のボードワンも同じであろうから、彼にも声をかけて二人して、法王代理をイェルサレムまでお送りしたい、と言ったのだ。

イェルサレムの解放は成功したが、その周辺一帯までが平和になったのではまったくない。周辺一帯の制覇はゴドフロアとタンクレディによって目下進行中で、それでもまだイェルサレムへの道が安全になったわけではなかった。それで、法王代理であるからにはイェルサレムに行かないと話にならないダインベルトとしては、軍勢を率いた二将が随行してくれるというのは実に好都合な申し出であったのだ。

こうして、ボエモンドとボードワンという、いずれもアンティオキアとエデッサに留まってイェルサレム攻防戦には参加しなかった二人の、聖地巡礼行も実現することになる。

また、アデマールがアンティオキア攻防中に死んでいたので、ローマ法王はその代理であっても、聖都イェルサレムの土をまだ踏んでいなかったのだ。だがこれも、法王代理に代行させることで、初めて実現することになったのである。新任の法王代理ダインベルトにとっては、シリア・パレスティーナでの職務は、上々のスタートで始まりそうであった。

そのうえボエモンドは、キリスト降誕祭はベツレヘムで迎えたい、などとしおらしいことまで言った。それで、もはや日を無駄にすることは許されないと、にわかにイェルサレム行きの準備が始まったのである。

ボエモンドとボードワン、聖地巡礼に

巡礼行なのだから、ボエモンドに率いられて南イタリアから来ていた騎士も兵士も、誰もが行きたいと願い出る。だが、アンティオキアを留守にして行くことは許されな

い。ボエモンドは選抜に苦労したほどだったが、もっと苦労することになるのは、兵士ではない巡礼者たちも連れていかねばならないことだった。

イェルサレム解放の知らせは、当時としては驚くほどの速さで西欧に伝わっていたので、ヨーロッパからは、われもわれもと巡礼に来る人々がにわかに増えていたのである。その人々の多くは船で来るようになっていたので、彼らは、キリスト教国の船が安全に入港できるようになっていたシリアの港町に上陸する。そしてその後はアンティオキアに向うので、アンティオキアは巡礼のプールと化していたのである。この人々が、軍勢に守られてのこととて安全な、ボエモンドの巡礼行に便乗しようとしたのであった。

ボエモンドの巡礼行に従う人の数、二万五千、という年代記作者の記述は信じるとしても、そのうちでどれだけが兵士たちであったのかはわかっていない。いずれにしても、兵士兼巡礼と純粋な巡礼の比率は、半々程度ではなかったかと思われる。また、巡礼には、女たちもふくまれていた。

こうしてふくれあがった一行は、十一月の初めにはアンティオキアを後にしていた。南下には、海に沿う道をとる。

まずはラタッキまで行くのが、最初の目標だった。その町にはサン・ジルがいたので、食糧を分けてくれると期待していたからだ。

ところが、法王代理がボエモンドと行動をともにしているのに気を悪くしたサン・ジルは、いっこうに協力してくれない。それでもどうにかなったのは、ピサの船団による補給があったからだった。

さらに南下した一行は、ブルニヤス（現バニヤス）に着く。この町で、エデッサから来るボードワンと合流することになっていたからである。

このボードワンの一行も、ラタッキを通過して来たのだが、なぜかサン・ジルはこのボードワンには補給面で協力を惜しまなかった。サン・ジルにしてみれば、ボエモンドは宿敵でも、ボードワンはそうではなかったのかもしれない。

ところが、ボードワンを待っていたボエモンドとダインベルトは、ここブルニヤスで、ビザンチン皇帝の嫌がらせを受けることになる。今やシリアとパレスティーナ全域を制覇中の十字軍の勢いを面白く思わない皇帝アレクシオスが、いまだビザンチン帝国下にある海港都市に命じて、十字軍関係者には食糧を売るなと命じていたからだ。

キプロス島は、ビザンチン帝国領でつづいている。シリアの海沿いの町々は、そのキプロスに近いのだった。

ここでもピサの船団が買いつけてくれたので助かったのだが、それは、ビザンチン帝国民であるギリシア人とピサ人が商売関係にあり、ピサ人はまだこの時点では、十字軍関係者とは見なされていなかったからである。

合流を果したボエモンド、ボードワン、そして法王代理のダインベルトは、兵士と巡礼を連れて、十一月の末にはトルトーザ（現タルトゥス）に到着した。しかし、ここで待っていたのは、食糧補給どころではない難題であった。

この港町はサン・ジルが一時攻略したがその後すぐにイスラムの町にもどっていたので、町の住民のキリスト教徒に対しての敵意は強く、食糧を売ってくれるどころか攻撃をかけてきたのである。これで、軍事的な衝突には慣れていない巡礼たちに、相当な数の死傷者が出た。異教徒の地への巡礼行は、中世では、武器を持たない巡礼たちにとっても命がけであったのだ。

それでもトリポリまで南下できたのだが、ここではイスラム教徒の住民たちは協力的だったが、最近の飢饉《ききん》で売るものからして少ない。あったとしてもひどい高値で、巡礼たちは砂糖きびの茎をかじって飢えをしのぐしかなかった。

ちなみに、トリポリは砂糖の産地として有名で、この地で産する砂糖は、十字軍時代に西欧に伝わる。ヨーロッパ人の甘味が、古代ローマ時代の蜂蜜《はちみつ》から砂糖に代わるのも、十字軍による影響の一つであった。

地中海性気候では、雨は冬に降る。それでも一行は、十二月の雨の中を、ベイルート、シドン、ティロス、アッコン、ハイファと無事に通り過ぎ、その月の半ばにはカエサリアにまで到達できたのである。

シリアの海沿いを南下するよりもパレスティーナ地方の海沿いの通過のほうが問題が少なくて済んだのは、十字軍がエジプト軍に大勝したことが大きく影響していた。パレスティーナはエジプトのカリフの支配下にあったので、そのエジプト軍を破った影響は大きかったのだ。これらの海港都市の住民は、以前と同じイスラム教徒だったが、十字軍関係者には平和的に対してくれたのである。弱い立場になった以上、平和的に対するしかなかったこともあるのだが。

こうして、食の心配もなくなり、一行の足どりも軽くなったおかげで距離も稼げ、十二月二十一日にはついに、憧《あこが》れのイェルサレムの土を踏むことができたのである。クリスマスの、四日前だった。

イェルサレムでは、ゴドフロアが、この人には珍しく喜びも露《あら》わに出迎えた。陥落時に住民を殺しまくっていたので、この時期のイェルサレムは、十字軍の兵士以外には住む人の少ない都市になっていたのだ。また、大司教がカトリック教徒オンリー主義を唱えギリシア正教徒を排除する方針を明らかにしていたので、以前の住民だったこの人々までがもどってきていなかった。

そのイェルサレムに、二万五千人が到着したのである。イェルサレムを再興する立場にあったゴドフロアにとっては、慈雨に等しかったにちがいない。

その彼は、兵士たちには聖都防衛のために残留するよう説き、巡礼たちにも、周辺の耕作地を無料で与えるからと、居残ることを推めたのである。周辺地域も、自分とタンクレディが手分けして制覇しているから、安全になりつつあると保証したのだった。

ボエモンドもボードワンも、アンティオキア公領とエデッサ伯領を、自力で堅持してきた男である。イェルサレムに来て初めて、ゴドフロアとタンクレディが使える兵力が、いかに貧弱なものであるかがわかったのだ。騎兵三百と歩兵二千では、城壁はいかに堅固でも、イェルサレムを守りきるのは不可能だった。

ボードワンは、自分が率いてきた兵たちが居残るのに、反対するどころかかえって賛成する。もともとからしてこれらの兵士は、兄のゴドフロアの兵士たちなのだ。エデッサに向うときも、そしてエデッサを自領にしていく途上でも、兄が貸し与えてくれた兵士なのであった。

ボエモンドのほうも、連れて来た兵士たちが一部にしろ残留の意思表示をしたのに対し、まったく異を唱えなかった。彼もまた、ゴドフロアが手持ちの兵力だけでイェルサレムを守りきれないことは、この聖都を訪れただけでわかったのだ。

それに、自分の右腕として活躍していたタンクレディは、今ではゴドフロアの右腕になっている。しかも、ボエモンドにとっては甥にあたるこの若将は、イェルサレムにとっては防壁と言ってよいガリラヤ地方の制覇行を、わずか二十四騎という兵力で遂行中なのだ。騎兵には最低でも従者と馬丁がつくので、二十四人の騎兵といえば総勢七十二人にはなる。だが、戦力ならばあくまでも、二十四騎である。

二年前にこのタンクレディがボードワンと協力して行った、小アジアの南東部のキリキア地方の制覇行が、そのすぐ南に位置するアンティオキアの防衛にいかに大きく寄与したかは、今やアンティオキアの領主になっているボエモンドには、充分すぎるほどにわかっていた。アンティオキアにとってのキリキア地方は、イェルサレムにとってのガリラヤ地方なのである。なぜなら、イェルサレムの場合のガリラヤは、ダマスカスの領主ドゥカークに対する防壁になるからであった。

ボエモンドとボードワンの兵士の中から、どれくらいの数がイェルサレムに残ったのかはわかっていない。だが、少なくともゴドフロアを安堵《あんど》させる数であったことは確かで、また、自下の兵力のこの減少を、ボエモンドもボードワンも快く容認したことも確かなのである。

こうして、淋《さび》しかったイェルサレムの市内も、少しずつ人で満たされるようになっていくのである。

キリスト生誕祭なのだから、その日に神に祈り、神の子の誕生を祝う地は、聖地に来ているからにはベツレヘムになるのは当然だ。ゴドフロアとボエモンドとボードワンの三首脳は、法王代理のダインベルトとともに、兵士も巡礼も引き連れて、十二月二十四日と翌・二十五日を、キリスト生誕の地であるベツレヘムで過ごしたのである。

タンクレディの活躍

この祝祭に、タンクレディが合流していたかどうかはわかっていない。なにしろ、イェルサレムから北に向い、ジェリコ、ナブルス、ナザレ、ティベリアスとヨルダン川を北上し、その後もヨルダン川沿いにさらに北に向い、ほとんどダマスカスに迫るまでの広い地域を制覇中であったからだった。

それにしても二十四歳の若将は、この制覇行を、実に興味深いやり方で進めている。もともとからしてパレスティーナの内陸部になるガリラヤ地方は、カトリックではなかったがキリスト教徒の住む町のほうが多かった、という事情もあったのだが。

まず、住民の主体がイスラム教徒で占められていた町は、たいていの場合はタンクレディの近づく前にすでに逃げていたのだが、それでも残っていた人々に、逃げた住民の帰還を認めると伝えさせたのだった。ただし、イェルサレム王国に属すことと、そのことを明らかにするためでもある、毎年の年貢《ねんぐ》金は払うことが条件である。

第二は、住民がキリスト教徒の場合だが、キリスト教徒といってもカトリック教徒ではなく、ギリシア正教やその他の、カトリック教会が異端視するキリスト教徒たちである。この人々は、カトリック・オンリーと決まったイェルサレムからは追放されていたのだが、タンクレディはそれに従っていない。この人々にも以前と同じに、住みつづけることを認めたのである。ただし、あくまでもイェルサレム王国の一員として。

とは言ってもすべての町の制覇がこのように進んだわけではなく、中には抵抗する町もあった。だが、それが少数であったことは、二十四騎という少ない兵力で制覇行を決行し、それも広い地域の制覇を実現したことが示している。自分の使える兵力の少なさを逆手にとった、タンクレディの戦略の成功であった。見える防壁を作るよりも、見えない防壁を作ったのだから。いかに堅固な防壁を作っても、住民の協力がなければ「防壁」にならないのである。

そして、タンクレディは、ガリラヤ湖、イエス・キリストが弟子たちに、魚を漁《すなど》る漁師ではなく人を漁る漁師になれ、と教えたそのガリラヤ湖畔にあるティベリアスを、この一帯全域の首都と決め、そこを堅固な城塞都市化することにも着手する。この地を確保すれば南にあるイェルサレムの防壁になるだけでなく、西に向えばすぐに、地中海に接する海港都市のアッコンやハイファァに行けるからであった。

戦略的にもすこぶる重要なこの制覇行を、わずか二十四騎で成功させたのだからスゴイ。ゴドフロアが頼りにするのも、当然であった。


クリスマスはどこで過ごしたのかは知らないが、年末までにはタンクレディもイェルサレムに帰っていたはずである。ベツレヘムでクリスマスを過ごした首脳陣の全員が、イェルサレムにもどって来ていたからだ。

タンクレディにしてみれば、一年という短期間にかかわらずあらゆることが起きた後の、伯父のボエモンドとの再会であった。この二人の、しばしば怒鳴り合いはしてもつづいた良好な関係は、ゴドフロアとボードワンの兄弟の良好な関係とともに、第一次の十字軍が成功した要因の一つである。なぜなら、この四人ともが、他の諸侯に比べて、オリエント入りして以後に急速に成長した男たちであるからだ。この地を制覇するとはどういうことか。そしてそれはどのように進めていかねばならないかを、この地に来るなり早くも習得した男たちであるからだった。

それまでさして存在を主張しなかった法王代理のダインベルトだったが、ベツレヘムからイェルサレムにもどってからは、時期到来と感じたのか活発になる。それでまず、イェルサレムの大司教職にあった、ド・ローの追い出しに着手したのである。

イェルサレムの大司教は、コンスタンティノープルやアンティオキアの大司教とともに、「アルチヴェスコヴォ」(arcivescovo)ではなく「パトリアルカ」(patriarca)と呼ばれる。後期ラテン語からの「大司教」ではなく、ギリシア語を語源にもつ「パトリアルカ」を私は「大主教」と訳しているが、大都市の信仰上の指導者という意味がこめられた名称だ。イェルサレムは大都市を意味する「メトロポリス」ではないが、キリスト教最大の聖地ということで、メトロポリス並みのあつかいを受けていたというわけだった。

ダインベルトが主張したのは、そのイェルサレムの信仰面での指導者は、「アルチヴェスコヴォ」から「パトリアルカ」にもどすべきであり、それには法王代理の格をもつ自分が適している、ということである。

ド・ローの立場は、明らかに不利だった。彼は、法王代理の格を持たないだけでなく、大司教や司教の経験もない。生れはイタリアだが、ノルマンディー公の聴聞僧であった前歴しかない。しかも、就任時に強力にバックアップしてくれたノルマンディー公も、ヨーロッパにもどっていてここにはいない。そして、ボエモンドは、自分がコントロールできそうなダインベルトの就任を支持し、ゴドフロアも、法王代理の地位は尊重するしかなかったのである。

追い出しは、簡単に成功した。だが、大司教の地位を追われてもド・ローはパレスティーナに留まり、イェルサレムの郊外に居をかまえて静かな一宗教人の生活を始めただけである。

晴れて聖都イェルサレムの「パトリアルカ」に就任したダインベルトが次にやったことは、神の名によって君主に、正当な統治権を授与することであった。

キリスト教世界では、君主のような世俗の地位でも、神が授与することによって初めて正統性をもつ、ということになっている。それで、神の意志を人間に伝える立場ということになっている司教や大司教が、その地位の象徴である冠を授与するセレモニーが重要になる。神聖ローマ帝国の皇帝も、ローマ法王からそれを授与されて初めて統治する権利を持てることになるのが、中世のキリスト教世界であった。

というわけだからダインベルトは、ひざまずくボエモンドとゴドフロアに、神の意による権力の行使権を授与したのである。ボエモンドはアンティオキア公、ゴドフロアは、「キリストの墓所の守り人」と、名称は以前と変わらないのだが、神の意を汲む大主教が認めたことで、彼ら二人の地位も正式になったのであった。

エデッサを領するボードワンの地位も、この二人同様に正式になったとは記録にない。ボードワンは十字軍遠征に同行した最初の妻に死なれた後、アレクサンダー大王のまねでもしたかったのか、征服したエデッサに住んでいたアルメニア人の女を妻にしていた。カトリック教徒ではないこの女との結婚はちょっとしたスキャンダルになり、カトリック教会にしてみれば、それがボードワンの地位の正当化のネックになったのかもしれない。いずれにせよ、自分の地位の正当化が成らなかったことに、ボードワンは抗議もしていない。このかつての聖職者くずれには、どうも神の意への尊重の念に欠けるところがあったようである。

また、この同じ日に、自領というものをもったことのなかったタンクレディも、ガリラヤ地方の統治を正式に認められる身になった。ガリラヤ公爵タンクレディ、となったのである。おそらく、この若将の能力を認め活用してきたボエモンドとゴドフロアが推挙したのだろう。

この権力行使の正当化に気を良くしたのか、タンクレディは、年が明けるのも待たずに再びガリラヤに発つ。今度は、二十四騎ではなく、伯父のボエモンド下の兵士であったのが横すべりしたのだから、一応の兵力は率いてであったにちがいない。タンクレディもその手勢の二十四騎も南イタリアのノルマン人ならば、新たな参加組も同郷者なのである。一応の兵力、と言っても一千に満たないようであったから、それでも活躍できたのは、同郷者の集団であったからだった。

タンクレディは、このときからのほとんど一年の間に、ガリラヤ地方の制覇をやりとげることになる。とくにこの一帯の要《かなめ》になるティベリアスの城塞都市化は堅固そのもので、今に残る遺跡を見るだけでも、それが西欧の築城技術によることが明確に見てとれる。このティベリアスを中心にしたガリラヤ地方が、東の方角に広がるイスラム世界に対する最前線になるのである。この八十七年後に、あのサラディンですら武力による攻略は断念せざるをえなかったほどの、強力な砦《とりで》になっていたからだ。

「降誕祭《ナターレ》」に次いで訪れるキリスト教徒にとっての重要な祝祭は、年が明けた一月の六日の「エピファニア」になる。星を見て救世主の誕生を知った東方の賢者三人が、それぞれの贈物をたずさえ星に導かれてはるばるベツレヘムを訪れたという伝承から、「三王礼拝」の名で広く知られた祝祭である。

この祭日をイェルサレムで過ごしたボエモンドとボードワンは、各々の領地であるアンティオキアとエデッサにもどるためにイェルサレムを後にした。

来たときよりは、よほど身軽になっていたにちがいない。兵士たちの多くは残留し、巡礼に至ってはほとんどがイェルサレムに残ったのだから。それゆえか、帰途は往路とはちがう道筋を行く。

ジェリコに出た後はヨルダン川に沿って北上し、ガリラヤ湖を右に見ながらもさらに北上をつづけ、古代の神殿跡がいまだに残るバールベクを過ぎてもなお北上し、アルカの近くまで行って初めて海側に抜け、その後はアンティオキアまで一路、という道をとっての帰途であった。

従える兵士の数も減っていた状態でもこれを強行できたということは、いかにタンクレディによる制覇行が成功していたかを示している。またその後も、山岳地帯を間にはさんでとはいえ、大都市ダマスカスの領主ドゥカークの鼻先を、平然と通り過ぎたということでもあった。しかもドゥカークは、知っていながらそれを妨害することさえもできなかったのである。

このエピソードを記述するイスラム側の筆は、口惜しさに満ち、われわれが仲間争いばかりしていたからだと、フランク人の成功はイスラム側の不統一のゆえであったと主張する。

しかし、仲間争いは、キリスト教側でも盛んであったのだ。ただし、第一次十字軍の主人公であった諸侯たちは、窮極の目標を突きつけられたときには、それを忘れただけなのだ。もちろん、忘れたとしても一時的で、必要不可欠でないとなるやケンカを再開したのではあったが。

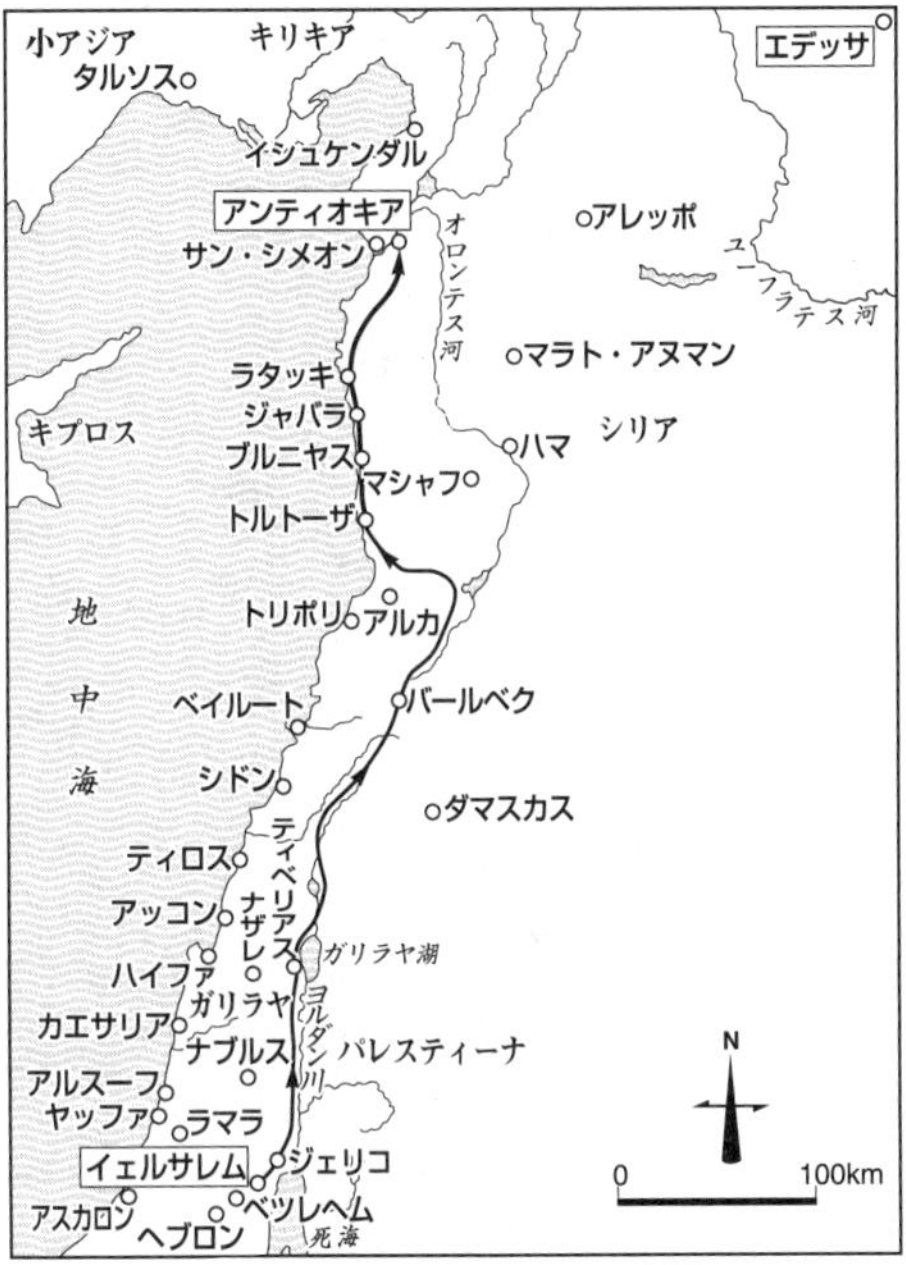

ボエモンドとボードワンの帰路

イスラム側のこの時期の劣勢は、窮極の目標を持っていなかったからにすぎない。それが、ホームで闘いながら、アウェーで闘うという不利を負っていた十字軍に勝利をもたらしたのである。しかし、イスラム側が、この窮極の目標の重要性に気づくには、そしてそれを徹底的に活用するには、サラディンの登場を待たねばならなかったのだった。

イェルサレムが解放されてから第一年目になる西暦一一〇〇年は、シリア・パレスティーナに打ち立てようとしている十字軍国家が確立していく年にならねばならなかった。聖都を解放したという勢いは、いまだ充分に健在であったからだ。

ところが、その一一〇〇年は、イスラム側が歓喜の声をあげる事件が次々とつづくことになってしまう。

それでも、一年を過ぎてみれば、優勢を維持したのはキリスト教側であった。戦場とは激動の場である以上、主導権をにぎった側が勝つ、と言ったのはアレクサンダー大王だが、不測の事態に襲われつづけながらも主導権をにぎりつづけたのは、十字軍の側であったからである。

ゴドフロアの制覇行

いかに謙虚に「キリストの墓所の守り人」と名乗っていようと、ゴドフロアには、内陸部にあるイェルサレムを維持するには海との連結が不可欠であることがわかっていた。ヤッファ（現テル・アヴィヴ）は使えたが、それのみでは充分でなく、シリアでボエモンドが行ったような、海港都市のすべての制覇でないと意味はない。それで、年貢金を払う代わりにイェルサレム王の主権は認めてもよいという考えに傾き始めていたアルスーフに、その交渉役を派遣したのである。この港町は、ヤッファからは北に、十六キロしか離れていなかった。

アルスーフ側は、交渉に入る前にそれが時間稼ぎではないことの保証に、人質を送るよう要求してくる。ゴドフロアは、部下の騎士の一人のダヴェネスを送った。だが、弟と偽って。弟を保証として送るのはゴドフロアの癖でもあったが、弟は手許には一人も残っていなかった。だが、アルスーフ側は、イェルサレム王の弟を人質にしたと思っていたのである。

ところが、交渉は決裂する。ゴドフロアが、アルスーフの完全な統治権までも要求したからだ。それでゴドフロアは、降伏を拒否したアルスーフを武力で攻めざるをえなくなる。アルスーフに住むイスラム教徒も断固抗戦を決め、人質のダヴェネスを城壁上に縛りつけてその意志を示した。

ダヴェネスの、かまわないから攻めよ、の叫びがなかったとしても、フランス人というよりドイツ人に近いゴドフロアの気は変わらなかったにちがいない。人質の安全などは気にしていないとでもいうように、深傷《ふかで》にはならないように注意はしながらも、ダヴェネスに向って矢を射たのだから。

これに驚いたのは、アルスーフ側のほうであった。血を流すダヴェネスは城壁の上から降ろされ、傷の手当てを受けたのだった。

だが、ここでゴドフロアは戦法を変える。周辺の耕作地帯が打撃を受ければ都市は干上《ひあが》る。それで、アルスーフ周辺一帯の略奪と焼打ちをさせたのである。

周辺地域の略奪と焼打ち作戦は、始めればなかなか止まらない。ゴドフロア下の兵士たちの中でもとくに、アンティオキアやエデッサから来た兵士たちがすさまじかった。久しぶりに異教徒を相手にして、十字軍スピリットが爆発したのである。彼らの蛮行はアルスーフ周辺に留まらず、その北にあるカエサリア、ハイファ、アッコンにまで広がった。中でもカエサリアでは、イスラム側の記録では、逃げこんだ人々とともにモスク全体が炎上したという。

これにはついに、エジプトのカリフ下にあるとして十字軍の支配を拒否してきたパレスティーナの海港都市も音をあげた。しかも、エジプトから送られてきた支援の海軍までがピサやヴェネツィアの船団にはばまれ、Uターンするしかなかったのである。

三月、ゴドフロアの許に、アルスーフからの使節が到着した。人質にしていたダヴェネスの釈放と、城壁の要所ごとに建つ塔の鍵《かぎ》と、年貢金を毎年支払うという条件で、イスラム教徒の住民でもアルスーフに住みつづけることを求めてきたのである。ゴドフロアは、今度は承諾した。

数日して、抑留中に傷も治ったダヴェネスがもどってきた。ゴドフロアは、矢を射かけたりして悪かった、と言う代わりか、この騎士にヘブロンの町を領地として与えた。

四月、アルスーフの例を伝え聴いたカエサリア、アッコン、それに伝統的にエジプト海軍の基地でもあったアスカロンまでが、ゴドフロアに使節を送り、講和を申し入れてきた。この三海港都市の支払う年貢金の合計は、月にして五千ビザンチン金貨にもなった。他の条件も、アルスーフと同じである。ゴドフロアは、これらをすべて受諾した。

ゴドフロアのこの支配圏拡大方式は、ヨルダン川の東側にも知れわたったようである。この地方のアラブ人の長老《シャイフ》たちは、ヨルダン川の西側に連なる海港都市に物産を売っていたのだ。その輸出が、十字軍の侵入によってストップしてしまっていたのだが、ゴドフロアに、敵対はしないから輸出再開を認めてくれるよう求めてきたのである。

ゴドフロアも、海港都市の経済が成り立てば、その内陸に位置するイェルサレムを始めとする町や村も豊かになるということがわかり始めていた。中世の封建領主も、経済的に目覚めたというわけである。このことは、以後ますます、イタリアの海洋都市国家の海軍力と経済能力が、十字軍国家に必要不可欠になる前兆であった。このゴドフロアが出した唯一の条件は、今やピサ人の手で港の大改造が進行中の、つまりは完全に十字軍の港になりつつあった、ヤッファに輸出しては、という一事だけであったのだから。

しかし、パレスティーナのイスラム教徒たちの全員が、現実路線を選んだわけではない。ダマスカスの領主ドゥカークの配下で、その人自身も一地方を領有している男がいた。十字軍が、「肥えた農夫」という綽名《あだな》で呼んだ男である。この男が、制覇を遂行中のタンクレディに公然と刃向ってきたのだった。「肥えた農夫」はドゥカークに応援を求めていたので、対処しだいでは大事になる危険があった。

タンクレディは、ゴドフロアに共闘を求める。「肥えた農夫」の領地は豊饒《ほうじょう》で彼自身も裕福で、そのうえダマスカスとの共闘が成り立てばガリラヤ地方の安全は保証できなくなる、というのがその理由だ。火が燃え広がらないうちに消すのは、ゴドフロアにも異論はなかった。

タンクレディとゴドフロアの共同作戦は、戦闘ではなくて略奪だった。つまり、敵の富を奪うことで、敵の立つ基盤をゆさぶる作戦である。戦果は上々で、ひとまずはそれを持ってイェルサレムに帰ることにした。

ところが、そのときになって、今までは軍の前に立ちふさがる勇気がなかったドゥカークが、獲物《えもの》を持って帰途についた十字軍の最後尾を襲ったのである。ゴドフロアの隊は先を進んでいたので被害はなかったが、後から進んでいたタンクレディの隊が被害をこうむった。人的損失はなかったが、略奪物は捨てざるをえなかったのだ。

これは、二十五歳の若将を恥と怒りで狂わせる。タンクレディが怒りを爆発させるとボエモンドでさえも鎮《しず》めるのに苦労したものだが、このときの怒りはそれだった。

ゴドフロアはイェルサレムにもどって行ったが、タンクレディはティベリアスに留まり、そこを基地に、今度は彼だけが暴行に専念したのである。その勢いはドゥカークの住むダマスカスの城門にまで迫るほどで、これにはドゥカークも、講和を申し出てくる。

タンクレディも、まだ怒りは鎮まってはいなかったのだが、交渉のための使節を送ることは承知した。だが、その使節に与えた条件からして強硬だった。

スルタンのドゥカーク自ら、キリスト教の洗礼を受けるか、でなければダマスカスを捨てるか、であったのだから。

もしもこれがタンクレディの考えを正直に映したものであったとしたら、二十五歳の若将の外交感覚はゼロとするしかない。だが、首都をバグダッドに移すまではイスラム世界の首都であったほどの大都市ダマスカスを、十字軍国家の中に組み入れるなどは所詮不可能、と思ってのことであったとしたら、二十五歳にしては現実を直視していた、とすることもできるのである。

いずれにしても、それを示されたドゥカークも、イスラムの誇りは持っていた。使節として訪れた六人に向い、イスラム教に改宗するか、それとも死を選ぶか、と問うたのである。一人は改宗を承知したが、五人の答えは否《いな》であった。ドゥカークは、この五人を、一太刀で殺させた。

だがこれで、またもやタンクレディの怒りは燃えあがったのである。再びゴドフロアに共闘を求め、今回は徹底するために二週間欲しい、と言った。

徹底した殺戮と略奪と焼打ちの二週間がつづいた。ドゥカークはもはやダマスカスの居城に閉じこもるだけで、迎撃どころではない恐怖の二週間を過ごしたのである。「肥えた農夫」は平身低頭して、タンクレディの忠実な農夫になると誓って許された。だがこの後は、ほんとうにそうなったのだから不思議である。

ガリラヤ地方に留まりながらその東に広がるダマスカスのスルタン領を睥睨《へいげい》しつづ

けるタンクレディをティベリアスに残し、イェルサレムにもどったゴドフロアだったが、そこではまたも新たな問題が待っていたのである。

法王代理でイェルサレムの大主教《パトリアルカ》に収まっていたダインベルトが、カトリック教会の人間としての本性を表わしていたのだ。

宗教人である聖職者ともなれば、精神面でのケアのみに専念し、世俗の資産などには関心を持たないと思うと大いにまちがう。中世のカトリック教会は、信徒たちのために必要だという理由で、資産、この時代は土地、の所有にひどく熱心だった。

しかも、シリア・パレスティーナは、キリスト教徒にとっては「聖地」なのである。そしてイェルサレムは、「聖都」なのだ。聖地であり聖都である以上、その所有権は教会に帰す、ということになる。ダインベルトもまた、この考えを疑いもしないで受け容れていた、中世の聖職者であった。

大主教ダインベルトは、もどって来たばかりのゴドフロアに、海港都市ヤッファの一区画の所有を要求した。ゴドフロアは、承諾する。

これに勢いを得たのか大主教は、ヤッファ全体の所有権を要求してきたのである。

しかも、要求したのはヤッファ一都市のみでなく、イェルサレムは聖都であるという理由をあげて、この聖都の防衛の要《かなめ》である「ダヴィデの塔」の所有まで求めてきたのだった。

ことここに至っては、信心深いことで知られたゴドフロアも逃げに出る。自分が死に、あと二つのイスラム側の重要都市を攻略した後ならばＯＫだ、と言ったのである。これが後のめんどうの種になるのだが、それは神のみぞ知る、であり、ということは神だけは知っていたのかもしれなかった。

イタリアの経済人たち

このままでつづいていたならばキリスト教的には当惑するしかない状態を救ったのが、ヴェネツィア共和国の使節の訪問であった。ヴェネツィアはゴドフロアに、海軍を主体にした軍事上の同盟の結成を申し出、その代わりに次のことを要求したのである。

一、ヴェネツィアの商人たちの、十字軍が制覇したすべての地方での経済活動の自由。

二、ヴェネツィアが協力して制覇した都市の中の一画を、ヴェネツィア人の居留区として認める。
三、トリポリの攻略にヴェネツィア共和国は全面的に協力するが、その陥落後は、海港都市トリポリの全市はヴェネツィアの所有とすること。ただし、このトリポリの使用料としてヴェネツィア共和国は、毎年イェルサレムの王には年貢金を支払う義務を負う。

ピサ人もジェノヴァ人も、海賊相手の海戦であろうとイスラム教徒との交易であろうと実に積極的だったが、この人々の活躍は個人か、あるいはその個人を集めたグループの水準に留まるのが常であった。その中でもとくにジェノヴァは、個人主義のるつぼ、であったので、ガレー船に帆船という、互いに船足のちがう船同士を集めて船団を編成するのさえ嫌ったくらいである。

それがヴェネツィアとなると、これが同じイタリア人かとあきれるほどにちがってくる。このヴェネツィアの通史をあつかった『海の都の物語』でも述べたように、ヴェネツィア人全員が、「ヴェネツィア株式会社」の社員と考えてよいほど、常に一団となって進出してくる。

ゆえに、スタートはピサやジェノヴァに遅れても、やると決まれば徹底しており、しかも長期にわたって続けるのがヴェネツィア人の一貫した行動方式になる。経済人としてならば、超一級のエコノミック・アニマルであったのだ。

ただし、このヴェネツィアが乗り出してくるやピサやジェノヴァははじき出されるかというと、それがそうにはならない。ピサ人もジェノヴァ人も個人主義に徹した一匹狼《おおかみ》たちであるために、どこへなりとも浸透し、祖国が危機にあろうと自分の商売はつづけるという人々なのだ。反対にヴェネツィアは、国益が最優先するので、個人の経済活動のサポートには熱心である一方で、いったん国家の危機到来となれば、商船でも徴発して海軍に加えるのに躊躇《ちゅうちょ》しなかった。

それにしても、ゴドフロアも大変である。聖職者と商人という、本来ならばまったく反対の立場にある二者から、土地という同じものを与えよと迫られていたのだから。しかし、聖職者、騎士、商人という三者で構成されていったのが、中近東の十字軍国家の実際の姿なのであった。それもこの三者は、最後まで自己の利益を主張しつづける。だが、もしもこの三者が融合し一元化していたならば、聖職者、騎士、商人ともにその特質を失い、十字軍国家の寿命はもっと早く訪れていたかもしれないのである。この三者ともが互いに自己を主張し競い合う関係にあったがために、彼ら全員のエネルギーもより高く噴出したのであった。

一一〇〇年夏のヴェネツィアとの共闘成立は、十字軍に、これまで彼らができなかった陸海双方からの制覇行を許すことになる。そしてその最初の目標を、良港と判断したヴェネツィア人の進言を容れて、アッコンに決めた。七月十三日、イェルサレムから出陣する。

制覇行となれば必ず呼ばれるタンクレディは今回も参加していたが、ゴドフロアの姿はなかった。少し前から健康を害しており、イェルサレムに残ったのである。だが、責任感によるのか、それともタンクレディのブレーキ役かは知らないが、最も信頼していたブルゴーニュ出身の騎士のワーネル・ド・グレイを、自分の代わりに参戦させていた。

それでアッコンに向ったのだが、まずはその前にヤッファに立ち寄る。ここで待っていたヴェネツィア船団がアッコンに向けて海上を北に向うのと並行して、陸上を北上することになっていたのである。

ところが、この近海は風が変わりやすい。ヤッファからアッコンに向うヴェネツィア船団も距離を稼ぐのに苦労していたが、陸上でも不祥事が発生していた。ド・グレイが、病いに倒れたのだ。やむをえず、彼だけはイェルサレムにもどった。

だがこれが、ある意味では幸いになる。ゴドフロアの臨終に立ち会ったのが、法王代理のダインベルト一人でなく、ゴドフロアに心酔していたこの人も立ち会うことになったのだから。

ゴドフロアの死

西暦一一〇〇年七月十八日、ロレーヌ公ゴドフロア・ド・ブイヨンは死んだ。四十歳でしかなかった。

臨終のゴドフロアに終油の秘蹟《ひせき》を授けながら、大主教ダインベルトはしきりに、イェルサレムをローマ教会に寄進することを遺言に明記するよう求めつづけた。だが、死につつありながら、ゴドフロアは一言も言わない。そして、その反対側に立って主人の死を見守るブルゴーニュの騎士は、この後に自分は何をやらねばならないかを、無言のうちに聴きとっていたのである。

五日の間、ゴドフロアの遺体は人々からの別れを受けるために、聖墳墓教会の祭壇前に安置され、その後で初めて葬儀が挙行された。

礼装用の武装を身にまとい、胸には白地に赤い十字の印をつけた姿で棺《ひつぎ》の中に横たわるロレーヌの騎士に、これまで彼と行動をともにしてきた騎士や兵士たちの別れを告げる列が絶えなかった。

その中に、アッコン攻略を中断して駆けつけた、これも礼装用の武装に身を正したタンクレディの姿もあった。しかし、夏の七月である。エデッサにいるボードワンは、兄の葬儀に間に合うことはできなかった。

自ら征服したイェルサレムでありながら、イェルサレムの王とは名乗らず、「キリストの墓所の守り人」で通したこの男は、キリストの墓所である聖墳墓教会に埋葬された。

これが、イスラム教世界を歓喜させることの最初になる。イェルサレムにはもはや守る人はいない、と思ったイスラム教徒たちが、これからは反撃だ、と勢いづいたのである。だが、事態は、彼らの期待を裏切る方向に向ってしまう。

大主教《パトリアルカ》ダインベルトが動き出す前に早くも行動に移ったワーネル・ド・グレイは、ゴドフロアの部下であった兵士全員を引き連れて「ダヴィデの塔」に乗りこんだのである。そして、城塞都市の中の城塞都市、と言ってもよいその砦を完全に手中にしたうえで、エデッサのボードワンの許に急使を送った。ただちに来られたし、と伝えるためであった。


ここで、お笑いを一つ。

ゴドフロアがダインベルトに、イェルサレムのローマ法王への寄進は自分の死んだ後、と伝えたことを思い出していただきたい。

今なおキリスト教世界では、とくにカトリックの国では、死んだ後、という約束はしないほうがよいとは、庶民の知恵になっている。なぜなら神様は親切な御方なので、ならばこの苦多き生から楽しかない死の世界へ行かせよう、と思われるかもしれないからというのだが、これを彼らは、「神の手」と呼ぶ。もう少し上質の言葉を使えば、

「プロヴィデンツァ」（神の恩寵《おんちょう》）という。

それゆえ、庶民だとしたらゴドフロアに、死んだ後ならば〝などという言葉は軽々しく使わないほうがよかったですよ、と言ったかもしれない。あのような約束をして一ヵ月も過ぎないうちに訪れたゴドフロアの死に際して、法王代理のダインベルトも心の中では、これこそ「神の恩寵」と考えたかもしれないのだから。


話をもとにもどす。

ゴドフロアの死で中断したアッコン攻めは、タンクレディの主導でまもなく再開された。だが、アッコンの住民たちはしぶとく抵抗する。それで、またもヴェネツィア人の進言を容れて、そのすぐ南にあるハイファの攻撃に切り換えたのである。陸海双方からの猛攻を受けて、ハイファは簡単に陥ちた。

これで、十字軍が使えるパレスティーナの海港都市は、北から南に、ベイルート、シドン、ハイファ、カエサリア、アルスーフ、ヤッファ、アスカロンと、七箇所に増えたことになる。一年前にはヤッファ一箇所であったのだから、成果はめざましいの一語につきた。イェルサレムの安全保障は、これらの海港都市に依存している。海港都市が十字軍下になればなるほど、イェルサレムの安全も強固になるということであった。

だが、これとほとんど同時期に、イスラム世界を狂喜させたもう一つの事件が起っていたのである。

ボエモンド、捕わる

五十歳を迎え、もはやアンティオキア公領の正式な統治者の座も安泰になっていたボエモンドに、ふとした心のゆるみが出たのかもしれなかった。ボエモンドにしては、実につまらない誤りを犯したのである。

アンティオキア公領の安全保障の確立には、周辺一帯の戦略上の要所の確保も欠かせない。ボエモンドはしかし、そのことは満足いく程度にはやりとげていたのだ。それで、安全保障圏の輪をより広げようと考えていたところに届いたのが、メリテネの住民からの、アンティオキア公領下に入りたい、という申し出であった。

古代のメリテネ（現トルコのマラティヤ）は、天然の要害の地にあり、ローマ帝国時代には、東方の防衛線《リメス》の要《かなめ》でもあった地である。帝国全域の防衛線を視察してまわったことで知られるハドリアヌス帝もわざわざ訪れたほどで、この地を味方に加えられれば、いまなお小アジアの完全支配の望みを捨てていないセルジューク・トルコを、再起不能にすることもできる。また同時に、もはや敵視を隠さないビザンチンの皇帝アレクシオスに対しての、無言の圧力にもなるのだった。

メリテネに出向くという、考え自体は正しかったのだ。だが、ボエモンドは、自軍の主力はアンティオキアに残し、小アジアの内陸部深くへの攻略行というのに、小規模の兵力しか従えて行かなかったのである。

これを知ったスルタン・ダニシメンドにとっては、またとない復讐の好機であった。小アジアを通過していた時期の十字軍に、ドリレウムで大敗を喫したことを、この老トルコ人は忘れてはいなかったのである。あのときの勝利の功労者の一人が、ボエモンドであった。

老スルタンは、慎重に作戦を考える。ボエモンドの勇名はもはやイスラム世界にも知れわたっていたので、正面から攻めるのでは不安だった。結局、地勢を熟知していることを武器にしての、待ち伏せしかなかったのである。

そしてこれは、見事なくらいに成功した。両側の山から攻められ前と後を閉じられてしまったボエモンドの隊は、彼ともう二人の騎士以外は全滅したのである。

しかし、ボエモンドは、絶望のあまり敵中に斬《き》りこんで殉教者になる男ではない。生き残った騎士の一人に自分の髪の毛を切って与え、これを持ってエデッサのボードワンの許に行き、一部始終を話して救出を求めよ、と命じたのである。そして、この一騎が去るのを確認した後で、トルコ軍に降伏したのだった。

ダニシメンドの喜びは想像も容易だが、この老スルタンはまた、アンティオキアに残っているボエモンドの部下たちが救出に来るのも予想していた。それで、手かせ足かせの状態にしたボエモンドとリカルドの二人を、十字軍の力の及ばない地まで護送したのである。

ボエモンドの捕囚の地は、地中海どころかもはや黒海に近い、ニクサル（Niksar）の孤城だった。ああも遠くまで連れて行かれたとは、十字軍では誰も予想できなかったし、その後も長く知られずに過ぎる。

しかも十字軍は同じ時期、もう一人の人物に頼ることもできなくなっていた。これは頼ることができなかったほうが幸いではなかったか、と思うほどだが、ボエモンドがメリテネに向って発つ前にすでに、それまでの不満に我慢しきれなくなっていたサン・ジルが、皇帝アレクシオスに招かれたのもよいことに、コンスタンティノープルに行ってしまっていたのである。

これが、イスラム世界を狂喜させた、一一〇〇年の十字軍側の三大不幸であった。
ゴドフロアは、死んだ。
ボエモンドは、どこか知らない地に捕われている。
サン・ジルは、コンスタンティノープルに去った。

イスラム教徒の間で最も有名であったのが、この三人であった。それが三人ともが舞台から退場したのだから、イスラム世界が歓喜したのも当然であったのだ。

切りとった金髪の一束を見たボードワンは、ただちに救出行に発つ。軍を準備していたのでは時間がないと、百四十騎を率いただけでメリテネに向った。髪の毛を持ってきた騎士の話では、ボエモンドはその近くで待ち伏せに遭ったとわかったからだ。

救出に来るとは思ってはいたが、こうも少数で来るとは予想していなかった老スルタンは、そのすぐ後から大軍が来ると思ってしまう。それでここは逃げる手だと兵を退かせたので、ボードワンと百四十騎は無事にメリテネに入ることができたのである。だが、喜んで迎えたメリテネの住民たちには守りとして五十騎残しただけで、結局はエデッサにもどるしかなかった。八方手をつくして探ったが、ついにボエモンドの捕囚の地をつきとめることができなかったからである。

八月の末にエデッサに帰りついて初めて、ボードワンは、七月十八日であったという兄ゴドフロアの死を知った。そして、ド・グレイからの伝言も聴いた。

第七章　十字軍国家の成立

ボードワン、イェルサレム王に

生年が不明であるために年齢がはっきりしないのがボードワンだが、四十歳で死んだ兄ゴドフロアの次にはヨーロッパにもどったユースタスがおり、その次がボードワンだから、どう見ても、いまだ三十代の後半に入ったばかりであったはずである。

だがこの人は、若くて行動も敏速だが、何も考えずに突走る男ではなかった。まず、当時はアンティオキアに行っていて、捕われたボエモンドの善後策に専念していた、いとこのボードワンを呼び寄せる。エデッサ伯領の統治を、この彼に託すためであった。

同時に、いとこに託していくエデッサ伯領の有力者たちを集め、種々の指令を与えた。エデッサの中がまとまることで堅固になれば、アンティオキアへの防壁の役割も充分に果せるからである。

これらすべてを終えた十月二日、騎兵二百と歩兵七百だけを連れて、ボードワンはエデッサを後にする。第一次十字軍も、若き世代の時代に入ったのであった。亡《な》き兄ゴドフロアの残した兵士たちが待っていると言っても、彼らはイェルサレムで待っているのである。エデッサからイェルサレムまで、ボードワンは自力で行くしかなかった。いかに重武装とはいえ、騎兵二百と歩兵七百でしかない。この程度の軍勢で、今ならばトルコからシリアに抜け、レバノンを南下してイスラエルに入るのだ。安全に行軍できる道程よりも、危険な道筋のほうが多いのだった。

まず、アンティオキアに向う。そこでボエモンドの捕囚によって生じた動揺を引き締める策をとった後は、もはやシリアの十字軍港のようになっているラタッキに行った。だがそこでも時間を無駄にせず、地中海を右に見ながら南下を急ぐ。

しかし、その頃から、ダマスカスの領主ドゥカークが送った兵士たちによる、ゲリラに悩まされるようになる。それも一度では済まず幾度も襲ってくるので、そのたびにボードワンは、戦死した兵士たちを埋葬しながらの旅をつづけるしかなかった。トリポリに到着したときの兵力は、騎兵百六十と歩兵五百に減っていたという。

だが、トリポリの大守《エミル》はボードワンの一行を、暖かく迎えて必要なものをすべて提供してくれた。トリポリの大守はダマスカスのドゥカークと、同じイスラム教徒同士でも仲が悪かったのだ。それで、屋根の下での安眠と必要物資を提供してくれただけでなく、ダマスカス軍の情報まで伝えてくれたのだった。

トリポリとベイルートの間には、彼らが「犬の川」と呼ぶ川が流れているのだが、ドゥカークの兵たちはその川のそばで待ち伏せしている、というのである。とはいえ、そこを渡らないではイェルサレムに向えない。ボードワンは、百六十騎と五百兵だけで、南下をつづけるしかなかった。

イスラム教徒が嘘《うそ》を言っていなかったことは、まもなく判明した。ダマスカスのスルタンは、ホムスの大守《エミル》も加えて編成したボードワンの何倍もの兵力で、待ちかまえていたのである。

川の近くの繁《しげ》みにひそむ敵兵に気づいていないふうを装《よそお》いながら、ボードワンとその一行は、悠然と「犬の川」を渡り始める。勝負は、予想していなかったボードワンのこの動きに虚を突かれ、攻めるのが遅れた一瞬に決まった。

ボードワンはあらかじめ、後尾に最精鋭の騎士たちを配していたのである。おかげでダマスカスの兵士たちは、最も手強《てごわ》い相手と闘う羽目になったのだ。
しかも、その最も手強い相手は、攻めて来られるのを完全に予想していたように、くるりとUターンして、彼らのほうから攻めこんできたのである。狭い川岸なので、兵力の差による影響はほとんどなかった。それどころか、兵士が多いとかえって混乱に陥りやすい。またしてもドゥカークは、ダマスカスに逃げ帰るしかなかったのである。

「犬の川」は、当時では、シリアとパレスティーナをへだてる境界と見なされていた。十字軍に侵攻される以前の中近東では、シリアは、バグダッドのアッバス朝のカリフをいただくセルジューク・トルコの覇権下にあり、その南のパレスティーナは、カイロにいるファティマ朝のカリフ下のアラブ人の覇権下と色分けされていたのである。そして、十二世紀に入ってすぐのこの時期では、「犬の川」の南に位置するパレスティーナの海港都市の多くは、ゴドフロアの努力で十字軍の支配下に入りつつあった。ゆえにボードワンとその一行にとっては、「犬の川」から南への旅は順調に進んだのである。いまだエジプト人の大守《エミル》が治めるティロスでさえも、ボードワンを歓迎したほどであったのだから。

イェルサレムには、十一月の九日に到着した。ゴドフロアの死の後の三ヵ月余りを、誰が自分たちを守ってくれるのかと心配して過ごしていた住民たちは、ゴドフロアの実弟のボードワンを迎えて初めて安堵《あんど》したのである。そして、ボードワンは、ここでも時を無駄にしなかった。

到着後まもなく、法王代理で大主教でもあるダインベルトとの会談をもつ。どうやら二人だけの密談であったらしいが、この聖職者にボードワンは、初めから明確な態度で接したのである。つまり、ダインベルトが占める地位は尊重するが、自分の分野には手を出すな、と明言したのだった。

そしてこれを法王代理に飲ませるのに、ボードワンは、ある意味では汚い手を使う。法王代理で大主教でもある地位を利用してカネを貯《た》めこんでいることをバラす、と脅したのだ。ダインベルトも黙るしかなかった。この種の情報はおそらく、兄の配下の将たちから得たにちがいない。

その後も彼は、時間を無駄にしなかった。イェルサレム入りから二日しか過ぎていない十一月十一日、住民を召集したボードワンは、その場で、人々の拍手喝采《かっさい》を浴びるというやり方で、イェルサレムの王に選出されたのである。兄のように、「キリストの墓所の守り人」を名乗ることなどは彼の頭にはなかった。平然と、そして堂々と、「イェルサレムの王」という、実情に合った名を選んだのである。

しかし、民衆の歓呼だけでは充分でなかった。キリスト教世界では、神の意を告げる立場ということになっている、法王か大司教かのどちらかに、冠を授与してもらう必要がある。これをしないと、正式と認められない。イェルサレムにはローマ法王はいないが、法王の代理はいた。

また、戴冠式《たいかんしき》も、三百年昔にシャルル・マーニュが行ったように、キリスト生誕祭に挙行するのが、最もキリスト教的とされている。ボードワンの、イェルサレム王としての戴冠式は、その年の十二月二十五日に、聖墳墓教会で挙行されたのであった。

こうして、かつては聖職者くずれで部屋住みの身でしかなかったボードワンは、キリスト教徒たちの憧《あこが》れの地である聖都イェルサレムの、王になったのである。部屋住みであった頃から、わずか四年しか過ぎていない。第一次十字軍の主人公たちである諸侯のうちの幾人かは、オリエントに来て後に人間として長足の進歩をとげるが、ボードワンもその一人である。いや、その中の第一人者、としてもよいかもしれない。

今やボードワン一世と名乗るようになったまだ三十代後半のこの人の最上の美点は、復讐や怨念《おんねん》を忘れ去るところにあった。すべては、もはや過ぎたこと、なのである。大主教ダインベルトも、ちょっかいを出さないかぎりは温存し、強硬策をとることで生ずること必至の、ローマ法王との対立を避けたのであった。

また、怒りにわれを忘れるようなところもなかったし、ライヴァル意識も超越していた。ただしそれは、彼が立派な人格者であったからではない。ただ単に、時間の無駄を嫌ったからである。それでいて、感受性は豊かであったのか、人間関係は良好に行くのがほとんどだった。

ボードワンの戴冠式に、タンクレディも列席していた。二人とも、十二、三歳の年齢の開きはあったにせよ、十字軍諸侯の中では若き世代に属す。ゴドフロアの死の直後にタンクレディもその後を狙《ねら》う気持をもったのだが、ゴドフロア配下の兵士たちの眼に見えない厚い壁の前には、試みることさえもできなかった。

タンクレディのこれまでの実績は、ボードワンに劣るものではまったくなかった。だが、末弟でも本家に生れたボードワンに対し、タンクレディは、傍系、つまり分家の出であったのだ。能力よりも血筋が重要視されるのが、中世という時代でもあったのである。タンクレディも、戴冠の式に列してはいても心中では、何らかの想《おも》いはあったにちがいない。それで、式が終わるやいなや、自領のガリラヤに発って行ったのである。

十字軍の若き世代

イェルサレム王となったボードワン一世が、大主教ダインベルトの次に片づけねばならなかったのが、このタンクレディの問題であった。

ガリラヤ公領は、イェルサレム王国に属す。だが、タンクレディは、誰が王になろうと、容易にその下に服す男ではなかった。となるとイェルサレム王国は、二人のリーダーを持ってしまうことになる。

しかし、二人ともがチンピラであった頃のキリキア地方の制覇行で、そしてその後のすべての戦闘からも、ボードワンは、タンクレディの戦闘感覚の冴《さ》えを充分に認めていた。ガリラヤ地方に発って行ったタンクレディを、ボードワンのほうから訪ねたのである。

ボードワンはタンクレディに、ガリラヤ公領は自分が責任をもって守るから、アンティオキアに行ってくれ、と頼んだのだ。タンクレディに、彼にとっては伯父のボエモンドが捕われている間のアンティオキア公領の統治者に、なってくれと頼んだのである。

ガリラヤ公領の正式な統治者にはなっていたタンクレディだが、大都市アンティオキアを中心にしたアンティオキア公領となると話は別である。二つ返事でＯＫしたと思うところだが、タンクレディも、何やら自分は常に便利に使われると思い始めていた。

それでボードワンに、三年してもボエモンドがもどって来ないときはアンティオキア公領は正式に自分のものになる、という条件つきならばOKだ、と言ったのである。ボードワンは、それでけっこうだ、と答えた。

これまでにも騎士や兵士の中でイスラム側の捕虜になった者はいたが、諸侯クラスではボエモンドが初めてだった。しかも捕えたのが、十字軍に苦汁をなめさせられたダニシメンドである。そのうえ、いまだ捕われの身なのか、もしかしたらすでに殺されてしまったのか、まったくわからないのだった。ボードワンもタンクレディも、もはや希望はないと思っていたのである。

ボードワンにとって、アンティオキア公領をタンクレディに託すのは、やっかい者を遠ざけることではなかった。アンティオキアが堅持されるかぎり、その南にあるイェルサレム王領の防衛も容易になるのだ。そのアンティオキアを、権力空白のままで置くことは許されなかった。それにタンクレディは、その任を託すに不安のある男ではない。軍事面の能力にかぎらず、いまだ二十代半ばの若将は、信義にも厚い性格であったからである。

機嫌を直したタンクレディは、故郷から連れてきた手勢だけを引き連れて、勇躍アンティオキアに向って発って行った。アンティオキアでは、伯父の軍勢をそのまま使うことができたからである。

だが、こうして、イスラム側が狂喜した、ゴドフロアの死とボエモンドの捕囚という十字軍側にとっての二大不幸は、ボードワンとタンクレディの二人にバトンタッチされたことで乗り越えたのである。半年も過ぎないうちに、不幸ではなくなったのであった。この半年間を、バグダッドを本拠にしていたアッバス朝も、カイロにいるファティマ朝も、まったく活用できないで終る。主導権はあい変わらず、十字軍の側にありつづけたということであった。

王に就任したボードワンも、主導権をにぎりつづけることの重要さは知っていたようである。となれば行動は、すぐにも再開されなければならなかった。

ボードワンに従うのは兄のゴドフロアの兵士が主体の軍勢だったが、彼らが経験ずみのことからまず始める。それは、生前にゴドフロアが一応はやり終えていたこと、つまり、パレスティーナの海港都市の制覇を完全なものにすることであった。

歴史上ではしばしば、政治的制覇、という言葉が使われる。軍勢を率いて攻めたり脅したりすると相手側は強者と認め、年貢《ねんぐ》金を支払うことで恭順の意を示す、というやり方だ。支配とは徴税権のことだとつくづく感じさせるが、税金を払うことで攻略を逃れ略奪もかんべんしてもらう方式であるために、都市内の支配者も統治組織も以前のままで残される。ゴドフロアがやり終えたのは、そこまでの制覇であった。イェルサレム陥落後からの一年足らずの期間では、この式の政治的制覇しかできなかったのである。

それゆえに、十字軍の前に城門を開いたこれらパレスティーナの海港都市は、口では十字軍に恭順を示しても、裏ではあい変わらず、以前の支配者であるエジプトとの関係を維持しつづけていた。つまり二股《また》かけていたのだが、この人々の立場に立てば当然である。十字軍がパレスティーナ地方の覇者になったときから、二年足らずしか過ぎていない。その十字軍の力はいまだ確たるものとは誰にも思えなかったので、いつ何どきエジプト軍が反撃に押し寄せ、それによって一掃される可能性は充分にあったのだ。二股かけるのも、宗教などは入る余地のない、生きる知恵でしかなかった。

しかしこれは、十字軍側にしてみれば困った状態ということになる。いつ何どき、町の住民が反乱を起し、停泊中のキリスト教徒の船を襲ったり、港を閉鎖してしまうかもしれないのだ。イェルサレム王になったボードワンには、これらの海港都市が使えてこそパレスティーナの十字軍国家は存続できる以上、この政治的制覇を実質的な制覇にもっていく必要は絶対にあった。


この時期の海港都市の住民は、その多くがイスラム教徒だったが、彼らを追い出してキリスト教徒のみの都市にする気は、ボードワンにはなかった。これまでにも彼は、キリスト教徒でもギリシア正教徒かアルメニアの宗派に属すか、そうでなければイスラム教徒で成っていた、エデッサ伯領を治めてきたのである。妻に迎えた女からして、アルメニア宗派のキリスト教を信仰する人だった。

要は、誰が主権をにぎるか、なのである。十字軍国家では、カトリック教徒がそれをにぎるしかなかった。とくにイェルサレムの存続に深く影響する、パレスティーナ地方ではなおのこと。こうして、ボードワンの即位一年目は、いやその後も長く、政治的支配を実質的支配に変えていくための制覇行、に費やされることになるのである。晴れて聖都イェルサレムの王位に就いたボードワンだったが、その名に値する働きをするのは大変な難事であったのだ。

まず、イェルサレム自体が貧しい。周辺は荒涼とした一帯がつづき、こういう地だからこそ、「蜜《みつ》の流れる川」があるという天国を夢見るようになるのだろう、と思ってしまう。農耕にも当時の技術では不適と言うしかなく、特筆に値する手工業もない。豊かな耕作地に囲まれているエデッサや、耕作地にプラス手工業までが盛んなアンテイオキアのような、自活が不可能な地なのである。

それでもイェルサレムが重要視されてきたのは、ユダヤ教徒にとってもイスラム教徒にとっても、またキリスト教徒にとっても、「聖なる都」であるからだった。そしてこのイェルサレムの財政は、アラブ人の支配下にあった頃から少しも変わらず、海港都市と内陸部をつなぐ物産輸送の通行料に依存していたのである。

その生体系を、十字軍の侵攻は断ってしまっていたのだ。これもまた、海港都市群の実質制覇を早く終えなければならない理由であった。

しかし、海港都市の多くはいまだに、裏ではエジプトとつながっている。そしてこの都市群の攻略には、もう一つの障害が立ちふさがっていた。

ゴドフロアも犠牲になったと言われている、疫病《えきびょう》がそれだ。海港都市はいずれもその近くに川が流れ海にそそぎ入るのだが、この淡水と海水の混合地帯に生れる沼や湿地帯が、疫病の温床になるのである。

兄の後を継いだボードワンは、自分がやらねばならないことがはっきりとわかっていた。だが、その彼を悩ませたのは、食糧不足と疫病によって、ただでさえ少ない兵力が、戦闘をしないでも減っていくことであったのだ。

そのボードワンに、遠方からの圧力を感じさせていたのは、ファティマ朝のエジプトである。エジプトは、何と言おうが豊かだった。

ナイル河畔の農耕は言うに及ばず、カイロとアレクサンドリアを中心とする一帯は手工業のメッカで、ガラス、陶器、綿織物、砂糖と当時の高級品の生産地である。しかも紅海を支配下に置いていたので、これらを輸出し、アラビア半島のゴム、エジプト奥地の大理石、そして何よりもアジアからの香辛料の輸入でわき立つ、一大通商センターであったのだった。

たとえそこを支配するアラブ人には戦闘意欲が衰えていたとしても、これだけの富があれば兵士はカネで傭《やと》える。ファティマ朝下のエジプトは、こういうわけで傭兵《ようへい》天国であり、その結果として、バグダッドのスンニ派とちがってカイロのシーア派は、イスラム教徒であれば出身民族も出身階級もさしたるハンディにならないという、人材活用にははなはだ有利な社会を形成していたのである。

このエジプトからは海路三日で、パレスティーナに着けるのだった。そのうえ、シナイ半島を通ってくるにせよ、エジプトとパレスティーナは陸つづきでもあったのだ。

カネもあり食糧もあり人もいれば海軍まで持っているこのエジプトに欠けているることがあるとすれば、あらゆるものに不自由しない者にありがちな現象か、実際に動き出すまでにやたらと時間がかかることだった。とはいえボードワンは、このエジプトを常に意識せざるをえなかったのである。

そのボードワンが、ヨーロッパから新たな十字軍が出発したという知らせに喜んだのも当然であったろう。

西欧は、聖都イェルサレムの解放を知って熱狂していた。誰もが十字架に宣誓したがり、十字軍に参加しようという気運に満ちあふれていたのだ。

まず起《た》ったのは、イタリアの北部である。第一次から第八次までの主要な十字軍には数えられることのない遠征だが、「一一〇一年の十字軍」の名で残るこの十字軍は、ミラノの大司教が旗ふり役を務め、北伊と南仏の兵士や巡礼が主体になって、第一次と同じに、まずはコンスタンティノープルを目指したのである。

この後につづいて、フランスやドイツの騎士から成る十字軍もコンスタンティノープルに発《た》つ。この人々の中には、第一次十字軍に参加しながらアンティオキア攻防中に逃げ出したままヨーロッパにもどっていた、ブロア伯とフランスの王弟ユーグも加わっていた。彼ら二人はまだ、イェルサレムの聖墳墓教会で祈るという、十字軍参加者の誓約を果していなかったのだ。ブロア伯のほうは、またも夫人から背を押されての参加であったにちがいない。

彼らを迎えたビザンチン帝国の皇帝アレクシオスは、今度の十字軍も前回同様に、小アジアのトルコ勢を一掃し、その後をビザンチン領にするのに利用しようと考える。合流したこの十字軍の総大将に、仲間たちからは総スカンを喰ってコンスタンティノープルに来ていた、トゥールーズ伯サン・ジルを指名したのである。

思えば、サン・ジルもブロア伯も王弟ユーグも、第一次十字軍では力を発揮できないでいた人々であった。その彼らが新たな十字軍を率いて小アジア入りしたまではよかったのだが、かつての仲間たちへの競争心でもあったのか、独自の行動をしようと考えたのである。

小アジアを北西部から南東部に向けての道を行けば、今ではキリスト教下になっているアンティオキア公領に入れたのだ。それが、まずアンカラに向い、その後も小アジアの北東部に深く踏み入ってしまったのである。なぜなら、アンティオキアに向う前に、捕われの身というボエモンドを奪い返そうということで、三人が一致したからであった。

しかし、そこはもうセルジューク・トルコの支配地域になる。そしてトルコ人は、前回は西欧の騎士に不慣れであったこともあって一敗地にまみれたが、今ではもはや慣れていた。

結果は見るも無惨《むざん》で、多くの騎士や兵士が、小アジア内陸部の荒地を血で染めた。すんでのことに、サン・ジルもブロア伯も王弟ユーグもボエモンドの牢《ろう》仲間になるところだったが、大将たちは逃げるのに成功したのである。サン・ジルは再びコンスタンティノープルに逃げ帰り、ブロア伯と王弟ユーグは、ほうほうのていでアンティオキアにたどり着いた。

この惨状によってヨーロッパも、小アジアを通過することの困難さを知る。以後は巡礼たちも、聖地へは海路を選ぶようになるのである。

そして、他人の力を使うことしか考えないビザンチンの皇帝アレクシオスのやり方は、またしても痛打を浴びたのだった。いや、シリアでは劣勢をやむなくされているトルコ勢に、小アジアでならばやれると思わせてしまったのだ。せっかく第一次十字軍のおかげで再復しつつあった小アジアも、ビザンチンの手から決定的に離れ始めていた。なにしろ、小アジアの中央に位置するコニアに、セルジューク・トルコは堂々ともどってきたのだから。

新たな兵力の到着を心待ちしていたイェルサレム王ボードワンの期待も、こうして水泡に帰した。このボードワンに、イェルサレムを訪れてキリストの墓の前で祈るという十字軍戦士の誓約は果したブロア伯と王弟ユーグが、この後も残ってともに闘うと約束したが、ボードワンの欲していたのは兵力であったのだ。

結局、これまでと同じ、いや疫病でこれまでよりも減少した兵力で闘いつづけるしかなかったのだが、その彼にとって痛かったのは、この時期から二十年つづくことになる、ヴェネツィア海軍の戦場放棄である。

ヴェネツィア共和国では、国益が何よりも優先された。宗教よりも国益のほうが優先された、中世では珍しい国なのである。彼らの格言に、「まず初めにヴェネツィア人、次いでキリスト教者」とあるくらいで、以前からエジプトのイスラム教徒と交易していたし、十字軍のパレスティーナ侵攻後も、エジプトとの交易はやめなかった。ローマ法王が、自分はヨーロッパのどこでも法王だが、ヴェネツィアだけはそうではない、と嘆いたほどで、ローマ法王の禁令があろうと異教徒との交易関係は切らない民族であったのだ。

そのヴェネツィアの生命線と言ってもよいアドリア海の東岸を、ハンガリー王が占拠しようと攻めてきたのである。ヴェネツィアは、アドリア海の奥に位置する。ヴェネツィア船の航行の安全と自由を維持するには、このアドリア海は、当時呼ばれていた「ヴェネツィアの湾」にしつづけておくことが不可欠だった。

ハンガリー王が攻めてきた東岸一帯の海港の防衛に、共和国政府は、地中海全域に散っていた商船にまで召集をかける。それによって強大な海軍を編成し、それでハンガリー軍の陸からの攻勢を撃退しようとしたのだった。パレスティーナの海からヴェネツィア船が消えたのには、このような事情があったのである。この海域にヴェネツィア船が本格的にもどってくるのは、ハンガリー問題が解決した二十年後になる。

ハイファ攻略にすこぶる役立ったヴェネツィアをあきらめるしかなくなったボードワンは、同じイタリアの海洋都市の中でも国益第一主義ではない、ジェノヴァとピサの海上戦力を頼りにするしかなくなる。だが、彼らとの共闘は、無為な殺戮《さつりく》を生むことになってしまった。

協力して落とした海港都市に突入した後、ピサやジェノヴァの船乗りたちは、北ヨーロッパからの兵士にも劣らない残虐《ざんぎゃく》さで、住民のイスラム教徒を殺しまくったのである。

だがこれも、彼らの立場に立つならばわからないでもない。前著『ローマ亡《な》き後の地中海世界』で述べたように、北アフリカのイスラム教徒の海賊船に対して、常に最前線で闘ってきたのがピサ人でありジェノヴァ人であった。

同じイタリア人でありながらヴェネツィア人にはその彼らのような敵意が見られないのは、ヴェネツィア船の向う先はビザンチン帝国や中近東のイスラム国家であり、比較的にしても北アフリカとの交易量が少なかったからである。つまり、北アフリカのイスラム教徒に襲われ略奪され、船乗りでも商人でも拉致《らち》され、カネを払って自由を得ねばならない率が低かったのであった。

このヴェネツィアとは反対に、ピサとジェノヴァが海洋国家になり強力な海軍をもつようになったのも、交易よりもまず先に、北アフリカから襲って来る海賊に対して身を守るためであったのだ。どの国でも海軍は、海賊への防衛策として生れるものではあるのだが、ピサとジェノヴァの場合は、イスラムの海賊対策がまず先にあった、としてもよい。

このピサやジェノヴァの人々にとっては、イスラム教徒であるということだけで敵なのだ。敵である以上、殺すのに躊躇《ちゅうちょ》しなかったのだ。ただし、彼らも交易立国の民であるからには、異教徒であっても商売をするならば、完全な商売仲間になる。自分たちが活躍できる環境さえ整えば、つまり海港都市内に居留区さえ持てれば、そこを基地にしてイスラムの商人たちと通商するのは当り前のことになる。こうなれば、宗教のちがいなどは忘れる人々でもあったのである。

商売仲間ならば宗教のちがいは問題にしないというイタリアの海洋国家の人々ほど、北ヨーロッパから来た中世の騎士にとって、理解しがたい男たちもいなかったろう。だが、利己主義者同士ならば、妥協は常に成り立つ。この時期のボードワンにとって最も頼りになる協力者は、このイタリア人たちであったのだった。

ボエモンドの復帰

イェルサレムの王になって以後のボードワンは、イェルサレムの王というよりも十字軍国家全体のトップとして振舞うように変わっていた。その彼にとって、捕われの身のボエモンドを放置することはできなかったのである。エデッサを託されているボードワンが動いたということになっているが、私にはイェルサレム王のボードワンがこのいとこを動かせたのではないかと思えてならない。イェルサレム王領の確立で手を抜けないボードワンが、いとこを通してボエモンドの買い取りを策したのではないかと思うのだ。ところが、ボエモンドを捕えている当のスルタンから返ってきた答えは、二十六万ビザンチン金貨という法外な額だった。

捕囚の身と言ってもそれが高位の人ならば、手かせ足かせで地下牢につながれるなどということは、ほとんどの場合行われない。初めのうちはそうとしても、しばらくすれば高い塔の上の一室あたりに収容されるのが普通だ。ボエモンドと、もう一人一緒に捕虜になったサレルノ出身の騎士の捕囚生活も、この種の日々であったと思われる。なにしろ、二十六万ビザンチン金貨という、価値ある捕虜でもあったのだから。

このボエモンドが、自分を捕えたスルタンの愛妾《あいしょう》を籠絡《ろうらく》したというのが伝えられる話だが、その真偽は不明である。だが、ハレムの女の仲立ちがあろうとなかろうと、スルタンに会えるところまで行けば、そこからはもうボエモンドの世界であった。

ボエモンド捕囚の地ニクサルとその周辺

老いたスルタンは、困っていたのである。身代金《みのしろきん》を二十六万ビザンチン金貨としたことが他のスルタンにも知れわたり、オレにもよこせ、嫌ならば攻めて捕虜を奪う、などと脅されていて、困り果てていたのだった。

そのスルタンを、ボエモンドは説得したのである。捕囚中にトルコ語まで習得していたようで、ボエモンドならばそこでもう、獲物に手をかけたようなものであった。

十万でよければわたしが払う、と言ったのである。カネは魅力だが攻めて来られるのも嫌だと思っていたスルタンは、それを受け容《い》れた。しかも、保証には騎士のリカルドを置いていくと言っても、ボエモンドを、カネも手にしないうちに釈放するのである。老スルタンにとってもボエモンドは、ヨーロッパでよく言う、〝手の中の焼けた石炭〟になっていたのだろう。

こうして、ボエモンドは二年ぶりに、アンティオキアにひょっこり一人でもどって来たのである。タンクレディはびっくりし、兵士たちは歓声をあげた。

いかに十万に値引きさせたとしても、それほどのカネはアンティオキアにはない。といって、異教徒との取引だからと借金を踏み倒すようなまねは、騎士たる者のすることではなかった。結局、アンティオキア公領に住む人々に、特別税が課されたのである。これで、南伊のサレルノの生れという捕虜仲間の、リカルドも釈放されてもどってきたのだった。

自由の身になったボエモンドは、タンクレディにはもちろん、留守を守ってくれてありがとう、ぐらいは言ったにちがいない。タンクレディのほうも、もどって来たからには明け渡す気は充分にあった。だが、タンクレディの、せめては自分が征服した、アンティオキア公領に接する地域の領有は認めてほしいとの抗議も無駄に終わる。

タンクレディは、退職金も与えられずに解任されたことになる。ガリラヤ地方にもどろうにも、そこはすでにイェルサレム王領に完全に組みこまれていて、もどれる地ではなくなっていた。傍系に生れた者の悲哀であった。

それでもタンクレディは、伯父との仲を断っていない。またボエモンドのほうも、いざとなるとこの若い甥《おい》を頼りにする。ノルマン一家というきずなは、やはり強かったのか。ゴドフロアとボードワンの、ロレーヌ一家の結束が強固であったのに似て。


イェルサレム王ボードワンが海港都市群の実質支配に向けて多忙な日々を送っている一方で、アンティオキア公のボエモンドも、捕囚から解放されたばかりというのに再び戦場に出ていた。ボエモンドの相手は、シリアの大守《エミル》たちである。この人々の仲間争いの性向はいっこうに改善されていなかったのだが、その彼らも、自分たちの領土を奪われそうになれば団結した。

この地域のキリスト教徒対イスラム教徒の戦場は、エデッサの近くになる。エデッサ伯領と呼ばれたこの一帯はユーフラテス河を渡った東に位置するので、イスラムの地に向って張り出した砦《とりで》であったからだった。そして、このエデッサ伯領は、ボードワンがイェルサレムの王になって以後は、いとこにあたるボードワンが統治していた。

そのうえ、この時期のエデッサには、フランス西部の領主であるコートネー一家に属する、ジョスランという名の騎士もいたのである。この人は小アジアで無惨な結果に終わった「一一〇一年の十字軍」の生き残りで、ほうほうのていでアンティオキアにたどり着いた一人だったが、その後エデッサ伯領の守りに送られていたのだった。言ってみれば、助っ人である。

この助っ人の参加で勢いづいたエデッサのボードワンは、アンティオキアのボエモンドにも参戦を乞《こ》い、ユーフラテス河にそそぎこむ支流のほとりにあるハランの攻略を策す。ハランが、周辺の荒野を一望のもとに収める戦略要地であったからだ。このハランさえ手中にすれば、ティグリス河から西に向ってくること必至の、イスラム軍の前に立ちはだかる最初の砦になるからであった。

事ここに至っては、イスラム側とて団結する。モスールの領主が呼びかけた共闘戦線には、常ならばいがみ合っている近隣の領主たちも加わり、騎兵七千と歩兵三千からなる総勢は、南下してきたキリスト教軍と激突した。

キリスト教側の総戦力の、正確な数はわかっていない。だが、当時の十字軍の規模からして、敵軍の半分程度ではなかったかと思う。また、ボードワンとジョスラン・ド・コートネーが率いるエデッサ軍と、ボエモンドとタンクレディが率いるアンティオキア軍の共闘体制は、敵側の突撃の激しさの前では機能しないで終わってしまった。キリスト教側の戦死者は、イスラム側の記録によれば、二千人にものぼったという。いずれにせよ、大敗を喫したことは明らかだった。ボエモンドとタンクレディは逃げるのに成功したが、ボードワンとジョスランは捕虜にされてしまう。十字軍側にとって、イェルサレムの解放に成功した年から五年目にして初めて受けた、痛烈な打撃であった。

だが、このときもまた、イスラム側は好機を活《い》かせないで終わるのである。重要人物二人の捕虜の所有をめぐって、仲間争いを再開してしまったのだ。ボエモンドの身代金だった十万ビザンチン金貨が、彼らの頭から離れなかったのかもしれない。結局、重要捕虜二人は、二人の領主に分配された。そしてキリスト教側は、敵側がこの争いに熱中していた間を無駄にしなかったのである。

アンティオキアに逃げもどったボエモンドは、防衛担当者がいなくなったエデッサ伯領に、タンクレディを送りこむ。正式の統治者ではないが、統治を代行する者、つまり摂政として送りこんだのである。


二十九歳になっていたタンクレディは、勇んでエデッサに発った。とはいえ、この時期のエデッサ伯領を堅持するのは、容易なことではなかったのだ。ハランでのキリスト教軍の敗北は、十字軍が不敗ではないことをイスラム側にわからせてしまったからである。

ハランでの勝利の後は再び仲間争いを再開していたシリアのイスラムの領主たちだが、個々別々ならば果敢に攻めてきた。それに対する防戦に次ぐ防戦であったにかかわらず、タンクレディは、エデッサ伯領の堅持に成功する。しかも独力で、ボエモンドからの支援もほとんど期待できなかった中で。

もしもこの機に、シリアのセルジューク・トルコ勢力が大同団結していたならば、いかにタンクレディでも対抗できなかったろう。エデッサ伯領は奪還されていたろうし、アンティオキア公領も危険な情況になっていたにちがいない。

この、十字軍側にとっての危機を救ったのは、セルジューク・トルコ側の、あいも変わらずの仲間割れと領地争いと敵対意識に加えて、もともとからあった彼らの強欲だった。ボエモンドが釈放されたときの莫大《ばくだい》な身代金で、イスラムの領主たちは、キリスト教側のＶＩＰを捕えると一稼ぎできることを知ったのである。

エデッサ伯のボードワンを捕虜にしていた領主から、アンティオキアのボエモンドの許《もと》に使者が送られてきた。この領主も、ボエモンドとこのボードワンでは、ＶＩＰの度にも差があることはわかっていたようである。それで、ボエモンドの身代金は十万ビザンチン金貨であったのに、エデッサ伯のほうの身代金は一万五千。それに加えて、アンティオキアに捕えられているトルコの王女の引き渡しでけっこうだ、と伝えてきたのである。

もちろん、ボエモンドは受けた。一万五千の金貨とトルコの王女は、その場で使者に手渡され、使者はユーフラテス河の東に去って行った。身代金請求の使者が送られてきたことは知れ渡っていたので、キリスト教徒としては同じキリスト教徒の釈放に努力したことは、示しておく必要があったのである。

しかし、カネと王女は引き渡していながら、ボエモンドはいっこうに釈放の催促をしない。イスラムの領主のほうも、催促されないものだから釈放しない。それで、エデッサ伯のボードワンはあい変わらず、捕囚の身でいつづけることになってしまった。

このときの奇妙なボエモンドの振舞いの理由を述べた記録はないので想像するしかないのだが、ボエモンドはそれを不思議がる甥のタンクレディに、次のようなことでも言ったのではないかと思う。

ボードワンが釈放されなければ、エデッサはお前のものでありつづける。そうなれば、アンティオキア公領とエデッサ伯領の二つともが、われわれ一家の領有に帰すのだ、と。

エデッサをまかされていたボードワンは、ゴドフロアや、イェルサレム王になったボードワンのいとこだから、北ヨーロッパのロレーヌ一家の一員である。一方、同じく十字軍の諸侯仲間でも、ボエモンドとタンクレディは、南イタリアを本拠にするノルマン一家に属す。「一家」とは、後のスコットランドの「クラン」のようなものだから、クランの内部では結束は固くても、別のクランとなればライヴァルになる。イスラム側でも部族同士はライヴァル関係にあったが、キリスト教側でも中世では、似たような状態にあったのである。

一方、ジョスラン・ド・コートネーのほうだが、この人は、自分を捕虜にしている領主と、釈放のための自主交渉を始めていた。この領主がライヴァル関係の別の領主と闘う場合は自分も参戦し、さらに三万ディナール金貨を支払うというのが条件だ。西部フランス出のこの騎士は、聖地に着いてまだ日が浅く、手持ちの資産もまだ充分にあったのかもしれない。だが、この条件でこちらの場合も同意が成立し、ジョスラン・ド・コートネーは自由を回復したのである。

ところが彼は、釈放された後で、捕虜仲間であったボードワンがまだ捕囚の身でいることを知った。それで、これまたオリエントに来たばかりで騎士道精神のほうも充分にもっていたらしいこのフランス人は、ボードワンを捕虜にしている領主のところに単身で出向き、ボードワンの釈放を求めたのである。

それに対して領主は、すでにボエモンドから一万五千を得ていたにかかわらず、六万ディナール金貨の身代金ならばOKだ、と答える。ジョスランには、それだけのカネはなかった。騎士は、三万なら払えるが、不足の分の代わりには自分が捕虜になる、と言ったのである。

領主は、このフランク人の騎士道精神には感激してしまった。三万は受け取った後でボードワンを釈放しただけでなく、何も求めずにジョスランも自由にしたのである。

もどって来たボードワンに、タンクレディは、エデッサ伯領を明け渡すしかなかった。イェルサレム王が就けた人がもどってきた以上はその人に返すしかなく、また、この時期のタンクレディは、エデッサだけでなく、アンティオキアの摂政にもなっていたからである。

西暦一〇九九年にイェルサレムが解放され、その最大の功労者であったゴドフロアも死んだ一一〇〇年からは、十字軍はそれまでの制覇を確実なものにする段階に入っていたが、その当事者になったイェルサレム王ボードワン一世も、アンティオキア公領を守るボエモンドも、制覇を確実なものにするためにも闘いは常につづけねばならなかった。この十字軍側の進軍を助けたのはイスラム側の不統一だったが、彼らとて自分の領土が犯されるようになれば、逃げずに闘う。大同団結には至らなくても、個々では勇猛に闘うのだった。

それでも十字軍側は、ほとんどの場合、勝利を手にしていた。だが、戦闘に勝っても、犠牲はゼロでは済まない。必ず、幾分かの犠牲は出る。そしてそれが積み重なれば、無視できない数になるのだった。イェルサレム王のボードワンもアンティオキア公のボエモンドも、いっこうに止まらない出血に似たこの兵力の減少には、常に悩まされていたのである。

聖都イェルサレムの解放と聖地パレスティーナの奪還は、西欧中を熱狂させた。ために、中近東を訪れる巡礼たちは増えていた。また、異教徒イスラムと闘う気充分でオリエントに発つイギリスやデンマークやノルウェーからの兵士たちも少なくなかったのである。

しかし、この人々は戦力ではない。少なくとも、即戦力としては使えなかった。騎士でも、それまで顔を見たこともない人の許《もと》で、その人の命令一下、命も投げ出す用意まではできていない。ましてや巡礼に至っては、訓練しようと戦力に変われる人々ではなかった。

第一次十字軍の主人公である諸侯は、彼らの属す一家の手勢を軸にして集めた軍勢で、闘ってきた人々なのである。その手勢までが、これまでの戦闘で、減る一方になっていた。そのうえ、これらの主戦力を補助してきた一般の兵士たちも、大量に減っていたのである。シリア・パレスティーナの港町には、ヨーロッパからの人々を乗せた船が毎日のように入港するようになっていたが、兵力の減少の改善にはほとんど役に立たないのだった。まとまった即戦力の補充が期待されていた「一一〇一年の十字軍」も、シリアに入るどころか、その前の小アジアを縦断中に霧散してしまっている。そして、中近東でのこの兵力減少がより深刻であったのは、ハランで大敗を喫してしまった、エデッサとアンティオキアであったのだった。

一一〇四年の秋、アンティオキア公ボエモンドは、エデッサからタンクレディを呼び寄せた。そして正式に摂政、つまり自分の代行に任命した後で、海路ヨーロッパに向けて発つ。ローマの法王やフランスの王を説得して、新たな十字軍を起そうと考えたからである。減少する一方のシリア・パレスティーナの十字軍勢に即戦力を補充するには、新たに十字軍を組織し、それをオリエントに送りこむしかなかったのだった。

だがこれで、自分の領土を持ったことが一度もなかったタンクレディは、アンティオキア公領とエデッサ伯領という、二つもの領国を託されたことになる。三年後にボードワンが釈放されてもどって来た後はエデッサは彼に返すが、その後でもアンティオキア公領の防衛と内政は、三十代の半ばにもならないこの若者に一任されたのであった。


タンクレディは、この重責を充分に果たす。しかも、合計すれば、八年の長きにわたって。

戦闘の感覚《センス》は冴《さ》えていたことはイスラム側にも知られるほどになっていた彼だが、内政面でもなかなかの実績をあげるのである。ジェノヴァ人に居留区を提供することでアンティオキア経済の活性化を狙ったボエモンドに習って、タンクレディもピサ人に居留区を提供している。それに、異民族が大半の領国を統治していながら一度も住民から反乱を起されていないことが、彼の政治面での能力を実証していた。しかも、戦闘に行ったり帰ったりをくり返しながらであったのだから、タンクレディという男は、深謀遠慮には縁の遠い性格であったにせよ、行動的で積極的で活潑《かっぱつ》な男ではあったのだろう。

サン・ジルの健闘

さて、トゥールーズ伯サン・ジルのほうはどうしていたのだろうか。

ビザンチンの皇帝の指名であったにせよ率いたことならば同じの「一一〇一年の十字軍」を、惨澹《さんたん》たる結果に終らせてしまった後はコンスタンティノープルに逃げ帰っていたのだが、そこでの生活もしばらくすると飽きてくる。それでシリアの海港ラタッキにもどったままではよかったのだが、ここで皇帝アレクシオスの意を汲《く》んでアンティオキア公領を侵蝕しようと試みたところ、たちまちタンクレディから手ひどいしっぺ返しを受けてしまった。

一時期にしろ、タンクレディはこの大先輩を捕えたことさえもある。とはいえそれも、まもなく釈放されたのだが、もはやタンクレディの近くにいるのは危険だった。

と言って、イェルサレムに行ったとしても、ボードワン一世が健闘中で、やることがない。またそれだけでなく、彼自身が誰からも求められていないということもわかったのだ。六十歳を越えたというのに、トゥールーズ伯サン・ジルは、行くところなしの状態を、どうにかしないでは済まない想いになっていた。

その彼の頭にひらめいたのが、トリポリの征服である。あそこを攻略してトリポリ伯領として確立できれば、アンティオキア公領とイェルサレム王領の間の地帯が埋まり、十字軍領国は地つづきになる。この考え自体は正しかったのだ。

しかし、海港都市の中でも豊かなトリポリは、今なおアラブ人の領主に治められ、しかもアル・ムルク・アブ・アリという名のこの領主は、常にフランク人の友人として知られてきた人であった。兄の死後にイェルサレムに向う途中のボードワンに、一夜の宿を提供しただけでなく、ダマスカス軍が犬の川で待ち伏せしていると伝えた人でもある。

この人も、十字軍を単なる侵略軍と見ていたこの時期のイスラム教徒の一人で、宗教がからんでいるとは夢にも思わず、ゆえに共存も可能だと思っていたのだった。その想いならば彼一人にかぎらず、近くにあるシャイザール、ハマ、ホムス、ブカイヤ、バールベクの領主たちも、同じように思っていたのである。第一次十字軍も、この人々の領地には手をつけていなかった。

サン・ジルは、トリポリさえ落とせばこれらの町々の攻略も容易になるだろうから、トリポリを中心にした全体でトリポリ伯領ができる、と考えたのである。そしてこの考えは、諸侯の中では誰よりも熱烈なキリスト教徒であった、トゥールーズ伯サン・ジルの信仰心を満足させることでもあった。

決めたとなれば、老いていようと行動は早い。三百騎というわずかな兵力だけを率いて、勇躍トリポリに向ったのである。

事ここに至っては、トリポリの大守も、共存路線を捨てざるをえなかった。早速、ダマスカスのドゥカークとホムスのダウラに急を知らせる。この二人の領主とも、それぞれ二千騎を率いて駆けつけると伝えてきた。

トリポリの郊外に着いたサン・ジルは、待ち受けている大軍勢を見てもびくともしなかった。もしかしたら、ヤケッパチの想いであったのかもしれない。率いてきた三百騎を、大軍でもあるかのように四分したのである。

ダマスカスのドゥカークに対しては、百騎。

トリポリの大守に向っては、百騎。

ホムスのダウラに対するに、五十騎。

自分の親衛隊として、五十騎。


まず、先を切って攻撃してきたのは、ホムスの二千騎だった。五十に対して二千だから勝負は決まったように思えたが、そうではなかったのである。戦闘の感覚《センス》はあったサン・ジルが、地勢を考えて配置した五十騎だった。狭い戦場で味方同士でぶつかり混乱に陥ったのは、ホムスの二千騎のほうであったのだ。同じ情況は、サン・ジルの百騎に向って突撃してきた、ダマスカスの二千騎にも起ったのである。

それを見たサン・ジルは、攻勢に転ずる。戦場での主導権をにぎったのは、鬨《とき》の声をあげて突撃するサン・ジルの三百騎のほうであった。蹴《け》散《ち》らされ、突かれ、斬《き》り倒されたイスラムの兵士たちで、トリポリの郊外は埋まったのである。この戦闘の記録を残したイスラム教徒に言わせれば、イスラム側は七千人を失ったとなるが、例によってこれも大げさな数字であるのは明らかだが、イスラム側が大損害をこうむって敗れたことは確かであった。

トゥールーズ伯サン・ジルにとっては、初めてと言ってもよい快挙である。呵呵大笑《かかたいしょう》であったにちがいないが、それゆえに誰にも助力を求めず、次の年もこの三百騎でトリポリ攻略をつづけると決めたのであった。

翌年の春、戦いは再開されたのだが、その年のサン・ジルは戦法を変えた。三百騎では、城塞《じょうさい》都市のトリポリを攻略するのはやはり無理だった。それで、トリポリを孤立させる策に出る。トリポリに援軍を送ってこれるような領国のすべてを、攻める策をとったのだった。

この戦法は、幸運に恵まれたにせよ、相当な程度には成功した。幸運とは、迎撃に向おうとしていたホムスの大守のダウラが、礼拝を終えてモスクを出て来たところで殺されたからである。

暗殺集団の手にかかったということだが、この集団が十字軍にかかわってくるのはこのときが初めてだが、自分が殺されるのもかまわずに目標を殺す彼らのやり方が、イスラム教徒の間でも不気味がられていたのだった。ただし、主義主張のためではなく、カネのためではあったのだが。このときの暗殺の発注者は、アレッポの領主リドワンで、ホムスの大守ダウラにとっては実の息子になる。つまり、暗殺集団のやったことは、家族間の争いのカタをつけたにすぎなかった。

しかし、大守を殺されてしまったホムスの有力者たちは、ダマスカスの領主のドゥカークに助けを求める。このドゥカークがまた、リドワンとは兄弟の仲であったのだから、この時期のシリアの有力者たちの内部争いに、イスラム側の年代記作者たちが絶望するのも無理はなかった。

いずれにせよ、サン・ジルの矢面に立ったホムスを助けに来たのは、ダマスカスの軍ではあったのだ。ダマスカスとトリポリの両軍を向うにしては、サン・ジルの攻略の速度も落ちるしかなかった。

そこに届いたのが、ジェノヴァ人からの共闘の申し出である。自分たちは四十隻《せき》でトリポリを海から攻めるから、サン・ジルは陸側から攻めるという提案だった。これに、サン・ジルは乗る。

しかし、トリポリはやはり手強かった。資力があるので、カネで傭ったエジプト船に邪魔をさせ、ジェノヴァ船団に攻撃の続行をあきらめさせたからだった。

結局、またも独力で攻撃を続行するしかなくなったサン・ジルだが、このときの彼は、以前のサン・ジルとは別人かと思うほどに執拗《しつよう》だった。一一〇五年の春、ついにトリポリ側から講和が申しこまれてきたのである。サン・ジルの主権を認めるとしたうえでの、トリポリの存続が条件だった。

これに調印を終えてまもなく、トゥールーズ伯サン・ジルは倒れた。敵側の放った火矢で炎上する本陣から逃げずにがんばったときに負った、火傷《やけど》が悪化していたのだった。六十三歳の死である。現代のレバノンの半ば程度でしかないが、そして結局は、シャイザールもハマもホムスも、もちろんのことダマスカスも外さざるをえなかったとしても、少なくともアンティオキア公領とイェルサレム王領を連結する、トリポリ伯領の基盤は築いて、十字軍の戦士として死を迎えたのであった。

ボエモンド、ヨーロッパへ

それで、このトゥールーズ伯サン・ジルとは事あるごとに衝突した仲であり、それでもイスラム側に、キリスト教側第一の勇将として知られていた、ボエモンドのほうである。

タンクレディに後を託して海路ヨーロッパに向った彼が、まず立ち寄ったのは南イタリアだった。もともとこの人は、長靴の形をしたイタリア半島のかかとにあたる、プーリア地方の領主なのである。そこに、その年の晩秋まで留まる。九年ぶりにもどってきた自分の領地で、やらねばならないことは少なくなかった。その一つには、自分が再びオリエントに向って発つときに率いていく、兵力の編成も入っていたのである。

南欧の秋は、それが終わる頃になっても旅の障害にはならない。ボエモンドは陸路、ローマに向う。法王パスカリスに会って、新十字軍を提唱してもらうのが目的であった。

法王パスカリスは前法王ウルバンと同じにクリュニー修道院の出身だから十字軍には関心は強かったが、温厚な性格のためかウルバンのような積極性はない。それでも、フランス王に説得に行くというボエモンドに、法王代理を同行させることは承諾したのである。

春を待って向ったパリでは、フランス王フィリップの大歓迎が待っていた。第一次十字軍の成功はヨーロッパ中を熱狂させていたので、フランス王の宮廷でも、その功労者の一人であるボエモンドへの関心は高かったのだ。フィリップ自身、第一次十字軍に従軍したユーグの兄にあたる。王弟ユーグも、この時期は再びパレスティーナにもどり、そこで戦闘中だった。フランス王フィリップは、フランス国内で十字軍兵士を募集したいというボエモンドの願いを、快く承知したのである。

しかし、このフランスでボエモンドが得た、最も熱心で強力な支持者は女であったのだ。

ブロア伯夫人のアデーレは、すでに述べたように、イギリスを征服してノルマン王朝を創設した、「征服王ウィリアム」の娘である。この女人は、夫のブロア伯を叱咤《しった》激励して二度もオリエントに行かせたほどで、十字軍の熱心なサポーターを務めるのが生きがいのような女だった。また、ボエモンドのほうも、なぜか女が間に入ると上《う》手《ま》くいく男なのである。

それでブロア伯夫人は、父の死後はイギリスの王位に就いている兄にも、ボエモンドを引き合わせる。イギリス王は、ボエモンドの説く新十字軍遠征に、全面的に協力すると約束した。

だが、熱心なサポーターだけに伯夫人アデーレは、今度は女らしい考えで、十字軍遠征を支援することにしたのだ。新たな十字軍がオリエントに向うときにはそれを率いて行くボエモンドの立場を、より強化することを考えたのだった。独り身になっていたボエモンドに、しかるべき女人を妻合《めあ》わせるのがそれである。

翌・一一〇六年の春も終わる頃、五十六歳になっていたボエモンドは結婚した。妻になった女人の名は、コンスタンス。シャンパーニュ伯に嫁いでいたのが離婚して、一説では夫を捨てて独り身にもどっていた彼女は、フィリップの娘だから、王女ということになる。この女人は、夫になったばかりのボエモンドに従って南イタリアに行き、夫を襲ったその後の運命の如何《いかん》にかかわらず夫にそいとげ、その死の後も南イタリアに留まりつづけることになる。政略結婚も、それしかない時代では、愛ある結婚に変わる可能性も少なくないのであった。

愉快なのは、ボエモンドは、タンクレディにも妻を見つけてやったことである。もちろんのことブロア伯夫人はこれにも力をつくし、セシリアという名の若い女に決まった。こちらの女人のほうは、フランス王フィリップが縁をもった女のうちの一人から生れた娘なので、王女とはいっても庶出である。そのセシリアとタンクレディの結婚式は、ボエモンドが不在の花婿《はなむこ》の代わりをしてパリで挙行された。

このセシリアも、ボエモンドに従《つ》いて南イタリアまで行ったのだが、夫のそばにいるのは妻の義務だと言って、その年のうちに一人で海路オリエントに向ったのである。

妻を見つけてやったとはボエモンドからの手紙で知ってはいたのだが、突如アンティオキアに現われたセシリアにはタンクレディも驚いた。この時期のアンティオキアは、優雅なオリエントの大都市というよりも、兵馬行き交う前線の基地であったのだ。そのようなところに、位の高い若い女がいるだけでも人々の注目を浴びる。第一次十字軍に参加した諸侯のうちで、妻を同行していたのは、ボードワンとサン・ジルの二人しかいなかった。それが今、降ってわいたように若いフランス女の登場だ。これ以後、若く気も強く美男でもあったらしいタンクレディに、美しく勇気ある若妻が寄りそうことになるのである。

ボエモンドのヨーロッパ行きは、すべての面で上々の成果をあげ、もはや新たな十字軍の編成を待つばかりになっていた。また、アンティオキア公領を託してきたタンクレディも、その任を充分以上に果しつつある。五十六歳になっていたボエモンドにとって、心配すべきことは何ひとつないかのように思えたのだ。

だが、人生の落とし穴は、まさにこのようなときに姿を現わす。オリエントで、そしてローマでもフランスでも張りつづけていた緊張が、ふとゆるんだときに襲ってくる。一一〇六年の秋、ボエモンドにそれが起った。

落とし穴

そのまま南イタリアで新十字軍の編成を待ち、集まってくる兵士たちとともに南伊の港から海路オリエントに発っていたならば、ボエモンドの名声はあがる一方であったにちがいない。それに今回は、彼一人が率いていく十字軍なのである。

だが、ここでボエモンドの頭を、アドリア海の対岸にあるドゥレスを攻撃するという考えが占めてしまったのだった。

ドゥレスは、古代にはエニャティア街道の出発点であったほどの重要な海港都市だったが、中世に入ってからはビザンチン帝国の覇権下に入っていた。そこを攻めたのだから、皇帝アレクシオスが怒るのも当り前だ。もちろん皇帝は、ただちに軍を送る。だが、ドゥレス攻略には、もう一つの敵がいたのである。

ボエモンドの領地であるプーリア地方は、アドリア海の西岸にある。ドゥレスは、東岸だ。この両側ともを同一人が占拠しようものなら、アドリア海の奥に位置するヴェネツィアは袋のネズミになる。ヴェネツィア共和国の海軍が、そのような事態になるのを放置するはずはなかった。

一一一〇年の春、手勢ではあったがそれを率いてアドリア海を渡りドゥレスに攻めこんだボエモンドは、陸側はビザンチンの迎撃を受け、海側もヴェネツィアの海軍に封鎖されて孤立無援の状態になってしまった。それでもがんばったのだが、夏の暑さと補給絶無の状態は兵士にとっては地獄で、そこに疫病まで襲ってくる。九月、ついにボエモンドは折れた。二年間ものイスラムの捕囚生活は耐えた彼だが、眼の前で死んでいく兵士たちを見殺しにすることはできなかったのである。

皇帝アレクシオスが送ってきた使者との間で成立した講和の条約は、次の四項から成っていた。

一、ボエモンドの今後のアンティオキア統治は認めるが、それはあくまでも、ビザンチンの皇帝の臣下としてであること。

全文がギリシア語で書かれているのに対して、臣下を意味する言葉だけが中世ラテン語で、「vassallus」と書かれている。これは、十字軍の当事者たちにもヨーロッパの王侯たちにも、はっきりとわからせようとしての処置にちがいない。皇帝アレクシオスの、復讐《ふくしゅう》の想いなり悪意なりがうかがわれる文章であった。

二、アンティオキアを統治する者は、タンクレディも同様に、また以後のすべての統治者も同様に、ビザンチン皇帝の「臣下」としてのみ、統治権が認められること。
三、アンティオキアの大司教は現在はカトリック教徒のフランク人だが、その後任からは、ギリシア正教を信ずるギリシア人が就任すること。
四、キリキア地方とシリアの海港都市すべては、ビザンチン皇帝の所有に帰すこと。

この講和の調印を終えて初めて、残った兵をまとめてドゥレスを去ることができたボエモンドだが、自領にもどった後の彼は、以前のボエモンドではなくなっていた。

まず、ヨーロッパの王侯たちの信用を落としてしまったことがあげられる。シリアはビザンチン、パレスティーナはエジプトと定めた密約をエジプトのカリフと交わしたりしていたことから、ビザンチンの皇帝は、十字軍の敵だとする意見が支配的になりつつあったのだ。ボエモンドは、十字軍には非協力的な皇帝アレクシオスの意のままになった、という印象を与えたのである。

当然、彼が提案した新十字軍に協力する想いも、坂をころがり落ちるように急落した。つまり、彼の唱える新たな十字軍遠征に協力する情熱も、消えてしまったのだった。

ボエモンドには失望した、というのが、ヨーロッパの王侯たちの正直な想いであったろう。ブロア伯夫人のアデーレも、その一人であったにちがいない。

そのボエモンドにしてみれば、新たな十字軍も、アンティオキア公領の運命も、もはや知ったことではなくなっていた。何もかもが、どうにでもなれ、という想いであったのかもしれない。

プーリア公ボエモンドは、ドゥレスからもどってきた後も、バーリの居城から出ることもなく、この一年後に死ぬ。それでも妻との間に、二人の子を残した。西暦一一一一年、六十一歳の死であった。

だが、ボエモンドは知らないままに死んだのだが、皇帝アレクシオスのもくろみはまたも失敗に終わるのである。

ボエモンドが署名した文書を持ってアンティオキアを訪れた皇帝の特使を迎えたタンクレディは、それに彼も署名するどころか、一笑に付して特使を追い返してしまったのである。皇帝アレクシオスは、かつてコンスタンティノープルで諸侯たちに署名を強いた臣従の誓約書に、最後まで抵抗したのがあの若僧であったことを、思い出すしかなかったのであった。

しかし、この、無礼とも言えるタンクレディの振舞いが、十字軍国家を救ったのである。イェルサレムの防壁でもあるアンティオキア公領は、ビザンチン帝国に属することなく、以後も十字軍側に留まりつづけたからであった。

ただし、強制下での約束などはと一笑に付したタンクレディだったが、単なる強気で笑いとばしたのではない。右に向えばイスラム勢、左に行けばビザンチン軍、という感じで攻めに攻めまくるタンクレディに対して、セルジューク・トルコの大守たちもタジタジだったが、ビザンチンの皇帝も、攻撃を試みるたびに退くしかなかったからである。

しかし、タンクレディも、ある意味ではいっこうに成熟しない男であった。まるでアクセルを踏むことしか頭にないようで、ブレーキもあることなど忘れてしまうのだ。それで常に、ブレーキ役が必要になる。アンティオキア攻略まではボエモンド、イェルサレム攻防戦、その陥落、そしてその後のガリラヤ地方制覇まではゴドフロアと、常に誰かがこの駿馬《しゅんめ》の手綱を引く役を務めてきた。それが、ゴドフロアは死に、ボエモンドはヨーロッパへ去り、ブレーキをかける人がいなくなったとき、駿馬タンクレディは暴走してしまうことになる。その一例が、イスラム側でさえも、「奇妙な戦闘」と呼んだバトルであった。

「奇妙な戦闘」

ゴドフロアの死後にイェルサレムの王位に就くために南下するボードワンに託されてから後、エデッサ伯領を統治していたいとこのボードワンだったが、すでに述べたようにハランの戦闘で捕虜になる。それ以来彼は、今ならばイラク内になるモスールまで連れて行かれ、そこの領主ジャワリ・サカワの捕囚として過ごしていた。

その彼を救い出したのは、ジョスラン・ド・コートネーの騎士道精神だったが、三万ディナールの身代金だけで釈放したのではない。ジョスランも自由を再復したときに約束したように、身代金にプラス、敵に攻められたときはその迎撃に協力する、という約束をしたうえで釈放されたのである。

何度もくり返すが、第一次十字軍時代のイスラム側は、十字軍を、単なる侵略者と思いこんでいたのである。だから、異教徒のキリスト教徒に助っ人を依頼しても、イスラムの教えに反するとは思っていなかった。

これはもはやエデッサを味方にしたようなものだと思ったモスールの領主ジャワリは、念願であったアレッポの攻略に乗り出す。エデッサにもどっていたボードワンとその右腕のジョスランにも声をかけ、セルジューク・トルコとベドウィンの兵士たちを率いて西に向ったのである。エデッサ側も約束とて、ボードワンとジョスランが、数百の騎兵とともにそれに合流した。

蒼《あお》くなったのは、アレッポの領主リドワンだ。モスールからの軍勢だけでも手強いというのに、今やエデッサ伯領までが参戦している。自力だけではとうてい無理とわかるのに、特別の頭脳は必要なかった。

当然のこと、この人も助っ人を求めることになるのだが、ダマスカスの領主ドゥカークとは、実の兄弟でありながら犬猿の仲。結局、これまでにも攻めに攻められた仲であっても、タンクレディに助力を要請したのである。

シリアのイスラム領主たちは、年代記作者たちが嘆くように、一致団結してフランク軍に向うどころか、仲間割れをくり返し、わずかな領地を取った取らないで、肉親の間でも敵対関係をつづけてきたのである。

このような環境に、生れてきたときから慣れてきた人には、他人の間での同じたぐいの感情にも敏感になる。タンクレディが、エデッサにもどっていたボードワンに対して、良い感情をいだいていないと見たのだった。

実際、タンクレディは、ボードワンに対し、釈然としない想いでいた。ボードワンが捕われていた間のエデッサ伯領を、統治していたのがタンクレディである。その間、タンクレディは、東にも南にも制覇行を敢行し、エデッサ伯領の領土自体を拡大していた。

そこに、釈放されたボードワンがもどってきたのだ。そして、もどってきた以上は当然という感じで、タンクレディが拡大してやった地帯までもふくめた、エデッサ伯領の統治者に返り咲いたのであった。

タンクレディの、自分が制覇した地帯はアンティオキア公領に属すべきだ、という抗議は無視された。なにしろ、エデッサのボードワンとイェルサレム王になっているボードワンはいとこ同士で、ゆえにロレーヌ一家に属す。一方のタンクレディは、ボエモンドがトップのノルマン一家に属したのである。ボエモンドがヨーロッパに行っていて不在の今、発言力ならばロレーヌ一家のほうが強かった。

タンクレディは、アレッポの領主リドワンの要請を快諾する。快諾した証拠に、助っ人でしかないにかかわらず、頼んできたリドワンの二倍以上の兵士を率いて参戦している。ボードワンの奴《やつ》め、と思っていたのにちがいない。

こうして、一神教徒の眼には「奇妙な戦闘」になるが、別の視点に立てば、「宗教のちがいを超越した、互いの利益のみを目的にした戦闘」が、行われることになった。ときは、一一〇八年の十月の初め。場所は、アレッポとエデッサの中間にある、メンビウ（Menbij）近くの平原。

モスールの領主ジャワリは高齢なので、五百のトルコ兵とそれより多い数のベドウインの兵から成るモスール軍の指揮は、ジヤワリの息子がとる。助っ人であるボードワンとジョスランのエデッサ勢は、数はわかっていないが、数百の騎兵で参戦したようだ。総計は、二千強。

対するアレッポ軍は、リドワン自ら率いる六百のトルコ兵と、助っ人のはずのタンクレディが率いる一千五百の兵で、こちらの総計は二千百。

始まってしばらくは、戦況はモスール・エデッサ側の優勢なうちに展開した。だが、モスール軍に傭われていたベドウィン兵が、自軍の陣営地の背後につながれていた数百頭もの見事なアラブ馬を盗むために、戦場を離れてしまったのである。盗んだ馬にとび乗って走り去る彼らを見て、モスール軍もエデッサ軍も動揺した。そのときに発せられたのが、タンクレディの突撃命令である。これで、勝敗が決した。モスール軍はモスールへ、エデッサからの兵士はエデッサへと逃げ帰り、勝ったタンクレディもリドワンも、それぞれアンティオキアとアレッポへと凱旋《がいせん》したのである。

イスラム側の記録によれば、この戦闘で死んだキリスト教徒の兵士は二千人にのぼったということだが、これは明らかな誤りである。敵味方合わせても、この「奇妙な戦闘」に参戦していたキリスト教徒の兵士は、二千人には達していなかったのだから。しかし、たとえこのときの戦闘でのキリスト教徒の損失がこの十分の一であったとしても、損失は厳としてあったのだ。この戦闘を知ったイェルサレム王ボードワンが、怒ったのも当然である。イェルサレムの王になって以来、破っても破っても新戦力を投入してくるエジプトを相手に、減少する一方の味方の兵力に苦しんでいたのが彼であったのだから。

早速、二人を呼びつけて叱《しか》った。記録にはないが、一喝ぐらいはしたにちがいない。なにしろ、このようなことをつづけるならば、おまえたち二人をキリスト教徒全体の敵と見なす、と言ったのだから。それで二人も、言われるままに和解したのだった。

このときの和解が、ホンモノであったかどうかは知らない。それでも、アンティオキアとエデッサが戦場で対決するような事態は再び起ることはなかった。イェルサレム王ボードワンは、それで良しとしたのだろう。彼にはこの時期、生前のサン・ジルが始めていたトリポリの攻略を完成するのが、何よりも優先したからである。

トリポリ攻撃中に死んだサン・ジルには、ベルトランという名の息子がいた。ただし、すでに立派な成人であるこの息子は、庶出の出であった。中世キリスト教世界では、嫡出《ちゃくしゅつ》の女子よりも不利な立場になる。だが、正妻から生れた嫡出の男子はすでに死んでいたので、ベルトランが父の後を継ぐことになったのである。

このベルトランにはすでに、ポンスという名の息子がいた。この父と子が、サン・ジルの夢を実現することになる。イェルサレム王ボードワンが積極的に協力し、また、ジェノヴァの船団による、海側からの攻撃も効果あった。

このトリポリの攻略も、一一〇九年の夏には完了する。こうして十字軍は、十年の歳月をかけたにせよ、トリポリからラムラまでの、パレスティーナの海港都市すべてを手中に収めたことになった。唯一《ゆいいつ》、ティロスの攻略だけが一一二四年にまで延びるが、この海港都市は文字どおりの天然の要害の地にあり、アレクサンダー大王ですら陥落させるのに、数ヵ月を要したほどであったのだ。

もう一つ、陥《お》とせなかったのがアスカロンだ。この海港都市は、エジプトがパレスティーナへの進軍基地と見なしていた地域で、ゆえに十字軍がここの攻略を試みるたびに、動き出すのが遅いエジプト軍にしては奇妙なほど、ただちに反撃してくるからであった。

このアスカロンが十字軍国家に帰すのは、一一二三年になってからである。海港都市の攻略に、海側からの攻撃は欠かせない。ハンガリー王との問題が解決して二十年ぶりにオリエントにもどってきた、ヴェネツィア共和国との共闘がなければ不可能であったのだ。

やるとなると徹底するのが、ヴェネツィア方式である。一一二三年、共和国の元首自ら率いるヴェネツィア艦隊は、四十隻の軍用ガレー船、二十八隻の輸送用の帆船、四隻の大型ガレー商船から成る大艦隊で、パレスティーナの海上に現われたのであった。

ピサやジェノヴァの船乗りでも、イタリアの海洋都市国家の海軍は、操船術一つとってもエジプトの同僚たちをはるかに越える。しかもヴェネツィアは、やると決めれば常に大艦隊を投入してくる。エジプト船の多くは沈没し、海軍による援護を失ったアスカロンは陥落した。そしてこの翌年、これまた海側からの大攻勢を浴びて、難攻不落を誇っていたティロスも陥落した。

こうして、十字軍国家は、今ならばトルコ、シリア、レバノン、イスラエルと分れてつづく、地中海の東辺すべてを手中にすることになったのである。だが、この成果を誰よりも喜んだにちがいないイェルサレム王ボードワン一世は、この六年前に世を去っていた。

だが、このボードワンよりも早く、タンクレディのほうに死が訪れていたのである。

一一一二年の十二月、いつもの制覇行に向おうとしていたタンクレディを、病いが襲ったのだ。疫病による死であるという。直接の病因よりも、休む間もなくつづいた十五年間の激務と、この時代の衛生状態の悪さによるのかもしれない。司教アデマールも、「キリストの墓所の守り人」であったゴドフロアも、文字では簡単に「疫病」（チフス）と記される病いで死んだのであった。

若き死

病気知らずで来た人であったにかかわらず、初めての病いは重病だった。死期を悟ったタンクレディは、これまでの暴れ馬とは一変して、自分の死の後のことを正確に細かく記した指令書を作成し、それを厳守するよう関係者全員に誓わせたのである。

まず、騎士ルッジェロを呼ぶ。ボエモンドの捕囚仲間でもあったサレルノの騎士リカルドはすでに世を去っていたが、その息子ルッジェロは、父がボエモンドの忠実な部下であったと同様に、これまでのタンクレディを助けてきた若者だった。

タンクレディはこのルッジェロを、南イタリアの地で育ちつつあるボエモンドの息子がアンティオキアに来て領主の仕事を始められるまでの間、アンティオキア公領の統治を託す摂政に任命したのである。

つまり、タンクレディは、これまで自分が統治してきたアンティオキアを、自分の血筋を引く誰かに遺《のこ》すのではなく、一年前に世を去っていた伯父の息子に遺したのであった。

また、ルッジェロにはさらに、エデッサ伯領の統治者ボードワンの娘との結婚も命ずる。騎士ルッジェロはボエモンドの息子にバトンタッチするまでの引き継ぎ役だが、その立場を強くする妻が必要だと考えたからであった。

さらに、タンクレディの妻で彼の死後は未亡人になるセシリアには、トリポリ伯領の主《あるじ》になっているベルトランの成人した息子ポンスと、再婚するよう指示する。

タンクレディ自身は、ついに自分の領国をもたないで死ぬが、妻のセシリアは、庶出であろうとフランス王の娘である。自分の死んだ後にしても、この女人に、その生れにふさわしい地位を与えてやろうと思ったからだろう。近いうちに必ず、トリポリ伯夫人になるのだから。中世では、未亡人になった女人には、よほどの資産を継ぐ身でもないかぎり、尼僧院《にそういん》入りしか行き場はなかった。

さらに、摂政という、大任ではあっても地位は低い大役をまかせるルッジェロには、もう一つの贈物を用意していた。ルッジェロにはマリアという名の妹がいたのだが、その女人を、総督に任命されてガリラヤ地方に赴任しているジョスラン・ド・コートネーと結婚させることにしたのである。

こうして、すべての善後策を整えたうえで、この人々全員に、以後絶対にこの緊密な関係を崩さない、と誓わせたのであった。

要するに、タンクレディは、アンティオキア公領、エデッサ伯領、トリポリ伯領、そしてガリラヤ地方と、そのすべてに縁戚《えんせき》による網《ネット》をかぶせることによって、十字軍国家の北半分の安定を配慮し、自分の死後でもそれが続行できるよう計らったのである。

積極的な活動家ではあったが、気ばかり強く怒りっぽかったタンクレディも、死の時には、感受性が豊かでいながら深謀遠慮にも長じている、大人に成熟したのであろうか。

いずれにしてもタンクレディは、イェルサレム王ボードワンに、最高の贈物を遺して死んだのである。これ以後の六年間、ボードワンは北を思いわずらう必要もなく、ためにエジプトとの戦いに集中できたからであった。

タンクレディは、三十六歳で死んだ。この時代では、早すぎた死、ではけっしてない。だがなぜか、歴史上のタンクレディは、若さの象徴と見なされてきた。

十六世紀イタリアの文人であるタッソの長編詩、『解放されたイェルサレム』でのタンクレディは、青春そのものとして描かれている。また、十九世紀には、ロッシーニがオペラ『タンクレディ』を作曲し、若いがゆえの悲劇として描き出した。

そして、二十世紀。ヴィスコンティが監督した映画『山猫《ガットパルド》』である。あの映画でアラン・ドロンが扮《ふん》した若さあふれる老公爵《こうしゃく》の甥を、この映画の原作を書いたシチリアの作家は、タンクレディと名づけたのであった。

今なおヨーロッパ人は、それもとくに南欧の人々は、タンクレディという名を耳にするだけで、ほとんど自動的に、信義に厚くそれでいて勇敢な、永遠の若者を想い起すのである。

かつてはタンクレディとともに、第一次十字軍の諸侯の中でのチンピラ二人組の一人という栄誉を分け合っていたボードワンだったが、タンクレディの変容が死の床で起ったのに対し、この人が変容したのは、イェルサレムの王位に就いたときからであった。兄ゴドフロアの死に際し、エデッサ伯領を捨ててイェルサレムに入ったときから、ボードワンは変わったのである。

以後の十八年間を、彼は、兄が始めていながら、一年という短期間では達成には至らなかったこと、つまり、イェルサレム王領の強化に専念して過ごす。それは、パレスティーナの海港都市を十字軍勢力下に組み入れることであり、同時に、この一帯へのエジプトのファティマ朝の支配を切り崩すことであった。

この人が、怨念にわずらわされず権威をかさに着ない性質でもあったことはすでに述べたが、そのような性質の人は、他者のもつ怨念までも氷解してしまうのか。

一一一〇年、今度こそエジプト勢を追い出してアスカロンを完全に手中にする、と決めたときだった。イェルサレム王配下の軍だけではとても足りないので、アンティオキアとエデッサにも応援を頼む。このボードワンに叱られた後だからか、アンティオキアのタンクレディもエデッサのボードワンも、軍を率いて南下してきた。

しかし、この二人はいずれも、アンティオキア公領とエデッサ伯領を守り抜いてきた人である。イェルサレム王のボードワンが今度こそ攻め落とすと決めているアスカロンを市外から視察しただけで、あのケンカした二人にしてはと思うくらいに一致して、ボードワンに撤退を勧めたのであった。

陸側は城塞都市としてよいほどに守りは固く、海側からの攻撃と共闘しないかぎりは陥とせない。海側はピサかジェノヴァに頼るしかないが、彼らの参戦も散発的で、頼りきるわけにはいかない、というのが二人があげた理由である。

これにボードワンは、あっさりと従ったのだ。少し前にこの二人に、オリエントの十字軍国家の最終決定権はイェルサレム王であるこのわたしにある、と一喝していたのだから、ボードワンは、柔軟性と許容力に富む男でもあったのだろう。

そして、このイェルサレム王は、王位に就いて以後の十八年間の制覇行と統治を、軍事力のみでなく政治力をも駆使しながら進めたのであった。

まず、法王代理ダインベルトの強い反対にもかかわらず、カトリック・オンリー主義を撤廃した。ギリシア正教徒もアルメニア宗派のキリスト教徒も、イェルサレムに住んでよいとしたのである。

また、軍事力で攻略した他の都市でも、住民であったイスラム教徒やギリシア正教徒を追い出して、カトリック教徒だけの町にはしなかった。ギリシア正教徒はもちろんのこと、イスラム教徒でもつづけて住むことは認められ、モスクや種々の施設も破壊されることもなく、モスクの中での祈りも認めたのである。

それどころか、イスラム教徒の言う「フランク人」と、キリスト教徒の言う「不信仰者」、つまりイスラム教徒、との結婚まで認めたのだ。部下の兵士たちはそれを兵力の増強策だと言っていたのだが、ボードワンがこの異教徒共生路線を、そのように言って正当化していたのだろう。なにしろ、あいも変わらず、巡礼は到着してもまとまった兵力は到着しなかったのだから。

そのうえ彼は、国力の向上を、経済面からも行う必要を知っていた。これは、制覇した都市に住むイスラム教徒だけでなく、制覇外にある都市のイスラム教徒までも魅《ひ》きつけることになる。

十字軍が攻略した海港都市には、イタリアの海洋都市国家の商人たちの居留区ができつつあったが、それらが中近東での経済基地になったのだ。ここで、中近東の物産にかぎらず、遠く中東や東洋から運ばれてくる物産までが取引されるようになる。十字軍とはしばしば敵対しながらも屈しなかった、シャイザールやハマやホムスからは、領主の一家に属す人までが、十字軍下に入った海港都市に交易に訪れるようになった。

アレッポやダマスカスの商人たちも、フランクの商人たちと取引きするようになったのだ。キリスト教徒の町になったというのに、ターバン姿が肩で風切る風景は、ヨーロッパから訪れた巡礼たちに眉《まゆ》をひそめさせたほどであった。

ボードワンの死

しかし、イェルサレム王ボードワンには、エジプトの脅威を忘れることは許されなかった。

エジプトからパレスティーナに来るには、道は三つある。第一は海路で、アスカロンに上陸する道。第二はシナイ半島を通ってくる陸路だが、何もこの半島の砂漠地帯を横切ってくる必要はない。カイロから地中海に抜け、そこから海沿いに行けばガザに着く。ガザからアスカロンはすぐの距離であり、そのアスカロンからイェルサレムまでは、七十キロしか離れていなかった。

そして第三の道だが、それは、紅海を覇権下に置いているエジプトだからこそ可能になる道であったのだ。船でシナイ半島をぐるりとまわれば、アカバに上陸できる。アカバから北上し、死海に出たところでなおも進めば、そこはもうイェルサレムだ。船と人を傭う資金に不足しないエジプトは、意志さえあれば、この三つの道のすべてを同時に使うこともできたのである。

十字軍側にとっての唯一の救いは、このエジプトでは、たびたびパレスティーナを攻めながらことごとく失敗しているアル・アフダルがいまだに宰相でありつづけていることが示すように、十字軍の徹底撃破に対する強い意志が、継続しないことにあった。とはいえそれで、ボードワンの心配が消えたわけではなかったのである。

アスカロンでさえも攻めあぐねていたのが、当時の十字軍の戦力だ。エジプトのカイロにまで攻め入るなど、気狂い沙汰であった。ボードワンにできたことは、しばしばシナイ半島までは軍を進め、エジプトを牽制《けんせい》しつづけることでしかなかったのである。

いつアンティオキアに落ちついているのかと思うほど、右に左にと攻めまくっていたのは、タンクレディだけではない。イェルサレム王ボードワンも、イェルサレムで眠ることができたのは何夜かと思うほど、軍を率いる日々で明けくれていたのである。

そのためか、アルメニア人であったという第二の妻との間がうまく行かず、キリスト教世界では珍しく離婚までしている。第三の妻に迎えたのはシチリアの王の未亡人だったが、この結婚は完全に妻の持つ資産が目的で、ボードワンにとっては、妻がどこで暮らそうと関心のない結婚だった。子は、第一の結婚で成した娘たちに早く死なれた後、第二、第三の妻との間にはいなかった。

西暦一一一八年の春も、ボードワンは、いつものように軍勢を率いて、エジプトへの牽制行にシナイ半島に向っていた。だが、エル・アリシュまで来たところで倒れたのだ。担架で運ばれる病状では、引き返すしかない。しかし、担架の旅も長くはなかった。四月五日、ボードワンは死んだ。遺体はイェルサレムに運ばれ、聖墳墓教会の、兄ゴドフロアの隣りに埋葬された。

この人は初め聖職界に入れられていたので、生年はわかっていない。聖職界では、その世界に入ったとたんに年齢さえも「無」になるのである。ローマ法王になった人の場合は生年はそのときに記録されるが、それ以外の聖職者は没年しか残らない。ボードワンの生年もそのために不明なのだが、おそらくは一〇六五年前後の生れと思われるので、世を去ったときの年齢も五十三歳前後であったろう。

十字軍・第一世代の退場

しかし、ここまでに述べた二十三年間で、十字軍国家の確立は成ったのである。エデッサ伯領、アンティオキア公領、トリポリ伯領、そしてイェルサレム王領という、言ってみればイェルサレムを中心にした連邦国家である十字軍国家が、明確な形で成立したのであった。

しかも、タンクレディが残した縁戚関係の網はその後も機能しつづけ、エデッサのボードワン、アンティオキアのルッジェロ、トリポリのポンスという指導者三人も、互いに助け合いながらの領国堅持に成功していた。タンクレディにはイェルサレム王の権威に抵抗することもなくはなかったが、この三人はイェルサレムの王の権威を認めていたので、エデッサもアンティオキアもトリポリも、独自に行動する領国ではなかった。あくまでもイェルサレム王が、この連邦国家のリーダーであったのだ。この連邦制が、十字軍国家の寿命を長らえたのである。

だが、このボードワンの死を最後に、第一次十字軍の主人公たちの全員が世を去ったことになる。

法王代理の格で従軍していた司教アデマールは、一〇九八年、アンティオキアの攻防中に死んでいた。

イェルサレムの陥落後から実質上の王になっていたロレーヌ公ゴドフロアは、一一〇〇年、イェルサレムで死ぬ。

逃げ帰るたびに夫人に叱咤されてはパレスティーナにもどってくるという、中世の騎士としては珍種に属したブロア伯エティエンヌも、イスラム兵との戦闘中に、今度ばかりは十字軍の戦士らしく討死した。このブロア伯とはしばしば行動をともにしていた王弟ユーグも、同じ時期に死んでいる。

ノルマンディー公とフランドル伯の二人は、イェルサレムの陥落後、神への誓約は果したとしてヨーロッパにもどったので、死はヨーロッパで迎えたのである。

そして、諸侯の中では最も年長者でありながら、何かといえば同僚たちと争っていたトゥールーズ伯サン・ジルは、一一〇五年、最後だけは騎士そのものというふうに、イスラム相手に勇ましく闘って死んだ。六十三歳だった。その彼が執着したトリポリも、息子、そして孫と、トリポリ伯領の統治者としてつづくのだから、サン・ジルも天国で、胸を張っているにちがいない。


イスラム側にさえも、フランク側にはボエモンドあり、と言わせたプーリア公ボエモンドも、争ってばかりいたサン・ジルの死の六年後に、自領のプーリアの居城で、六十一歳の生涯を閉じた。先に述べた事情で淋《さび》しい死であったにちがいないが、信義を重んずるタンクレディによって、彼に託してきたアンティオキア公領の統治権は、いずれはボエモンドの息子に引き継がれることになっていたので、ボエモンドの大活躍で攻略できたようなアンティオキアも、ノルマン一家の領有でありつづけるのである。

そしてタンクレディ。彼も三十六歳の若さで、一一一二年に世を去った。

その六年後の一一一八年、最後の一人であったボードワンも死んだのである。

また、この同じ年、十字軍の主人公たちとは終始微妙な関係にあった、ビザンチン帝国の皇帝アレクシオスも死を迎えていた。

この一一一八年を最後に、十字軍史の第一世代の全員が退場したのである。


死にいくイェルサレム王ボードワンが言い遺したのは、エデッサにいるボードワンを呼べ、の一言だった。

それを告げられたボードワンは、エデッサ伯領をかつての捕囚仲間でもあったジョスラン・ド・コートネーに託し、急ぎイェルサレムに向う。この人が、ボードワン二世の名で、イェルサレムの二代目の王位に就くのである。実質上の王であったゴドフロアから数えれば、聖都イェルサレムの「守り人」は、あいも変わらずロレーヌ一家で占められることになったのだった。

ボードワン二世の年齢も、はっきりとわかっていない。おそらく、いとこであったボードワン一世よりは少し年下で、タンクレディより少し年上、であったのではないかと思う。ならば、王位に就いたときの年齢は、四十代の後半頃かと思われる。

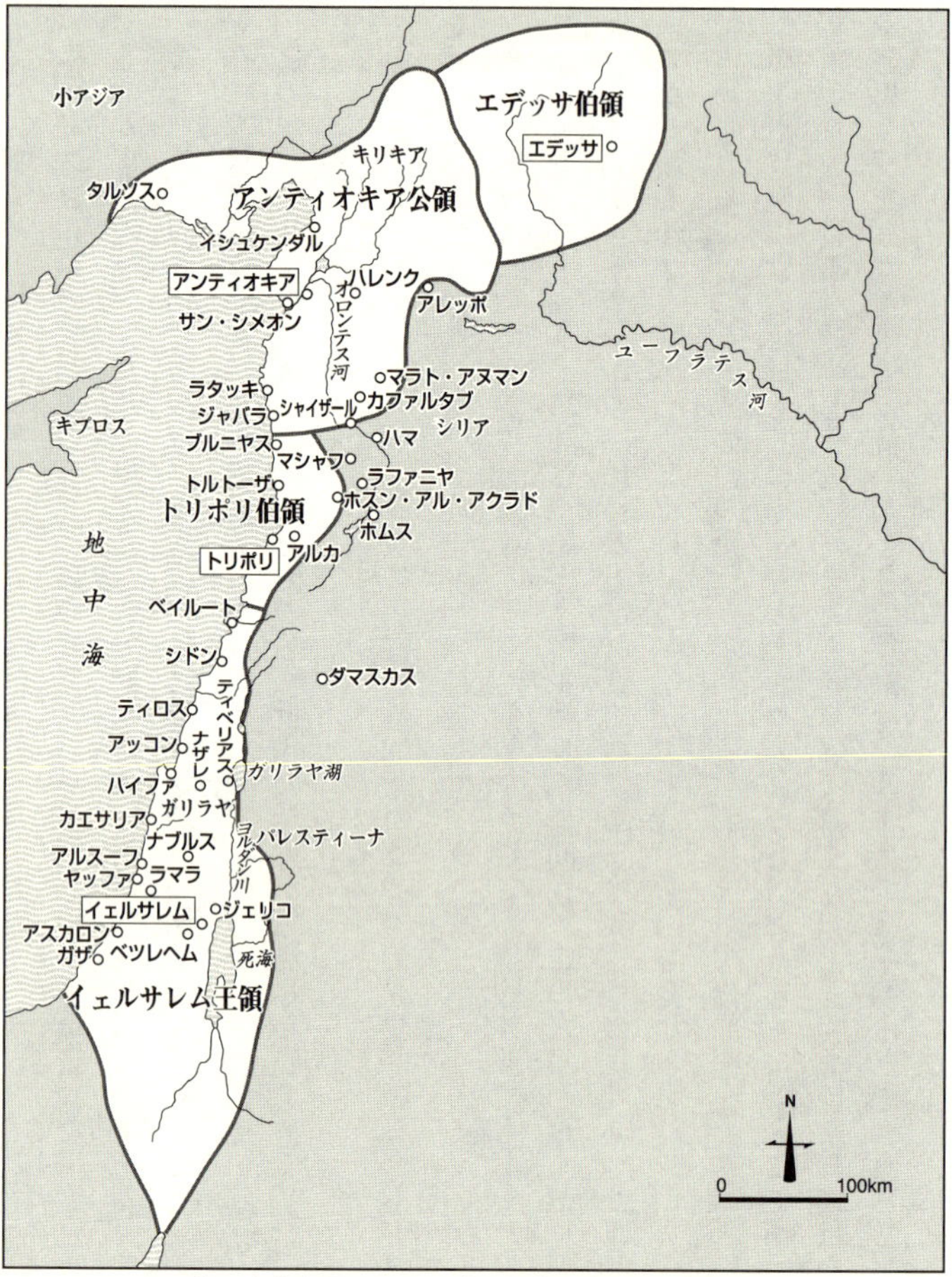

第一次十字軍によって成った中近東の十字軍国家

第一次十字軍によってシリア・パレスティーナの地に打ち立てた十字軍国家は、これら第一世代が創《つく》り上げたのであった。ヨーロッパを後にした一〇九六年からイェルサレム陥落までの三年間で征服をし、その後の十八年を費やして確立して行ったのである。

皇帝も王も参戦していなかった第一次十字軍の主人公たちは、ヨーロッパ各地に領土をもつ諸侯たちであった。彼らは、ときに、いやしばしば、利己的で仲間割れをくり返したが、最終目標の前には常に団結した。この点が、利己的で仲間割れすることでは同じだった、イスラム側の領主たちとのちがいであった。そして、それこそが、第一次十字軍が成功した主因なのである。

これ以降の物語は、十字軍の第一世代が創り上げ確立した十字軍国家を、その後の人々がどう守り抜くかの物語になる。だがそれも、なぜわざわざ遠くからやって来たのかわからない、と思ったがゆえに不意を突かれたイスラム側も、少しずつ態勢を立て直してくる中で行うのだから、難事業であることは誰にも予想できたはずである。

しかし、予想することと、行動を起すことはちがう。

そして、まず先に行動を起すのは、十字軍の第一世代の退場による空白を、ヨーロッパにいる人々よりは強く感じていた、現地にいる人々になるのである。

――「十字軍物語　第一巻」終――

図版出典一覧

カバー　ギュスターヴ・ドレ Gustave Doré
History of the Crusades, Vol. I & II より（Joseph François Michaud 著 Barrie, Philadelphia, 1880）
p. 17　カバーに同じ
p. 23　作図：畠山モグ
p. 53　カバーに同じ
p. 61　作図：畠山モグ（ノルマンディー公家、フランドル伯家）
p. 108　カバーに同じ
p. 133　カバーに同じ
p. 177　アルフォンス・ド・ヌヴィル（Alphonse de Neuville）画
© AKG-images
p. 219　p. 23 に同じ
p. 282　撮影：マルセル・ユベール（Marcel Hubers）、ホーフブルク宮殿蔵（ウィーン／オーストリア）
p. 295　カバーに同じ
p. 310　p. 23 に同じ

地図作製　綜合精図研究所　（p.16, p.21, p.29, p.36, p.57, p.67, p.93, p.105, p.130, p.154, p.165, p.172, p.181, p.202, p.217, p.271, p.286, p.299, p.314, p.328, p.359, p.408, p.460）

年表および参考文献は第４巻巻末に示す。

この作品は平成二十二年九月新潮社より刊行された。

塩野七生著

ローマ人の物語 17・18・19・20

悪名高き皇帝たち（一・二・三・四）

アウグストゥスの後に続いた四皇帝は、同時代の人々から「悪帝」と断罪される。その一人はネロ。後に暴君の代名詞となったが……。

塩野七生著

ローマ人の物語 21・22・23

危機と克服（上・中・下）

一年に三人もの皇帝が次々と倒れ、帝国内の異民族が反乱を起こす――帝政では初の危機、だがそれがローマの底力をも明らかにする。

塩野七生著

ローマ人の物語 24・25・26

賢帝の世紀（上・中・下）

彼らはなぜ「賢帝」たりえたのか――紀元二世紀、ローマに「黄金の世紀」と呼ばれる絶頂期をもたらした、三皇帝の実像に迫る。

塩野七生著

ローマ人の物語 27・28

すべての道はローマに通ず（上・下）

街道、橋、水道――ローマ一千年の繁栄を支えた陰の主役、インフラにスポットをあてる。豊富なカラー図版で古代ローマが蘇る！

塩野七生著

ローマ人の物語 29・30・31

終わりの始まり（上・中・下）

空前絶後の帝国の繁栄に翳りが生じたのは、賢帝中の賢帝として名高い哲人皇帝の時代だった――新たな「衰亡史」がここから始まる。

塩野七生著

ローマ人の物語 32・33・34

迷走する帝国（上・中・下）

皇帝が敵国に捕囚されるという前代未聞の不祥事がローマを襲う――。紀元三世紀、ローマ帝国は「危機の世紀」を迎えた。

塩野七生著

ローマ人の物語 35・36・37
最後の努力
（上・中・下）

ディオクレティアヌス帝は「四頭政」を導入。複数の皇帝による防衛体制を構築するも、帝国はまったく別の形に変容してしまった――。

塩野七生著

ローマ人の物語 38・39・40
キリストの勝利
（上・中・下）

ローマ帝国はついにキリスト教に呑込まれる。帝国繁栄の基礎だった「寛容の精神」は消え、異教を認めぬキリスト教が国教となる――。

塩野七生著

ローマ人の物語 41・42・43
ローマ世界の終焉
（上・中・下）

ローマ帝国は東西に分割され、「永遠の都」は蛮族に蹂躙される。空前絶後の大帝国はいつ、どのように滅亡の時を迎えたのか――。

塩野七生著

ローマ亡き後の
地中海世界
―海賊、そして海軍―
（1～4）

ローマ帝国滅亡後の地中海は、北アフリカの海賊に支配される「パクス」なき世界だった！　大作『ローマ人の物語』の衝撃的続編。

塩野七生著

愛の年代記

欲望、権謀のうず巻くイタリアの中世末期からルネサンスにかけて、激しく美しく恋に身をこがした女たちの華麗なる愛の物語9編。

塩野七生著

チェーザレ・ボルジア
あるいは優雅なる冷酷
毎日出版文化賞受賞

ルネサンス期、初めてイタリア統一の野望をいだいた一人の若者――〈毒を盛る男〉としてその名を歴史に残した男の栄光と悲劇。

塩野七生著

コンスタンティノープルの陥落

一千年余りもの間独自の文化を誇った古都も、トルコ軍の攻撃の前についに最期の時を迎えた――。甘美でスリリングな歴史絵巻。

塩野七生著

ロードス島攻防記

一五二二年、トルコ帝国は遂に「喉元のトゲ」ロードス島の攻略を開始した。島を守る騎士団との壮烈な攻防戦を描く歴史絵巻第二弾。

塩野七生著

レパントの海戦

一五七一年、無敵トルコは西欧連合艦隊の前に、ついに破れた。文明の交代期に生きた男たちを壮大に描いた三部作、ここに完結！

塩野七生著

マキアヴェッリ語録

浅薄な倫理や道徳を排し、現実の社会のみを直視した中世イタリアの思想家・マキアヴェッリ。その真髄を一冊にまとめた箴言集。

塩野七生著

サイレント・マイノリティ

「声なき少数派」の代表として、皮相で浅薄な価値観に捉われることなく、「多数派」の安直な〝正義〟を排し、その真髄と美学を綴る。

塩野七生著

ルネサンスとは何であったのか

イタリア・ルネサンスは、美術のみならず、人間に関わる全ての変革を目指した。その本質を知り尽くした著者による最高の入門書。

塩野七生著

海の都の物語
―ヴェネツィア共和国の一千年―
サントリー学芸賞（1～6）

外交と貿易、軍事力を武器に、自由と独立を守り続けた「地中海の女王」ヴェネツィア共和国。その一千年の興亡史を描いた歴史大作。

塩野七生著

わが友マキアヴェッリ
―フィレンツェ存亡―
（1～3）

権力を間近で見つめ、自由な精神で政治と統治の本質を考え続けた政治思想家の実像に迫る。塩野ルネサンス文学の最高峰、全三巻。

塩野七生著

ルネサンスの女たち

ルネサンス、それは政治もまた偉大な芸術であった時代。戦乱の世を見事に生き抜いた女性たちを描き出す、塩野文学の出発点！

塩野七生著

神の代理人

信仰と権力の頂点から見えたものは何だったのか――。個性的な四人のローマ法王をとりあげた、塩野ルネサンス文学初期の傑作。

塩野七生著

想いの軌跡

地中海の陽光に導かれ、ヨーロッパに渡ってから半世紀――。愛すべき祖国に宛てた手紙ともいうべき珠玉のエッセイ、その集大成。

小林秀雄著

Xへの手紙・私小説論

批評家としての最初の揺るぎない立場を確立した「様々なる意匠」、人生観、現代芸術論などを鋭く捉えた「Xへの手紙」など多彩な一巻。

小林秀雄著

作家の顔

書かれたものの内側に必ず作者の人間があるという信念のもとに、鋭い直感を働かせて到達した作家の秘密、文学者の相貌を伝える。

小林秀雄著

ドストエフスキイの生活

文学界賞受賞

ペトラシェフスキイ事件連座、シベリヤ流謫、恋愛、結婚、賭博——不世出の文豪の魂に迫り、漂泊の人生を的確に捉えた不滅の労作。

小林秀雄著

モオツァルト・無常という事

批評という形式に潜むあらゆる可能性を提示する「モオツァルト」、自らの宿命のかなしい主調音を奏でる連作「無常という事」等14編。

小林秀雄著

本居宣長

日本文学大賞受賞（上・下）

古典作者との対話を通して宣長が究めた人生の意味、人間の道。「本居宣長補記」を併録する著者畢生の大業、待望の文庫版！

小林秀雄
岡潔著

人間の建設

酒の味から、本居宣長、アインシュタイン、ドストエフスキーまで。文系・理系を代表する天才二人が縦横無尽に語った奇跡の対話。

小林秀雄著

直観を磨くもの

——小林秀雄対話集——

湯川秀樹、三木清、三好達治、梅原龍三郎……。各界の第一人者十二名と慧眼の士、小林秀雄が熱く火花を散らす比類のない対論。

吉村昭著　陸奥爆沈

昭和十八年六月、戦艦「陸奥」は突然の大音響と共に、海底に沈んだ。堅牢な軍艦の内部にうごめく人間たちのドラマを掘り起す長編。

吉村昭著　漂流

水もわかず、生活の手段とてない絶海の火山島に漂着後十二年、ついに生還した海の男がいた。その壮絶な生きざまを描いた長編小説。

吉村昭著　空白の戦記

闇に葬られた軍艦事故の真相、沖縄決戦の秘話……。正史にのらない戦争記録を発掘し、戦争の陰に生きた人々のドラマを追求する。

吉村昭著　海の史劇

《日本海海戦》の劇的な全貌。七カ月に及ぶ大回航の苦心と、迎え撃つ日本側の態度、海戦の詳細などを克明に描いた空前の記録文学。

吉村昭著　大本営が震えた日

開戦を指令した極秘命令書の敵中紛失、南下輸送船団の隠密作戦。太平洋戦争開戦前夜に大本営を震撼させた恐るべき事件の全容——。

吉村昭著　背中の勲章

太平洋上に張られた哨戒線で捕虜となり、アメリカ本土で転々と抑留生活を送った海の兵士の知られざる生。小説太平洋戦争裏面史。

吉村昭著

羆嵐（くまあらし）

北海道の開拓村を突然恐怖のドン底に陥れた巨大な羆の出現。大正四年の事件を素材に自然の威容の前でなす術のない人間の姿を描く。

吉村昭著

ポーツマスの旗

近代日本の分水嶺となった日露戦争とポーツマス講和会議。名利を求めず講和に生命を燃焼させた全権・小村寿太郎の姿に光をあてる。

吉村昭著

遠い日の戦争

米兵捕虜を処刑した一中尉の、戦後の暗く怯えに満ちた逃亡の日々――。戦争犯罪とは何かを問い、敗戦日本の歪みを抉る力作長編。

吉村昭著

光る壁画

胃潰瘍や早期癌の発見に威力を発揮する胃カメラ――戦後まもない日本で世界に先駆け、その研究、開発にかけた男たちの情熱。

吉村昭著

破船

嵐の夜、浜で火を焚いて沖行く船をおびき寄せ、坐礁した船から積荷を奪う――サバイバルのための苛酷な風習が招いた海辺の悲劇！

吉村昭著

羆（ひぐま）

愛する若妻を殺した羆を追って雪山深く分けいる中年猟師の執念と矜持――表題作のほか「蘭鋳」「軍鶏」「鳩」等、動物小説5編。

吉村昭著 **破獄** 読売文学賞受賞

犯罪史上未曽有の四度の脱獄を敢行した無期刑囚佐久間清太郎。その超人的な手口と、あくなき執念を追跡した著者渾身の力作長編。

吉村昭著 **雪の花**

江戸末期、天然痘の大流行をおさえるべく、異国から伝わったばかりの種痘を広めようと苦闘した福井の町医・笠原良策の感動の生涯。

吉村昭著 **脱出**

昭和20年夏、敗戦へと雪崩れおちる日本の、辺境ともいうべき地に生きる人々の生き様を通して、〈昭和〉の転換点を見つめた作品集。

吉村昭著 **長英逃亡**（上・下）

幕府の鎖国政策を批判して終身禁固となった当代一の蘭学者・高野長英は獄舎に放火させて脱獄。六年半にわたって全国を逃げのびる。

吉村昭著 **冷い夏、熱い夏** 毎日芸術賞受賞

肺癌に侵され激痛との格闘のすえに逝った弟。強い信念のもとに癌であることを隠し通し、ゆるぎない眼で死をみつめた感動の長編小説。

吉村昭著 **仮釈放**

浮気をした妻と相手の母親を殺して無期刑に処せられた男が、16年後に仮釈放された。彼は与えられた自由を享受することができるか？

吉村 昭著
海（トド）馬

羅臼の町でトド撃ちに執念を燃やす老人と町を捨てた娘との確執を捉えた表題作など、動物を仲立ちにして生きる人びとを描く短編集。

吉村 昭著
ふぉん・しいほるとの娘
吉川英治文学賞受賞（上・下）

幕末の日本に最新の西洋医学を伝え神のごとく敬われたシーボルトと遊女・其扇の間に生まれたお稲の、波瀾の生涯を描く歴史大作。

吉村 昭著
桜田門外ノ変
（上・下）

幕政改革から倒幕へ――。尊王攘夷運動の一大転機となった井伊大老暗殺事件を、水戸薩摩両藩十八人の襲撃者の側から描く歴史大作。

吉村 昭著
ニコライ遭難

〝ロシア皇太子、襲わる〟――近代国家への道を歩む明治日本を震撼させた未曾有の国難・大津事件に揺れる世相を活写する歴史長編。

吉村 昭著
天狗争乱
大佛次郎賞受賞

幕末日本を震撼させた「天狗党の乱」。水戸尊攘派の挙兵から中山道中の行軍、そして越前での非情な末路までを克明に描いた雄編。

吉村 昭著
プリズンの満月

東京裁判がもたらした異様な空間……巣鴨プリズン。そこに生きた戦犯と刑務官たちの懊悩。綿密な取材が光る吉村文学の新境地。

十《じゅう》字《じ》軍《ぐん》物《もの》語《がたり》

第一巻　神がそれを望んでおられる

新潮文庫　し-12-44

平成三十一年一月一日発行

著者　塩《しお》野《の》七《なな》生《み》

発行者　佐藤隆信

発行所　株式会社新潮社

郵便番号　一六二—八七一一
東京都新宿区矢来町七一
電話　編集部(〇三)三二六六—五四四〇
　　　読者係(〇三)三二六六—五一一一
https://www.shinchosha.co.jp

価格はカバーに表示してあります。

乱丁・落丁本は、ご面倒ですが小社読者係宛ご送付ください。送料小社負担にてお取替えいたします。

印刷・錦明印刷株式会社　製本・錦明印刷株式会社

ISBN978-4-10-118144-8 C0122